十三五

21世纪职业教育立体化精品教材

"互联网+"新形态教材

国际商法

主　编　王德礼　石　云

副主编　杨恩超　薄　海

东南大学出版社
SOUTHEAST UNIVERSITY PRESS
·南京·

内容提要

本书从国际商法的概念开始，循序渐进地介绍了国际商法的相关内容，主要包括国际商法导论、国际商事组织法、合同法、代理法、国际货物买卖法、国际货物运输法、票据法、破产法、产品责任法以及国际商事争端解决机制。本书在编写过程中还加入了情境导入和拓展阅读板块，以实例形式加深读者对所学内容的理解。

本书可作为各类高职院校学生学习国际商法课程的教材，也可作为国际商法考试的培训教材，还可作为国际商法初学者的自学教材和参考书。

图书在版编目(CIP)数据

国际商法/王德礼，石云主编. 一南京：东南大学出版社，2018.11

21 世纪职业教育立体化精品教材

ISBN 978-7-5641-7760-7

Ⅰ.①国… Ⅱ.①王… ②石… Ⅲ.①国际商法一职业教育一教材 Ⅳ.①D996.1

中国版本图书馆 CIP 数据核字(2018)第 089094 号

国际商法

出版发行：东南大学出版社

社　　址：南京市四牌楼 2 号，邮编 210096

出 版 人：江建中

印　　刷：天津市蓟县宏图印务有限公司

开　　本：787mm×1092mm 1/16

印　　张：12

字　　数：280 千

版　　次：2018 年 11 月第 1 版

印　　次：2018 年 11 月第 1 次印刷

书　　号：ISBN 978-7-5641-7760-7

定　　价：35.00 元

(凡因印装质量问题，请直接与营销中心调换，电话：025－83791830)

前言 PREFACE

国际商法是调整跨越国界的商事关系以及与此有关的其他关系的法律规范的总和。它的主体既包括参加国际商事活动的国家和国际组织,也包括不同国家的公司、企业和个人。它所调整的商事关系,既包括不同国家之间的商事关系,也包括营业地处于不同国家的公司、企业和个人之间的商事关系。

国际商法是国际商务各专业的一门必修的法律课程。随着我国社会主义市场经济的完善与发展,以及成功加入WTO,我国企业和自然人从事国际商务活动更加活跃。在从事国际商务活动过程中,不可避免地要涉及国际商事方面的法律和法规,只有掌握了国际商事方面的法律、法规,并利用好法律这一工具,才能更好地从事国际商务活动,才能在国际商务活动中减少盲目性、被动性,维护我方的正当权益。

本书在编写中力求通俗易懂,法则与案例相结合,以便于读者自学。

本书共分为10个章节,具体内容如下。

第一章:国际商法导论。主要介绍国际商法的概念、世界两大法系以及当代中国的法律制度。

第二章:国际商事组织法。包括国际商事组织法概述、独资企业法、合伙企业法、公司法等内容。

第三章:合同法。主要讲解合同法的概念、合同的订立、合同的履行等相关知识。

第四章:代理法。包括代理法概述、代理的法律关系、代理行为中的当事人、代理关系的终止。

第五章:国际货物买卖法。主要介绍国际货物买卖合同、买卖双方的义务、违反买卖合同时的救济措施、货物所有权与风险的转移。

第六章:国际货物运输法。包括国际货物运输概述、国际货物海上运输法、国际货物航空运输法、国际货物铁路运输法等内容。

第七章:票据法。主要介绍票据、票据法、汇票和本票等相关知识。

第八章：破产法。详细讲解破产和破产制度、破产法、破产的程序、破产的申请与受理等相关知识。

第九章：产品责任法。具体介绍产品责任法、产品责任案中的赔偿及抗辩、关于产品责任的国际公约等相关内容。

第十章：国际商事争端解决机制。包括国际商事的和解与调解、国际商事仲裁和国际商事诉讼。

由于编者水平有限，书中难免有不足和疏忽之处，恳请广大专家、读者批评指正。

编　者

目录 CONTENTS

第一章

国际商法导论

知识要点

1. 了解国际商法的概念及世界两大法系；
2. 熟悉当代中国的法律制度；
3. 掌握国际商法的主要内容。

核心概念

国际商法　大陆法系　普通法系　国际商法内容

情境导入

小张、小李、小刘三人于2014年分别出资2 000英镑、4 000英镑、6 000英镑成立了普通合伙企业，经营奶酪、面包等食品加工业务，三人约定按出资比例分配利润和亏损。2015年，小李提出退伙并抽出了本人的4 000英镑出资，此时，小张与小刘核查了企业的账目，发现公司亏损6 000英镑。2016年合伙企业因资不抵债宣布解散，小张与小刘分了企业仅有的设备和一些产品。小崔为合伙企业的债权人，听说此事后，找到小张要求其偿还债务，小张表示自己无力偿还，至多偿还自己的那部分，即按约定的比例偿还1 000英镑。小崔于是又找到小李，要求其偿还剩余的债务，小李表示自己早已退伙，不再对合伙的债务承担责任。后小崔又找到小刘要求其承担相应债务，但小刘却说，当初在合伙解散时，自己分到的较少，因为已经与小张约定好其不再为合伙债务负责，而由小张承担自己的那部分债务。

案例思考：

小张、小李、小刘的说法是否正确？小崔的债权如何才能实现，为什么？

第一节 国际商法概述

一、国际商法的产生

国际商法就是作为调整国际商事这一特定的社会关系而独立存在的法律部门。具体来讲，凡涉及商事关系的国际公法规范，国际经济法规范，当事人自愿接受的国际商事惯例或冲突法规范，国际商事公约或条约，国内商法中的国际性规范，都应包含在内。“人类历史上不同地区商人之间商事交往的发展，逐渐形成一系列支配他们之间贸易关系的商业惯例和习惯性做法。建立国际商业方面的有效的行为规则需要有法律手段，以保证在一个地区实施的行为能够得到另一地区的承认”。正是在这种社会现实之下，国际商法应运而生。

二、国际商法的概念

视频

商法概述

(一)含义

国际商法(International Commercial Law)是调整国际商事交易和商事组织关系的各种法律规范的总称。它强调的是各国商人(企业)之间从事商业活动，尤其是贸易和投资活动方面的商业活动。

国际商法的主要内容包括商行为法、商组织法、宏观调控法以及商事权利救济法。

(二)意义

国际商法的意义有以下两点：

(1)国际商法是法律规范的总和。法律规范即由国家制定或认可，依靠国家强制力保障实施的社会行为规范。

知识链接

法律与道德规范是不同的，具体表现在以下方面。

(1)起源不同：道德起源于原始社会。

(2)表现形式不同：道德存在于人的思维中。

(3)具体内容不同：法律体现权利与义务的一致性，道德强调义务。

(4)实现方式不同：道德依靠社会舆论。

(5)调整的范围不同：道德更为广泛、深刻。

(2)国际商法是调整跨越国界的商事关系的法律规范的总和。国际商法的国际意义为

“跨越国界”，国际商事关系是指处于不同国家的商事主体之间发生的商事关系，而不是国家和国家之间的商事关系，后者由国际公法调整。

其中，商事关系主要包括商事组织关系和商事交易关系，传统商法仅仅能够调整有形商品的交易关系，现代商法除调整有形商品的交易关系外，还需要调整无形商品的交易关系，如国际技术转让、国际投资、国际融资等。

知识拓展

国际商法产生的依据及其表现形式，主要包括国际(商务)条约、国际商事惯例和各国国内商事立法。

(1)国际(商务)条约：国家间所缔结的以国际法为基准的国际书面协定。国际条约只对缔约国有约束力，其他国家可选择适用。

(2)国际商事惯例：又称为国际习惯，它是一种国际行为规范。国际惯例如《2010年国际贸易术语解释通则》《跟单信用证统一惯例》等。

(3)各国国内商事立法：世界主要国家的商事立法有法国1673年《商事条例》—陆商、1681年《海事条例》—海商、1807年《法国商法典》等。

三、国际商法的特征

国际商法的特征主要从技术性、同源性、统一性三个方面表现，具体如下：

(一)技术性

国际商法的技术性特征是商人基于其经济理性，在无数次的具体商事行为中形成的。从更好地服务商事交易，实现交易自由、便捷、安全的目的来说，国际商法的技术性特征是由商法主体的自利性或经济理性的本质所决定的。国际商法偏重技术性，在一定程度上也是指它不具有强烈的政治色彩。

知识拓展

公司设立登记的程序、募集股份和公司债的手续，董事及监事的选举、公司机关的召集程序及议事方法，这些都是组织形式上的技术性流程。

(二)同源性

★ 案例

国际商法

国际商法的许多内容源于中世纪的商人习惯法，它对各国商事立法均有影响。也就是说，各国商法在主要内容上有一定的同源性，尤其是欧洲国家。

(三)统一性

国际商事关系中涉外因素的出现和增多，促使国际商法的规定趋于统一。

四、国际商法的主要内容

国际商法的内容伴随国际商事交易技术手段的迅速发展而随时更新，具有开放性、易变性的特点以及复杂化、广泛化的趋势。其主要内容如下：

(1)关于国际商事交易主体(Subject)的法律规范：国际商事主体的类型(个人独资企业、合伙企业、公司)、特征、主体资格的取得及其治理等。

(2)关于国际商事交易行为(Conduct)的法律规范：合同法、国际货物买卖法、国际货物运输及保险法、国际商事代理法、票据法、国际贸易支付与结算法等。

(3)关于国际商事交易主体权利(Right)保护的法律规范：物权、债权、知识产权法等。

(4)对于国际商事交易及竞争行为进行干预的法律规范：产品责任法、竞争法等。

(5)关于国际商事救济(Remedy)的法律规范：国际商事诉讼法、国际商事仲裁法等。

第二节 世界两大法系

一、大陆法系

大陆法系(Civil Law System，又称罗马法系、民主法系、成文法系)形成于 13 世纪的西欧，以罗马法为基础，以法国和德国为代表。许多欧洲的大陆国家(瑞士、意大利、比利时、卢森堡、荷兰、西班牙、葡萄牙等)均属于大陆法系。除西欧以外，历史上殖民主义的扩张使整个拉丁美洲、部分非洲、近东的某些国家均属于大陆法系。曾经是法国殖民地的普通法系国家的个别地区、英国的苏格兰也属于大陆法系。亚洲的中国、日本等国家属于大陆法系。

(一)大陆法系的形成与发展

大陆法系是世界上最古老、影响最广泛的法系，至今，它已经历了两千多年的发展演变。大陆法系首先产生在欧洲大陆，起源于古代罗马法。古代罗马帝国是当时世界上最强大的国家，法律制度也最为发达。距今 1 400 年前，在罗马皇帝查士丁尼的亲自主持下，通过对当时罗马的所有法律进行系统的整理和编纂，制定了《民法大全》，这一伟大的创举形成了法律法典化的特色。

知识拓展

虽然后来罗马帝国灭亡了，但罗马法的法典化却对后世近现代国家产生了深远的影响，许多国家纷纷仿效。12—16 世纪，伴随着罗马法在欧洲大陆的复兴，大陆法系开始形成。

18世纪，法国爆发了资产阶级革命，这场革命比较彻底。法国大革命后，以罗马法为基础制定了《法国民法典》，这部法典的制定，使大陆法系获得了进一步的发展。《法国民法典》因拿破仑亲自主持制定而闻名于世，又可称为《拿破仑民法典》。随着欧洲大陆被拿破仑征服，这部民法典在欧洲大陆各国被广泛适用或仿效，它所确立的重要原则，有些甚至被沿用至今。

19世纪，资产阶级革命席卷了欧洲大陆，新兴的资产阶级政权纷纷仿效《法国民法典》进行法典编纂，其中最有代表性的是1900年德国制定的一部在所有资产阶级民法典中最系统、逻辑最严谨的《德国民法典》。

知识链接

《法国民法典》和《德国民法典》分别代表了自由资本主义时期和垄断资本主义时期两个阶段的法典，两部民法典在指导思想、结构和风格等方面都有显著的不同。《德国民法典》的影响虽然比不上《法国民法典》，但欧洲和亚洲的许多国家，如希腊、匈牙利、南斯拉夫、捷克斯洛伐克、日本、中国等，在20世纪初至20世纪中叶制定的民事法典，都受到了《德国民法典》的影响。

(二)大陆法系的结构

大陆法系也称市民法系，它作为一个体系在13世纪出现于西欧，是在继承和发展"罗马法"的基础之上逐渐形成与完善的。《法国民法典》以及《德国民法典》的颁布，标志着大陆法系走向成熟与完善阶段，故此，大陆法系以法国和德国为代表。除法国和德国之外，许多欧洲国家，如瑞士、意大利、比利时、卢森堡、荷兰、西班牙、葡萄牙、奥地利、丹麦、挪威、芬兰、瑞典、希腊等国均属大陆法系。并且，随着欧洲各老牌资本主义国家的殖民扩张，各宗主国把自己的法律体系带到各个殖民地，在殖民地建立了相应的法律制度。所以，除上述国家之外，整个拉丁美洲、非洲的一部分、日本、泰国和中国等均属于大陆法系，并且，在属于英美法系的国家中，某些国家的个别地区，如美国的路易斯安那州、加拿大的魁北克省、英国的苏格兰等也属于大陆法系的范畴。

(三)大陆法系的渊源

大陆法系的主要渊源是法律。大陆法系国家的法律包括宪法、法典和法典以外的法律以及条例等。所以，大陆法系国家特别强调成文法的作用。它在结构上强调系统化、条理化、法典化和逻辑性。它所采取的方法是运用几个大的法律范畴把各种法律规则分门别类地归纳在一起。当时，大陆法系各国均把全部法律分为公法和私法两大部分。其中公法包括宪法、行政法、刑法、诉讼法和国际公法等，私法包括民法和商法等。尽管大陆法系各国在各具体法律条文的规定上以及在法典编制体例上有所差异，但在法律制度和法律概念上却是相同的。因此，各国之间尽管语言不同，但它们的法律词汇却可以准确地相互对译，只要掌握了一个大陆法系国家的法律，就较容易了解其他大陆法系国家的法律。

二、英美法系

英美法系又可称为英国法系、普通法系、判例法系，它是以英国中世纪以来的法律，特别是它的普通法为基础而建立和发展起来的法律的总称。英美法系的范围，除英国(苏格兰除外)和美国(路易斯安那州除外)以外，主要是曾经属于英国殖民地、附属国的国家和地区。如加拿大(魁北克省除外)、澳大利亚、新西兰、印度、新加坡、马来西亚、巴基斯坦、孟加拉国、缅甸、南非等。

英美法系是一种历史悠久和影响较大的资本主义法系。它起源于11世纪诺曼入侵英国后逐步形成的普通法。1066年，诺曼公爵威廉征服英国，在英国建立了诺曼人的王国。为了缓和与当地居民的矛盾和冲突，从而加强中央集权统治，诺曼王朝一方面允许当时通行英国的盎格鲁一撒克逊习惯法继续适用，另一方面利用统一的王权削减封建领主的审判权，促进司法在全国的统一。国王派官员到全国各地进行巡回审理，在这一过程中，逐渐建立了一批王室法院，后来人们把这些法院通称为普通法院。而政权的统一和司法的统一，使过去通行各地的分散的习惯法也逐步得到了统一，在王室法院根据国王敕令、参照当地习惯法进行判决的基础上，逐步形成了一套适用全国的法律，即普通法。

自14世纪起，为了弥补普通法的不足，英国统治者授予那些对普通法院的判决不服者，可以向国王提出施予恩惠的请愿的权利。该请愿被国王委托给王室会议，由大法官负责处理。到15世纪后半期，在处理这些请愿的过程中，大法官庭逐渐分化为大法官法院和衡平法院。英国通过大法官的审判活动也逐步形成了一套新的衡平法制度。自此，普通法与衡平法并行发展，进一步完善了英国的法律制度。

17世纪，英国爆发了资产阶级革命。这场革命以新兴资产阶级和封建贵族的妥协而告终，这表现在英国的法制发展上。一方面，英国继续保持封建传统法制，将中世纪的普通法与衡平法形式全盘继承下来；另一方面，资产阶级为了适应社会实际生活的需要，维护自己的利益，巩固资产阶级的政权，通过制定新法和创制新判例的方法，删去了封建法制的基本内容。也就是说，在旧有的封建法制形式中注入了资产阶级法的内容，使其逐渐演变为资本主义的法律制度。

英国资产阶级革命后，为了迅速发展资本主义经济，增强国家的统治力量，英国大规模地开展对外贸易，并用武力向外进行领土扩张，开拓殖民地。在此期间，英国先后打败了西班牙、荷兰、法国等国家，获得了广泛的制海权利和“日不落”的广大领土，建立起了空前的大帝国。而随着英国在18—19世纪的领土扩张以及殖民地的发展，英国法律制度也逐步影响和植根于欧洲以及欧洲以外各洲的许多国家和地区。

美国曾是英国殖民体系中的一员。18世纪，美国经过独立战争赶走了英国殖民者，建立起了自己的独立国家，美国的法律制度也开始脱离英国而独立发展。但是，由于英美两国同属于资本主义性质的国家，有着共同的文化传统，为了进一步发展资本主义，美国独立后，仍以英国法律为基础来创立新的法律。所以，英美两国的法律制度存在历史渊源关系，虽然各自独立发展已有二百年的历史，但是，二者仍有着许多相似之处，如法律的风格、用语、概念、分类等。正是由于两国法律制度有着共同的历史传统，在法律表现形式上又有着许多共同特征，因此，人们将英美两国法律制度归为同一法系，习惯上合称为英美法系。

三、两大法系的差异

两大法系在现代发展过程中逐渐靠拢，差异化逐步缩小，但是，其各自的历史传统、社会文化、政治经济等因素决定的不同特征仍然非常显著。

(1)从法律构成来看，英美法系将以遵循先例为原则的判例法作为主要法律渊源，是其区别于大陆法系的最主要特点。当然，现代大陆法系国家也开始具有重视司法先例的倾向，法院判决确立的原则甚至可以调整某些特殊领域的法律关系，但其并不构成普通法意义上的判例法。除此之外，自 19 世纪末以来，英美法系国家制定法大量增加，地位日趋重要，但却显著区别于大陆法系国家的法典。

(2)在立法上，大陆法系国家通常将法律划分为公法和私法，采用法典化立法。英美法系体系庞杂，各具体法律门类在概念上缺乏逻辑联系，在结构上缺乏系统分类。

(3)从司法上看，大陆法系国家的法官仅有适用法律的义务，没有创设法律的权力，大范围的法律变革都是通过立法机构制定和颁布法律得以实现的。英美法系国家，尤其在英国，传统法律制度被保留的较多，法官保守地遵从先例使得法律变革变得相对缓慢，但同时却更加强调司法独立，法官在司法实践中可以创制和发展法律。

(4)从两大法系的形成过程来看，英美法系是以英国普通法为中心呈放射状向全球传播的，明显区别于大陆法系的欧洲大陆本土的连锁式、欧洲以外的多中心式传播方式。

(5)在程序上，英美法系注重程序法而轻视实体法的倾向比较明显，尽管伴随程序法的改革和制定法的增加，实体法越来越受到重视，但程序法至今仍决定着法律的产生和适用。大陆法系实体法居主导位置，程序法附属于实体法，仅仅是法院适用实体法的工具。

第三节 中国当代法律制度

一、中国司法制度

司法制度是指司法机关及其他的司法组织的性质、任务、组织体系、组织与活动的原则以及工作制度等方面规范的总称。

我国的司法制度包括侦查制度、检察制度、审判制度、监狱制度、司法行政管理制度、人民调解制度、律师制度、公证制度、国家赔偿制度等。我国的司法制度是一套严谨的人民司法制度体系，在整个国家体制中具有非常重要的地位和作用。

随着我国政治经济体制改革的深入发展，社会主义市场经济体制的建立，现行的司法制度与市场经济的矛盾越来越突出，日益显露出诸多的弊端，在很多方面不能满足市场经济的需要。目前，司法改革受到越来越广泛的关注，越来越多的人对所谓的司法不公、司法腐败表现出的强烈不满，为司法改革提供了难得的契机与动力。司法改革已经成为时下整个社会的强烈期待。因此，尽快改革司法制度，使之最大限度地发挥司法职能为市场经济服务，成为当前迫切需要解决的现实问题。

二、中国民商法

(一)民商法的概念

民商法是指民法与商法。关于民法和商法的关系，有两种体例，一是民商合一，二是民商分立。所谓民商合一，是指民法包含商法，是商法的母法，并指导和统率商法，而商法是民法的子法或者特别法，如瑞士、意大利等国；所谓民商分立，是指民法与商法属两个并存的独立的部门法，通常在民法典以外还制定了商法典，如法国、德国等。我国尚未就属于何种体例做出明确说明，但根据我国现今要求和现代民法发展趋势，我国采取的应是民商合一体例。

（二）民商法的联系

民法与商法共同调整商品经济关系，同属私法，两者有着密切的联系。商法使用的一切原则也不断为民法所吸收。众所周知，民法伴随商品经济的发展而发展，它所调整的财产关系主要是指财产归属和流转关系，调整的人身关系是指个人非财产关系。民法所保护的利益是个人利益，而商法主要是由商事交易习惯形成的商品交易规则，它所保护的利益也是个人利益。

民法是商品经济的产物，在古罗马时期，商品交换十分频繁。从事交易的人们渐渐需要一个共同遵守的交易规则来维护交易秩序，保障商品流通。于是，商品交换的习惯产生。进而，习惯发展为法，这就是民法的起源。民法既然以保护交易利益为主要内容，因而必须适应商品交换的要求，即人格的独立，能以自身的意志从事交易，实现所有权的确定性和订立契约的自由。

（三）民商法的差别

民法与商法比较，其差异主要表现在以下几个方面：

1. 两者的社会经济基础有所不同

民法是商品经济的产物，是市民社会个体在生活交往过程中因为生活的需要产生的，民法伴随商品经济的产生而产生，伴随着商品经济的发展而发展。而商法是以市场经济为基础与依托的，是随着资本主义商品经济的发展、生产社会化程度的提高而产生的。现代商法不再是维护商人特殊利益的法律，已经变成了规范商事组织和商事活动的法律。随着经济的发展，商法将不断适应市场经济发展的需要，规范市场主体行为、维护交易安全。

2. 两者的价值追求目标有所不同

民法以追求其主体人格独立与被尊重为价值目标，具有鲜明的道德性即伦理色彩。民法在对主体调整的过程中注重的是公平，注重的是对人身关系和与人身关系有关的财产归属的调整，更加强调人格的独立，是立足于民事主体的个体权利，以权力为本位的私法。而商法的价值追求目标，在于使社会生产的效率能够得到更大幅度的提高，具有极强的功利性质，即经济学色彩。商法以从事商事经营的商人为其主体性，这种特定的主体阶层及其营利的目的决定了它的功利性，商法更强调安全、效率，这些都与其价值追求目标有着直接的关系。

3. 两者制度构建的主要立法技术有别

民法实行行为法，因为民事主体的主体地位是“自然”的，它是一种生理过程，客观地说，它只需要法律给予确认而没有必要赋予其主体资格。民事规范只是民事主体的行为给予必要的约束以及在长久的生活交往中的一般性规则。而商事主体的地位却不是自然就有的，它是需要根据法律的规定，符合条件并经过一定的程序才能获得的，商人是因职业而形成的一种身份。商法既然是市场经济的产物，同时也就是市场经济运作技术规则在立法层面的集中反映，所以，它的制度设计采用“组织兼行为法”。这是因为商法既有对商事主体制度的规定，又有对商事主体行为的规范。

导入案例分析

小张、小李、小刘的说法都不正确，首先，合伙人对合伙企业的债务承担无限的连带责任，即每一合伙人都有义务偿还合伙企业的所有债务。合伙人内部的约定不能对抗债权人，因此，小张的说法是不正确的。至于小刘，尽管其与小张之间有某种约定的债务承担，但这种约定不能对抗合伙的债权，小刘仍要为合伙债务承担责任。由于小崔的6 000英镑债权发生在小张、小李、小刘合伙期间，三人应对此债权按合伙协议约定的债务分担比例，即小张承担1 000英镑、小李承担2 000英镑、小刘承担3 000英镑。

本章小结

通过对本章的学习，可以帮助读者了解国际商法的基本概念，掌握两大法系的形成、特点及其发展趋势，了解我国的基本法律制度，初步建立国际商法的法律观念。

拓展阅读

国际商法的形式分析

从形式上讲，国际商法体系的确定既要考虑国际商法所调整、涉及的商事关系领域，又要考虑国际商法本身的结构和特点，还要确定体系各组成部分内容之间的关系。在内容上，国际商法体系的确定取决于跨国界的商事关系的发展。国际商事关系发展到今天，所涉及的已经不再是简单的产品交换等内容。

根据联合国国际贸易法委员会在起草《联合国国际贸易法委员会国际商事仲裁示范法》时，就“商事”一词所做的注释，具有商事性质的关系包括但不限于下列交易：任何提供或交换商品或劳务的交易；销售协议；商事代表或代理；保付代理；租赁；咨询；设计；许可；投资；融资；银行业；保险；开采协议或特许权；合营企业或其他形式的工业或商业合作；客货的航空、海洋、铁路或公路运输。

国际商事关系以生产要素的跨国界流动为主流，再结合商事行为法性质的结构划分，我们可以系统地划分国际商事活动涉及的领域，这也是国际商法按调整对象进行划分的基础。按照这一思路，国际商事关系涉及四个领域，即直接媒介钱货交易的动产和不动产买卖、有价证券的买卖，在交易所进行的买卖以及商人间的买卖；间接媒介货物交易的行为，如货物运输、仓储保管、居间、行纪、代办商等；为工商提供资金融通的银行、信托，为商业提供产品的制造业、加工业等；直接或间接为商事活动提供服务的财产保险等。

从形式和内容两方面的结合和国际商法目前的发展阶段看，我们可以大致确定国际商法体系的主要组成部分。国际商法应包括：商事主体法(包括商事组织、商事代理、商业登记等)；商事行为法(包括国际货物买卖法、国际货物运输法、国际货物运输保险法、海商法、国际技术贸易法、产品责任法、票据与国际结算法、国际资金融通法)；国际商事争议解决规则(包括国际民事诉讼、国际商事仲裁)。每一组成部分在表现形式上都是由国际法渊源和国内法渊源有机结合组成的。

本章习题

一、选择题

1. 国际商法的主要内容不包括(　　)。

A. 商事行为法　　B. 商事权利救济法

C. 微观调控法　　D. 商事组织法

2. 国际商事关系是指(　　)。

A. 国家和国家之间发生的商事关系

B. 国家和商事主体之间发生的商事关系

C. 不同国家的商事主体之间发生的商事关系

D. 同一国家不同商事主体之间发生的商事关系

3. 以下不属于中国民法与商法差异的是(　　)。

A. 两者的社会经济基础有所不同　　B. 两者所调整的经济关系不同

C. 两者的价值追求目标有所不同　　D. 两者制度构建的主要立法技术有别

二、填空题

1. 国际商法是调整国际商事交易和商事组织关系的各种________的总称。

2. 国际商法的主要内容包括：商行为法、商组织法、________以及商事权利救济法。

3. 国际商法的渊源是指________产生的依据及其表现形式。

三、简答题

1. 国际商法的概念是什么?

2. 世界两大法系分别是什么?

3. 国际商法的基本特征是什么?

四、案例题

2014 年 7 月 27 日我国红润公司应荷兰商号的请求，报出某初级产品 100 吨，每吨鹿特丹到岸价格(CIF)人民币 3 900 元即期装运的实盘。对方接收到我方报盘后，没做承诺表示，而是再三请求我方增加数量，降低价格并延长要约有效期。我方曾将数量增至 300 吨，价格减至每吨鹿特丹到岸价格(CIF)人民币 3 800 元，并两次延长了要约的有效期，最后延至 8 月 30 日。荷兰商号于 8 月 26 日来电接受该盘。我方公司在接到对方承诺电报时，发现巴西因受旱灾而影响到该产品的产量，国际市场价格暴涨，从而我方拒绝成交，并复电称：“由于世界市场价格变化，货物在接到承诺电报前已售出。”但荷方不同意这一说法，认为承诺是在要约有效期内做出，因而是有效的，坚持要求我方按要约的条件履行合同，并提出，要么执行合同，要么赔偿对方差价损失 40 余万元人民币，否则将提起诉讼。

如果荷兰的这一商号对我国的红润公司提起诉讼，有无正当理由?

测试题　选择题

测试题　判断题

第二章

国际商事组织法

知识要点

1. 了解国际商事组织法的概念和分类；
2. 熟悉独资企业的设立流程；
3. 掌握合伙企业法的概念及特征；
4. 掌握公司法的概念和分类。

核心概念

国际商事组织法　独资企业法　合伙企业法　公司法

情境导入

小张、小红、小伟、小陈四人出资设立雪峰有限合伙企业，其中小张、小红为普通合伙人，小伟、小陈为有限合伙人。合伙企业存续期间，2015年发生以下事项：

(1)6月，合伙人小伟同雪峰合伙企业进行了120万元的交易，合伙人小张认为，由于合伙协议对此没有约定，因此，有限合伙人小伟不得同本合伙企业进行交易。

(2)6月，合伙人小陈自营同雪峰合伙企业相竞争的业务，获利150万元。合伙人小红认为，由于合伙协议对此没有约定，因此，小陈不得自营同本合伙企业相竞争的业务，其获利150万元应当归雪峰合伙企业所有。

(3)7月，雪峰合伙企业向商业银行贷款100万元。

(4)8月，经全体合伙人一致同意，普通合伙人小红转变为有限合伙人，有限合伙人小伟转变为普通合伙人。

(5)9月，小张、小陈提出退伙。经结算，小张从合伙企业分回10万元，小陈从合伙企业分回20万元。

(6)10月，小刘、小李新入伙，小刘为有限合伙人，小李为普通合伙人。其中，小刘、小李的出资均为30万元。

(7)12月，商业银行100万元的贷款到期，雪峰合伙企业的全部财产只有40万元。

案例思考：

根据《中华人民共和国合伙企业法》的规定，分别回答以下问题：

(1)根据本题要点(1)所提示的内容，指出小张的主张是否符合法律规定并说明理由。

(2)根据本题要点(2)所提示的内容，指出小红的主张是否符合法律规定并说明理由。

(3)对于偿债不足的60万元，债权人商业银行能否要求退伙人小张清偿全部的60万元？并说明理由。

(4)对于偿债不足的60万元，债权人商业银行能否要求合伙人小红清偿全部的60万元？并说明理由。

(5)对于偿债不足的60万元，债权人商业银行能否要求合伙人小伟清偿全部的60万元？并说明理由。

(6)对于偿债不足的60万元，债权人商业银行能否要求退伙人小陈清偿全部的60万元？并说明理由。

(7)对于偿债不足的60万元，债权人商业银行能否要求合伙人小刘清偿全部的60万元？并说明理由。

(8)对于偿债不足的60万元，债权人商业银行能否要求合伙人小李清偿全部的60万元？并说明理由。

第一节 国际商事组织法概述

一、商事组织的概念

商事组织是指依法成立，具有一定规模，能以自己的名义从事营利活动的经济组织。通俗地说，商事组织即企业制度。商事组织，也称为“商事企业”，是指能够以自己的名义从事经营活动，并且具有一定规模的经济组织。

二、商事组织的种类

一般而言，西方国家的商事组织主要有三种基本的法律形式，即个人企业、合伙与公司。其中，公司是最重要的商事组织形式。

（一）个人企业（Individual Proprietorship）

个人企业，也称为“一人公司”（One-man company）或“独资经营企业”（Sole-owned or Operated Enterprise），是指由一名出资者单独出资与从事经营管理的企业。从法律性质而言，个人企业不是法人，不具有独立的法律人格，其财产与出资人的个人财产没有任何区别，出资人就是企业的所有人，其以个人的全部财产对企业的债务负责。出资人对企业的经营管理拥有控制权与指挥权。尽管个人企业有时聘用经理或其他职员，但是，其经营的重大决策权仍然属于出资人。出资人有权决定企业的扩大、停业或关闭等事项。个人企业是世界各国数量最多的企业形式。

（二）合伙（Partnership）

合伙是两个或两个以上的合伙人为经营共同事业、共同投资与共享利润而组成的企业。合伙企业是一种“人的组合”。合伙人与合伙企业关系密切，合伙人的死亡、退出或破产等都将导致合伙企业的解散。合伙人对合伙的债务负无限责任。大多数国家的法律规定，合伙企业原则上不具有独立的法律人格。但是，法国与荷兰等大陆法系国家以及苏格兰的法律规定，合伙企业也是法人。合伙企业在许多国家也是一种数量较多的企业形式。但是，由于其规模、组织以及资金来源等方面的限制，合伙企业基本上属于中、小型企业，特别是家族企业。

（三）公司（Corporation）

公司是依法定程序设立，并且以营利为目的的法人组织。各国法律均规定，公司具有独立的法人资格，有权以自己的名义拥有财产，享受权利与承担义务。公司是一种“资本的组合”。股东与公司之间是相互分离的。股东的死亡与退出一般不影响公司的存续，股东对公司的债务通常只负有限责任。公司的经营主要由专门的经营管理人员负责。在现代市场经济社会中，以股份有限公司为代表的公司企业已成为国民经济的主要支柱，对社会经济生活具有举足轻重的影响。

第二节　独资企业法

一、独资企业的概念及特征

（一）独资企业的概念

独资企业（Enterprise of Sole Proprietorship）亦称个人独资企业，是指由一人单独出资兴办，企业财产完全归投资人个人所有及经营管理，同时投资人对企业债务承担无限责任的企业。根据投资人国籍的不同，独资企业包括由国内公民设立的个人独资企业以及由外商单独出资设立的外商独资企业。

(二)独资企业的特征

由于规模较小、易于成立、管理简便，独资企业是最为简单、出现最早的企业形式。与其他商事组织比较，独资企业具有以下特征：

(1)独资企业由一名投资人单独出资设立。投资人应依其国内法的规定，具备相应的条件。例如，《中华人民共和国个人独资企业法》(以下简称我国《个人独资企业法》)规定，个人独资企业的投资人应为自然人，仅限于中国公民。

(2)独资企业的投资人对企业享有完全的控制与支配权利。投资人的意愿直接决定着独资企业的存在与经营管理，因此，独资企业采用的是所有权与经营管理权合一的资产经营方式，即独资企业完全处于投资人的控制与支配之下。在这种经营方式下，企业的内部机构设置十分简单，管理方便、灵活。

(3)独资企业是非法人企业，投资人对企业债务承担无限责任，独资企业可以拥有自己的名称或者商号，作为独立的民事主体以其自身名义从事民事活动。但是独资企业的全部财产均为投资人所有，企业的权利、义务与投资人个人的权利、义务融为一体，因此，独资企业并不具有法人资格，企业不能独立承担责任，投资人将以个人全部财产对企业的债务承担无限责任。

二、独资企业的设立

(一)独资企业的设立条件

各国法律对独资企业的设立都规定了一定的条件。由于独资企业属于非法人型的企业，规模较小，因此，对其规定的设立条件都较为宽松，没有关于企业出资额的规定。我国《个人独资企业法》规定，申请设立个人独资企业应具备下列条件：

(1)投资人是有中国国籍的自然人，但法律、行政法规规定禁止从事营利性活动的人，如国家公务员、机关干部、现役军人、警官、法官、检察官、银行人员等，不得作为投资人申请设立个人独资企业。

(2)有合法的企业名称。名称是企业的标志，企业必须有相应的名称，并符合法律法规的要求。个人独资企业的名称应与其责任形式及从事的经营项目相符合，不得使用“有限”“有限责任”或者“公司”的字样，可以叫厂、店、中心、工作室等。

(3)有投资人申报的出资。设立个人独资企业可以用货币出资，也可以用实物、土地使用权、知识产权或者其他财产权利出资；投资人可以以个人财产出资，也可以以家庭共有财产出资。

(4)有固定的生产经营场所和必要的生产经营条件。生产经营场所包括企业的住所和与生产经营相适应的处所。

(5)有必要的从业人员。设立个人独资企业，要有与其生产经营范围、规模相适应的从业人员。

(二)独资企业的设立程序

独资企业的设立程序相对简单，各国法律的规定一般为提交设立申请文件、进行工商登记。例如，我国《个人独资企业法》规定，在我国申请设立个人独资企业，应首先由投资人或者委托代理人向个人独资企业所在地的登记机关提出设立申请，并提交设立申请书、投资人身份证明、企业住所证明和生产经营场所使用证明等文件。如果是委托代理人申请设立的，还应提交投资人的委托书和代理人的身份证明或者资格证明。登记机关在收到设立申请文件之日起 15 日内，对符合我国《个人独资企业法》规定条件的予以登记，发给营业执照；对不符合我国《个人独资企业法》规定条件的，不予登记，并应当给予书面答复和说明理由。营业执照签发日期即为独资企业成立日。

知识拓展

独资企业设立分支机构，应当由投资人或者其委托的代理人向分支机构所在地的登记机关申请登记，领取营业执照。分支机构经核准登记后，应将登记情况报该分支机构隶属的独资企业的登记机关备案。分支机构的民事责任应当由设立该分支机构的独资企业承担。

第三节 合伙企业法

一、合伙的概念和特征

(一)合伙的概念

合伙的概念既可以从法律行为的角度给出，也可以从组织形态的角度给出。就法律行为的角度而言，合伙是指两个以上的民事主体共同出资、共同经营、共负盈亏、共担风险的协议；就组织形态的角度而言，合伙是指两个以上的民事主体共同出资、共同经营、共负盈亏、共担风险的企业组织。

知识拓展

无论是从法律行为角度还是从组织形态角度，都强调合伙企业的主要特征是合伙人共同出资、共同经营、共负盈亏、共担风险。

我国目前调整合伙的法律规范主要有：一是《中华人民共和国民法通则》(以下简称我国《民法通则》)中有关个人合伙及法人联营的规定，二是《中华人民共和国合伙企业法》(以下简称我国《合伙企业法》)。

按照我国《民法通则》第三十条的规定，个人合伙是指“两个以上公民按照协议，各自提供资金、实物、技术等，合伙经营、共同劳动”。合伙经营、共同劳动的目的，当然是为获取收益。

我国《合伙企业法》颁布于1997年2月，2006年8月进行了修改。

合伙企业是指由自然人、法人和其他组织设立的组织体，包括普通合伙企业和有限合伙企业两种类型。普通合伙企业的所有合伙人对合伙企业的债务都承担无限连带责任。有限合伙企业则包括普通合伙人和有限合伙人，前者对合伙企业债务承担无限连带责任，后者则只以其认缴的出资额为限对合伙企业债务承担责任。

(二)合伙的特征

合伙具有以下特征：

1. 合伙协议是合伙得以成立的法律基础

如果说公司是以公司章程为成立基础，那么合伙就是以合伙协议为成立基础。但公司章程与合伙协议在性质上有很大的不同。公司章程是公司组织和行为的基本准则，是公司的"宪法"，具有公开的对外效力，其功能主要是约束作为法人组织的公司本身；而合伙协议是处理合伙人之间的权利义务关系的内部法律文件，仅具有对内的效力，即只约束合伙人，合伙人之外的人如欲入伙，须经全体合伙人同意，并在合伙协议上签字。所以，合伙协议是调整合伙关系、规范合伙人相互间的权利义务、处理合伙纠纷的基本法律依据，也是合伙得以成立的法律基础，此即合伙的契约性。

知识拓展

合伙协议的订立方式既可以是书面协议，也可以是口头协议，但根据合伙企业法的规定，合伙企业的合伙协议应当采用书面形式。如果合伙人之间未订立书面形式的合伙协议，但事实上存在合伙人之间的权利义务关系，进行了事实上的合伙经营，仍然视为合伙。

2. 合伙须由全体合伙人共同出资、共同经营

(1)出资是合伙人的基本义务，也是其取得合伙人资格的前提。与公司不同的是，合伙出资的形式丰富多样，比公司灵活。公司股东一般只能以现金、实物、土地使用权和知识产权四种方式出资，而合伙人除了可以上述四种方式出资外，还可以劳务、技术、管理经验、商誉甚至以不作为的方式出资，只要其他合伙人同意即可。

(2)合伙人共同经营是合伙不同于公司的又一特征。公司的股东不一定都参与公司的经营管理，甚至不从事公司的任何营业行为，而合伙人必须共同从事经营活动，以合伙为职业和谋生之本。若相互之间无共同经营的目的与行为，则纵使有某种利益上的关联，也非合伙，如约定一方为另一方设定担保或基于约定由一方独立处理经营事务而另一方坐分利润，不参与经营，则均非合伙，而是其他法律关系。所以可以说，合伙人之间是风雨同舟、荣辱与共的关系，合伙的一些具体制度如竞业禁止等即是基于此而产生的。当然，有限合伙企业的情形有所不同，有限合伙人可以不参与合伙企业的营业，不执行合伙事务。

(3)合伙从事的行为一般是具有经济利益的营业行为。无论是民事合伙还是商事合伙，合伙人的目的都是为了营利，特别是依据合伙企业法成立的合伙企业，属于商事合伙的性质，从事营利性行为，是一种营利性组织。

3. 共负盈亏，共担风险，承担无限连带责任

这也是合伙与公司的主要区别之一。公司股东按其出资比例和所持股份分享公司利润，当公司资不抵债时，股东只以其出资额为限或所持股份为限对公司债务承担责任。合伙人则既可按对合伙的出资比例分享合伙赢利，也可按合伙人约定的其他办法来分配合伙赢利，当合伙财产不足以清偿合伙债务时，合伙人还需以其他个人财产来清偿债务，即承担无限责任，而且任何一个合伙人都有义务清偿全部合伙债务(不管其出资比例如何)，即承担连带无限责任。

合伙是一种古老的商业组织形态。欧洲中世纪，随着商品经济的发展，合伙经营日益普遍，合伙形式也得到了新的突破，合伙的团体性质得到了增强。到了近现代，虽有公司这一萌生于合伙的营利性法人组织的出现，但合伙并未因此退出历史舞台，作为独立的联合经营形式，它在各大陆法系国家民法典中以合伙契约的形式被确立为一种基本民事制度；与此同时，在英美法系国家，合伙的性质得到了进一步的加强。如美国统一合伙法，一方面将合伙作为一种个人联合体，另一方面又使它具有法人的各种基本特征。在现代市场经济条件下，合伙因其聚散灵活的经营形式和较强的应变能力，普遍受到各国法律的重视，已成为现代联合经营所不可缺少的形式之一。

4. 合伙是一种独立的联合组织，具有团体的属性

这主要表现在合伙的人格、财产、利益和民事责任都具有了相对的独立性。当然，这种独立性没有法人那么强，团体的属性也没有法人那么强。如果说法人是一种高级的组织形态，那么合伙则是一种低级的组织形态。

二、合伙企业的设立

根据我国《合伙企业法》的规定，设立合伙企业，应当具备下列条件：

(1)有两个以上合伙人。合伙人为自然人的，应当具有完全民事行为能力。

(2)有书面合伙协议。

(3)有合伙人认缴或者实际缴付的出资。

(4)有合伙企业的名称和生产经营场所。

(5)法律、行政法规规定的其他条件。

案例

国际商事组织法

三、合伙的分类

合伙从民法上可分为以下几类：

(一)商事合伙和民事合伙

我国实行的是民商合一的法律制度，所以，没有所谓民事合伙与商事合伙的概念。民事合伙与商事合伙是大陆法系的传统分类，是合伙在民商分立的立法模式下的分类。简而言之，民事合伙是指设立与存在的基础是民法的合伙，商事合伙是指设立与存在的基础是商法的合伙。具体而言，民事合伙是指向社会提供专业服务，不以营利为目的的合伙，如律师事务所、会计师事务所等。商事合伙是指从事生产经营、商品销售活动，以营利为目的的合伙。

知识链接

民事合伙比较强调合伙人之间的权利义务关系，即将合伙视为当事人之间的一种合同关系；而商事合伙更加注重合伙人之间的集合性，将合伙视为合伙人之间基于合伙合同而成立的享有某种特定权利和承担相应义务的组织体。

（二）普通合伙和有限合伙

普通合伙与有限合伙的区分标准是合伙人是否负无限责任。

普通合伙的所有合伙人对合伙债务均负无限连带责任，法律另有规定的除外。

有限合伙是指由至少一名普通合伙人和一名负有限责任的合伙人组成的合伙。

在有限合伙中，普通合伙人负责合伙的事务执行，并对合伙债务负无限责任；有限合伙人则不参与合伙的事务执行，对合伙债务仅以其出资额为限承担有限责任。

（三）一般普通合伙和特殊普通合伙

一般普通合伙与特殊普通合伙是我国《合伙企业法》中具有特色的分类。

一般普通合伙就是通常的普通合伙，即全体合伙人对合伙债务均负无限连带责任。

在特殊普通合伙中，合伙人的责任根据其是否实施执业行为而有所区别，因执业过错造成合伙债务的合伙人承担无限责任或无限连带责任，其他合伙人则以其在合伙企业中的财产份额为限承担责任。

（四）显名合伙和隐名合伙

显名合伙与隐名合伙的区分标准是合伙中是否存在不公开合伙人姓名且不参与合伙事务执行的合伙人。

显名合伙是指所有合伙人都公开合伙人身份和姓名，且参与合伙事务的执行。

隐名合伙是指合伙中存在一个或一部分不公开合伙人姓名且不参与合伙事务执行的合伙人。隐名合伙是部分合伙人只出资而由其他合伙人经营的合伙，隐名合伙人在合伙内部关系中所承担的责任性质与其他合伙人一样，只是其并不为外人知晓，不直接对外承担责任。

第四节 公司法

一、公司法的概念和立法

★ 视频

公司法概述

（一）公司法的概念

所谓"公司法"，是指规定公司在设立、运营及解散过程中所发生的各种对内对外关系的法律规范的总称。因此，就"公司法"字面意思而言，可将其做广义及狭义两种不同的解释。

广义上的“公司法”，是指一个国家颁布的所有关于公司这类商事组织的法律、行政法规、部门规章、司法解释等法律、法规性文件。所以，广义上的“公司法”，必然表现为法律文件的多层次及多样化。在我国，广义上看，《中华人民共和国公司法》(以下简称我国《公司法》)、《中华人民共和国公司登记管理条例》等法律法规都属于公司法的范畴。而狭义上的“公司法”，仅指体系化地制定于一个文件内的关于公司的设立、运营、解散等基本规则的单行法律。

知识链接

我国《公司法》共设13章218条，规定了有限责任公司和股份有限公司两种基本公司类型，并对两类公司的法律地位，设立条件和程序，公司组织机构，股东权利、义务和责任，公司的财务会计，公司的合并、分立、解散、清算等基本规则做了全面、系统的规定，是我国最重要的商事组织法之一。

(二)公司法的立法

我国《公司法》由第八届全国人民代表大会常务委员会第五次会议于1993年12月29日通过，自1994年7月1日起施行。

根据1999年12月25日第九届全国人民代表大会常务委员会第十三次会议《关于修改〈中华人民共和国公司法〉的决定》第一次修正。

根据2004年8月28日第十届全国人民代表大会常务委员会第十一次会议《关于修改〈中华人民共和国公司法〉的决定》第二次修正。

2005年10月27日第十届全国人民代表大会常务委员会第十八次会议修订。

2013年12月28日第十二届全国人民代表大会常务委员会第六次会议通过《关于修改〈中华人民共和国海洋环境保护法〉等七部法律的决定》，2013年12月28日中华人民共和国主席令第八号公布，自2014年3月1日起施行。修订后的我国《公司法》共13章218条，原法中只有20余条内容未变，其他条款内容均有所添加或删改。新法条款数量略有减少，但立法体系与法律结构更为合理严谨。

修订后的我国《公司法》的立法理念更加适应市场经济的需要，体现了鼓励投资、简化程序、提高效率的精神，取消了诸多不必要的国家干预的条款，废除了股份有限公司设立的审批制度，减少了强制性规范，强化当事人意思自治，突出了公司章程的制度构建作用，为进一步完善公司治理结构，加强对股东权益的保护提供了法律保障。

此后，《中华人民共和国公司登记管理条例》根据2016年2月6日发布的国务院令第六百六十六号《国务院关于修改部分行政法规的决定》进行了第三次修正。

二、公司的概念和分类

（一）公司的概念

学术界对公司的定义有不同的表述。我国公司法专家顾功耘教授认为，“公司是依照公司法律规定组织、成立和从事活动的，以营利为目的且兼顾社会利益的具有法人资格的企业”。除了学者的表述各不相同外，各国立法对公司的定义也有差异。《日本商法典》第五十二条指出：“本法所称公司，谓以实施商行为为目的而设立的社团。”《韩国商法》的规定是：“公司是指以商行为及其他营利为目的而设立的社团。”

我国《公司法》并未直接给公司下定义，而仅在各有关条款中揭示了公司的一些本质特征。我国《公司法》第二条规定：“本法所称公司是指依照本法在中国境内设立的有限责任公司和股份有限公司。”第三条规定，“公司是企业法人”。第五条第一款规定，“公司从事经营活动，必须遵守法律、行政法规，承担社会责任”。

综合我国《公司法》的上述有关规定和学术理论，可以给公司做如下定义：公司是依法设立、从事经营活动、以营利为目的且兼顾社会利益的企业法人。

（二）公司的特征

依我国现行法律规定，公司的基本特征是：

(1)公司是从事经济活动，并以营利为目的的经济组织。公司作为企业的一种具体形式，当然具有所有企业都具备的重要特征，这就是从事经济活动并以营利为目的。

(2)公司是具有独立法人资格的企业。我国立法关于公司是“企业法人”的规定表明：公司一旦成立即取得独立法人资格。公司的独立人格意味着，公司虽由股东投资组建，但在法律人格上却与股东完全分离。它可以拥有自己的名称和住所，享有由股东投资形成的全部法人财产权，并通过运用自己的财产自主经营，自负盈亏，独立承担民事、经济及刑事法律责任。一句话，公司是一个独立于股东且拥有权利和行为能力的人造实体。

(3)公司股东以其出资额或所持股份为限对公司承担责任。我国《公司法》并未确立无限公司、两合公司为合法的公司形态，而只规定了有限责任公司与股份有限公司两种公司形式。因此，公司股东承担的都是有限责任。具体而言，有限责任公司的股东以其对公司的出资额为限承担责任，股份有限公司的股东以其所持股份为限对公司承担责任。

三、公司的设立

（一）公司设立的概念

公司设立，是指公司发起人为达到成立公司的目的而依法所实施的一系列法律行为的总称。这一系列法律行为通常始于公司发起人的发起，终于公司登记成立。其内容一般包括：发起人签订发起人协议、制定公司章程、筹备具体的生产经营条件、发起人及认股人认缴出资、申请设立登记等。

公司设立的法律特征是：设立行为的主体是公司发起人；设立行为的目的是成立公司；设立行为的内容及程序有严格的法律规定，并且可因公司种类的不同而不同。

公司设立不同于公司成立。公司设立，强调的是发起人创办公司的过程，而公司成立指的是已经完成整个设立过程后的结果。虽然公司发起人实施设立行为的最初目的是成立公司，但设立行为的后果，并不必然导致公司成立结果的发生。发起人实施发起行为后，可能因发起人半途自动中止设立行为、某个设立环节失败(如无人响应招股邀约)或未被核准登记等原因而不产生公司成立的后果。因此，公司设立，既是一种法律行为，也是一种风险性经济行为。

(二)公司设立的原则

公司设立的原则主要有：

1. 自由设立原则

自由设立原则又称放任主义设立原则，意指国家法律对公司的设立不加任何限制，公司如何设立、何时成立等，完全由设立人自由决定，无须履行任何法律手续，公司即可成立。这一原则盛行于欧洲中世纪末的自由贸易时代。它虽在一定程度上促进了当时经济的发展，但却导致了滥设公司的不良后果，危及了社会交易的安全。20 世纪初，该原则即为各国所抛弃。

2. 特许主义设立原则

特许主义设立原则是指设立公司必须经国家元首或议会以颁布特许令或通过特别法令的形式予以许可。未得特许令者，不得以公司形式开展商事活动。此种原则起源于 13—15 世纪，盛行于 17—19 世纪初的英国、荷兰等国。它虽克服了自由设立原则的缺陷，有效地控制了一度蔓延的滥设公司现象，但因每设立一个公司，都必须由国家元首或议会颁布特许令，其手续之烦琐、时间之缓慢，严重制约了公司这种商事组织的发展，也影响了自由资本主义经济的繁荣。因此，19 世纪后，该原则逐渐被各国放弃。

3. 核准主义设立原则

核准主义设立原则是指设立公司所应具备的基本条件都统一地规定于一个法律文件内，并公布于众。任何人欲设立公司，除应具备法定的设立条件外，还必须经过政府的逐个审核、批准，否则不得成立公司。此种设立原则最初产生于法国，体现于法国路易十四时代的《商事条例》，18 世纪的德国亦曾采用过。该原则虽在很大程度上降低了特许主义设立原则盛行时给公司设立人带来的设立公司的不确定性，但却没有解决设立公司仍需经过烦琐的审批手续的问题。不仅如此，严格的核准主义设立原则还为行使审批权的政府机构及其工作人员滥用权力、以权谋私提供了条件。因此，客观上讲，它与市场经济环境下讲求公平、效率的商法原则仍存在不协调之处。

4. 准则主义设立原则

准则主义设立原则又称登记主义设立原则。该原则的含义是：设立公司无须经政府的审核、批准，只要符合法律规定的各项条件(即法定的各项准则)，设立人即可直接登记成立公司。准则主义设立原则始创于 1862 年的英国公司法。19 世纪末以来，西方各国纷纷效仿，是当今世界各国最为普遍采用的一种公司设立原则。

(三)公司设立的方式

以设立公司时是否向发起人以外的人募集股份为标准，可将公司设立方式分为发起设立和募集设立两种。

1. 发起设立

发起设立，是指由发起人认购公司应发行的全部股份而设立公司的方式。其主要特征是：公司全部股份都由发起人认购，除发起人之外，没有其他认股人。这种设立方式可为各种类型的公司采用。按我国《公司法》的规定，有限责任公司只能采取此种设立方式，而股份有限公司可自行决定是否采取此方式设立。

2. 募集设立

募集设立，是指由发起人认购公司应发行股份的一部分，其余股份向社会公开募集或者向特定对象募集而设立公司的方式。其主要特征是：公司全部股份分别由发起人及发起人以外的其他人(包括自然人和法人)认购。我国《公司法》允许股份有限公司采取募集设立方式设立，其他公司不得以募集方式设立。

发起设立与募集设立方式各具利弊。采取发起设立方式设立公司的好处是设立程序简单、成本低，但不足之处是此种方式的集资功能有限。因此，对资金需求较高的公司显然不宜用此种方式设立。而采取募集方式设立公司的最大好处，就是能募集到巨额资金以满足公司大规模生产经营的需要，但以此种方式设立公司时，必须经历烦琐的设立程序及承担较高的设立费用，因而对发起人而言，风险相对较大。因此，以哪种方式设立公司，应由发起人根据自身情况及公司的设立目的等因素，综合考虑后决定。

四、公司的资本

(一)公司资本的概念

参照我国《公司法》的相关规定，可以给“公司资本”做如下定义：公司资本，是注册资本的简称，又称股本，是指由公司章程确定的全体股东认缴或实缴的出资总额。其基本特征是：

(1)公司资本仅指来源于全体股东出资构成的那部分公司资产，具体表现为法律允许的货币、实物、知识产权、土地使用权等若干种形式。

(2)公司资本数额是由公司章程规定，并经注册登记后确定的。

(3)公司资本所有权归属于公司法人，而非公司股东。除非公司法人解散，否则公司可以无限期地拥有并使用这些资产。

(4)公司资本“为一定不变之计算上数额”，若欲变动其数额，必须履行严格的法定增资或减资程序。

(二)公司资本的意义

公司资本是公司得以成立并运营的物质基础。不少国家的公司法都规定，设立公司必须有一定数量的自有资本，否则公司不能成立，也无法获得合法的经营主体资格。作为以营利为目的的经济组织，若没有一定数量的公司资本，公司也无法开展正常的生产经营活动，而无法正常运营，就失去了其存续的理由。

公司资本还是公司承担其债务责任的基础。我国《公司法》第三条明确规定，“公司以其全部财产对公司的债务承担责任”。由于公司资本是构成公司财产的基础，因而公司资本也是公司承担其债务责任的基础。没有公司资本，公司债权人的利益就毫无保障。

（三）公司资本制度的类型

★ 视频

法定资本制与授权资本制的区别

1. 法定资本制

法定资本制，又称确定资本制，是大陆法系国家首创的一种资本制度，曾对欧亚各国公司资本制度的确立产生过重要影响。法定资本制的核心内容是资本三原则，即资本确定原则、资本维持原则及资本不变原则。

（1）资本确定原则。此原则是指发起人在设立公司时，必须在公司章程中对公司资本总额做出明确的规定，而且由章程规定的资本总额必须由发起人和认股人全部认足并缴足，否则，公司不能成立。该原则的目的是：确保公司资本的真实可靠，防止公司设立中的欺诈和投机行为。

（2）资本维持原则。此原则是指公司在存续过程中，应经常注意保持与其注册资本额相当的财产。其目的：一方面，是为了保证公司有足够的偿债能力，以达到保护公司债权人利益、维护公司信用基础的目的；另一方面，也是为了防止股东对盈余分配的过高要求而可能导致的公司资本的实质性减少。

（3）资本不变原则。此原则是指公司资本一经确定，非依法定程序变更章程，不得改变。所以，资本不变原则强调的不是资本的绝对不能变，而是不能随意变。究其本意，一是为了防止公司因随意减资而危及债权人的利益；二是为了避免出现因资本过剩而带给股东的低投资回报率。

综上所述，以资本三原则为核心内容的法定资本制，其最大特点是强调公司资本的真实与可靠，因而能较有效地保障债权人的利益及社会交易的安全。但又因其固守资本的确定、不变和维持之理念，往往导致公司的设立周期延长、设立成本提高、公司成立困难及成立后变更资本的麻烦，也与市场经济环境所要求的效率原则不相吻合。因此，其已被不少国家的公司法所部分甚至全部放弃。

2. 授权资本制

授权资本制是英美法系国家创设并采用的一种公司资本制度。其含义是：设立公司时，虽然应在公司章程中载明资本总额，但不必发行资本的全部，而只要发行其中的一部分，公司即可成立。其余部分，授权董事会在公司成立后，一次或分次发行完毕。

3. 折中资本制

关于折中资本制，其实并没有一个准确的定义，它实际上是各国在法定资本制和授权资本制基础上所做的一种趋利除弊性选择的结果。学界谓之“折中资本制”是因为：它既吸收了法定资本制的合理内容，又与它不完全相同；既有授权资本制的特点，又与其不完全一致；它是介于法定资本制和授权资本制之间的一种公司资本制度，是两种制度的有机结合。

（四）我国的公司资本制度

1993年，我国《公司法》所确定的公司资本制度，比较接近法定资本制，但又与大陆法系的法定资本制不完全相同，其主要表现为：在规定了较高的法定最低资本额的同时，既不允许授权发行资本，又不准予分期缴纳股款，从而构成了较为严格而独特的中国公司资本制度。2005 年 10 月修订后的我国《公司法》，对公司资本制度做了修正，从而使我国的公司资本制度更适合我国市场经济体制的需要。修订后的我国《公司法》所确立起来的我国公司资本制度的显著特点是：

1. 坚持法定资本制的同时，引进分期缴纳制

总体上看，我国的公司资本制度仍属法定资本制，授权资本制依然未被确立，出资制度凸显原则性与灵活性相结合的态势。在股东出资制度上，修订前的我国《公司法》实行严格的出资形式法定主义，且只规定了货币、实物、工业产权、非专利技术和土地使用权五种出资形式，并对工业产权、非专利技术等无形资产出资的最高比例做了限制，排除了股权、债权等其他经营要素出资的可能性。

2. 内资公司与外资公司的资本制度实行双轨制

我国《公司法》关于公司资本制度的规定，只适用于境内投资者投资设立的公司，不适用于外商投资组建的公司。外商投资设立的公司，其资本制度适用有关《中华人民共和国中外合资经营企业法》《中华人民共和国中外合作经营企业法》及《中华人民共和国外资企业法》的规定。

五、公司的合并、解散与清算

（一）公司的合并

1. 公司合并的概念

公司合并，是指两个或两个以上的公司依法合并为一个公司的法律行为。其基本特征是：

（1）参与合并的主体是两个或两个以上独立的公司。

（2）参与合并的公司将随合并的完成而部分或全部解体。

（3）因合并而归于消灭的公司，其权利、义务（包括但不限于债权债务）均由因合并而存续或新设的公司一并承受。

2. 公司合并的形式

公司合并的形式有以下两种：

（1）吸收合并。吸收合并（Merger）也叫存续合并，它是指一家或一家以上的公司并入另一家公司，并入方解散，接纳方存续的合并。

（2）新设合并。新设合并（Consolidation）又称创立合并，它是指两家或两家以上的公司合并为一个新公司的同时，各原有公司全部解散的合并。

无论是吸收合并还是新设合并，参与合并的公司本身是否必须是同种类型的公司？不同种类的公司之间能否进行合并？对此，各国立法的规定各不相同。有的国家规定，公司合并，只能发生在相同类型的公司之间，不同类型的公司不能合并；而有的国家既允许相同类型的公司合并，也允许不同种类公司间的合并。前者属于合并种类限制主义，后者属

于合并种类无限制主义。

知识链接

我国《公司法》仅规定了公司合并的形式，没有明确规定不同种类的公司能否以及如何合并的问题。按照法不明令禁止即为不违法的理论，可以推定：我国并不禁止不同种类公司间的合并。

3. 公司合并的法定程序

按我国《公司法》的规定，公司合并应遵循以下程序：

(1)董事会制订公司合并方案。

(2)股东会或股东大会通过合并决议。

(3)合并各方签订合并协议。

(4)编制资产负债表及财产清单。

(5)将公司的合并决定通知、公告债权人，并依债权人的请求清偿债务或提供担保。

(6)履行变更登记手续。

(二)公司的解散

1. 公司解散的概念

公司解散，是公司清算的前置性程序。它是指已经合法成立的公司，因发生法律或公司章程规定的解散事由而宣告停止其积极主动的营业活动，并将进行清算的特定状态。

2. 公司解散的特征

公司法意义上的公司解散具有以下特征：

(1)公司解散是针对已经合法成立的公司而言的。未合法成立而以“公司”名义对外进行活动的，由工商行政管理部门予以强制取缔。非法组织因被强制取缔而结束其非法经营活动的，不属于公司法上的公司解散。对此，我国《公司法》第二百一十条做了明确规定：“未依法登记为有限责任公司或者股份有限公司，而冒用有限责任公司或者股份有限公司名义的，或者未依法登记为有限责任公司或者股份有限公司的分公司，而冒用有限责任公司或者股份有限公司的分公司名义的，由公司登记机关责令改正或者予以取缔，可以并处十万元以下的罚款。”

(2)公司解散是因法定解散事由的出现而导致的。未出现法定解散事由的公司，用美国学者罗伯特·汉密尔顿的话来说，是可以永久存续下去的(It has Perpetual Existence)。

(3)除因合并、分立而导致的解散外，公司解散的直接后果是停止积极主动的营业活动，并进入清算程序。公司解散的最终目的是消灭其法人资格。

(4)解散后进入清算阶段的公司，在注销登记前，仍享有法人资格，但公司法人的权利能力受到限制。我国《公司法》第一百八十六条第三款规定，“清算期间，公司存续，但不得开展与清算无关的经营活动”。因此，清算中的公司，其权利能力仅限于清算事务。

3. 公司解散的种类

依是否出于公司法人自愿，可把公司解散分为自愿解散及强制解散两大类。

(1)自愿解散。公司的自愿解散，是指出于公司法人的自愿而导致的解散。而“公司法人的自愿”，通常是通过其章程的事先规定或股东会的决议而体现的。常见的公司自愿解散原因有以下几种：

①公司章程规定的营业期限届满，期满后公司无改变原规定、无继续营业的打算。

②公司章程规定的其他解散事由出现。

③股东会或者股东大会决议解散公司。

④公司因合并或分立而导致解散的。

(2)强制解散。公司的强制解散，是指非因公司法人的自愿，而是公司法人意志以外的强制力迫使公司做出的解散。常见的强制解散的原因有以下几种：

①公司登记机关依法撤销公司登记、吊销公司营业执照。

②法院因股东请求而判决解散公司。

③公司被依法宣告破产。

当然，上述强制解散原因的出现，本身需要具备一定的基础条件和程序。例如，公司登记机关虽有权力撤销公司登记、吊销公司的营业执照，但登记机关必须在公司出现了法定的可以撤销登记、可以吊销营业执照的情节时，才能撤销公司登记和吊销其营业执照。又如，公司只有在具备破产条件时，人民法院才能宣告其破产。

(三)公司的清算

1. 公司清算的概念

公司清算，是指为终结已解散公司的经济和法律关系而清理其债权债务并处分其财产，最终消灭其法人资格的程序。

如前所述，公司解散是公司清算的前置性程序，而公司清算是公司解散的后果。除因公司合并或分立而导致的解散外，公司因其他原因而解散的，都必须进行清算。公司清算的法律意义在于：

(1)了结各种经济或法律关系。公司解散就意味着公司已不再继续从事原先的经营活动了。但公司停止经营活动本身，并不会使之前建立起来的各种经济或法律关系(包括因经营活动而产生的各种债权债务关系、公司与职工之间的劳动关系、公司与国家之间的税收关系等)立即随之终止。因此，需要有一个了结上述各种关系的程序，以保护各类相关主体的合法权益。

清算，正是各国公司法为了结解散后公司的各种经济或法律关系而确立的一种程序。通过清算，可以使公司对解散前建立起来但尚未终结的各种关系做个了断，以便公司法人顺利退出市场，并确保不留任何后遗症给退出市场后的原公司的相关主体。

(2)处理公司剩余资产，实现股东的权利。公司资产的最初来源是全体股东的投资，除非公司破产，否则，解散后的公司，在了结了各类经济关系后，多少会有些剩余资产。按照谁投资谁收回的原则，通过清算程序，不仅可以弄清公司是否有以及有多少剩余资产，还可以在处理完所有债权债务仍有剩余资产时，通过向股东按比例分配公司的剩余资产来达到保护股东最后权利的目的。

2. 公司清算的种类

公司清算，总体上可分为破产清算和非破产清算两大类。这里主要讲解公司的非破产清算。

公司的非破产清算又叫普通清算，可分为法定清算和任意清算两大类。所谓法定清算，是指公司依照法定程序进行的清算。而任意清算，是指公司按照公司章程确定的或股东会决议通过的方式进行的清算。法定清算可适用于任何公司，任意清算通常只适用于人合公司。一些国家的立法甚至规定，资合公司只能进行法定清算而不得进行任意清算，而人合公司既可选择法定清算，也可进行任意清算。我国立法没有任意清算的明文规定，所有公司的清算，都得依法进行。所以，客观上讲，现阶段我国公司的清算都属法定清算。

3. 清算机构

清算机构，是指公司解散后为进行清算而依法成立的对内执行清算事务、对外代表清算中的公司法人表示意思的专门机构。在我国，清算机构的法定名称叫清算组。

(1)清算组的产生。各国立法对清算机构的产生时间及方式有不同的规定。按我国《公司法》第一百八十三条的规定，除因破产而导致的解散外，公司应当在解散事由出现之日起 15 日内成立清算组，开始清算。有限责任公司的清算组由股东组成，股份有限公司的清算组由董事或者股东大会确定的人员组成。逾期不成立清算组进行清算的，债权人可以申请人民法院指定有关人员组成清算组进行清算。人民法院应当受理该申请，并及时组织清算组进行清算。

清算组一旦成立，所有清算组成员就负有法定义务。我国《公司法》要求清算组成员忠于职守，依法履行清算义务。清算组成员不得利用职权收受贿赂或者其他非法收入，不得侵占公司财产。清算组成员因故意或者重大过失给公司或者债权人造成损失的，应当承担赔偿责任。

(2)清算组的职权。清算组在清算期间行使下列职权：

①清理公司财产，分别编制资产负债表和财产清单。

②通知、公告债权人。

③处理与清算有关的公司未了结的业务。

④清缴所欠税款以及清算过程中产生的税款。

⑤清理债权、债务。

⑥处理公司清偿债务后的剩余财产。

⑦代表公司参与民事诉讼活动。

4. 清算程序

(1)在法定期限(即公司解散后的 15 日)内依法成立清算组。

(2)通知、公告债权人申报债权。清算组应当自成立之日起 10 日内通知债权人，并于60日内在报纸上公告。债权人应当自接到通知书之日起 30 日内，未接到通知书的自公告之日起 45 日内，向清算组申报其债权。债权人申报债权时，应当说明债权的有关事项，并提供证明材料。清算组应当对债权进行登记。在申报债权期间，清算组不得对债权人进行清偿。

(3)清算组在清理公司财产、编制资产负债表和财产清单后，制订清算方案，并报股东会或者人民法院确认。

(4)依法定程序清偿公司债务。公司财产应分别支付清算费用、职工的工资、社会保险费用和法定补偿金，缴纳所欠税款，清偿公司债务。

(5)向股东分配公司剩余资产。清偿完上述各项债务后的剩余财产，有限责任公司按照股东的出资比例、股份有限公司按照股东持有的股份比例分配公司剩余资产。公司财产在未按法定程序清偿其债务前，不得分配给股东。

(6)公司清算结束后，清算组应当制作清算报告，报股东会或者人民法院确认，并报送公司登记机关，申请注销公司登记，公告公司终止。

(7)具备条件时向法院申请破产。清算组在清理公司财产、编制资产负债表和财产清单后，发现公司财产不足清偿债务的，应当依法向人民法院申请宣告破产。公司经人民法院裁定宣告破产后，清算组应当将清算事务移交给人民法院。公司被依法宣告破产的，依照有关企业破产的法律实施破产清算。

导入案例分析

(1)小张的主张不符合规定。根据规定，有限合伙人可以同本有限合伙企业进行交易；但是，合伙协议另有约定的除外。

(2)小红的主张不符合规定。根据规定，有限合伙人可以自营或者同他人合作经营与本有限合伙企业相竞争的业务；但是，合伙协议另有约定的除外。

(3)债权人商业银行可以要求小张清偿全部的60万元。根据规定，普通退伙人对基于其退伙前的原因发生的合伙企业债务，承担无限连带责任。

(4)债权人商业银行可以要求小红清偿全部的60万元。根据规定，普通合伙人转变为有限合伙人的，对其作为普通合伙人期间合伙企业发生的债务承担无限连带责任。在本案例中，小红应当对其作为普通合伙人期间合伙企业发生的债务承担无限连带责任。

(5)债权人商业银行可以要求小伟清偿全部的60万元。根据规定，有限合伙人转变为普通合伙人的，对其作为有限合伙人期间有限合伙企业发生的债务承担无限连带责任。

(6)债权人商业银行不能要求小陈清偿全部的60万元。根据规定，有限合伙人退伙后，对基于其退伙前的原因发生的有限合伙企业债务，以其退伙时从有限合伙企业中取回的财产承担责任。在本案例中，由于有限合伙人小陈在退伙时，从合伙企业分回20万元，因此，债权人商业银行只能要求小陈清偿20万元。

(7)债权人商业银行不能要求小刘清偿全部的60万元。根据规定，新入伙的有限合伙人对入伙前有限合伙企业的债务，以其认缴的出资额为限承担责任。

(8)债权人商业银行可以要求小李清偿全部的60万元。根据规定，新入伙的普通合伙人对入伙前合伙企业的债务承担无限连带责任。

本章小结

在市场经济环境下，企业和公司在各种商事组织中占有相当大的比例。本章主要介绍了国际商事组织的概念及种类，并分别对独资企业、合伙企业以及公司的概念、分类、设立等做了介绍，以帮助读者对相关的法律制度有所了解和认识。

拓展阅读

个人独资企业与个体工商户的异同

1. 个人独资企业与个体工商户的相同点

(1)两者的投资主体基本相同。两者的投资主体只能是自然人(公民)，而不能是法人或其他组织。

(2)个人独资企业与个体工商户对投入的资产都实行申报制，不需要经过法定的验资机构验资。由于两者都承担无限责任，因此，也不强调对作为出资的实物、工业产权、非专利技术和土地使用权的实际缴付。

(3)两者承担法律责任的形式相同，都必须以个人或家庭财产承担无限责任。如果以出资方式分，个体工商户可分为个人经营和家庭经营两种形式；而个人独资企业也可以分为以个人财产出资的个人独资企业和以家庭财产出资的个人独资企业。在责任承担上，以个人财产出资的个人独资企业或个体工商户都以个人财产承担无限责任。以家庭财产出资的个人独资企业或个体工商户都以家庭财产承担无限责任。

(4)作为一种经济组织，个人独资企业与个体工商户均须有必要的资金、场所、从业人员及生产经营条件。这也是个体工商户与个人独资企业作为市场主体进入市场的必要条件。

此外，个人独资企业与个体工商户在商标使用主体及广告宣传策略等方面也具有很多的相同点。

2. 个人独资企业与个体工商户的区别

(1)个人独资企业必须要有固定的生产经营场所和合法的企业名称，而个体工商户可以不起字号名称，也可以没有固定的生产经营场所而流动经营。换句话说，合法的企业名称和固定的生产经营场所是个人独资企业的成立要件，但不是个体工商户的成立要件。

(2)个体工商户的投资者与经营者是同一人，都必须是投资设立个体工商户的自然人。而个人独资企业的投资者与经营者可以是不同的人，投资人可以委托或聘用他人管理个人独资企业事务。也就是说，个人独资企业的所有权与经营权是可以分离的，这就决定了个人独资企业更符合现代企业制度的特征。而个体工商户的所有权与经营权是集于投资者一身的，已不能适应现代企业制度发展的要求，所以它只能适用于小规模的经营主体。

(3)个人独资企业可以设立分支机构，也可以委派他人作为个人独资企业分支机构的负责人。这一规定，说明了个人独资企业不但可以在登记管理机关辖区内设立分支机构，也可以在异地设立分支机构，由设立该分支机构的个人独资企业承担责任。而个体工商户根据规定不能设立分支机构。另一方面，个体工商户虽然可以异地经营，但随着各地近几年相继简化了外来人员的登记手续，从而使个体工商户的异地经营这一规定逐渐淡化。由此可以看出，个人独资企业的总体规模一般大于个体工商户。

(4)个人独资企业与个体工商户的法律地位不尽相同。在民事、行政、经济法律制度中，个人独资企业是其他组织或其他经济组织的一种形式，能以企业自身的名义进行法律活动。而个体工商户是否能够作为其他组织或其他经济组织的一种形式，一直是国内民法学家的争论对象。在日常法律活动中，个体工商户的法律行为能力往往受到一定的限制，更多的时候，个体工商户是以公民个人名义进行法律活动的。事实上，国内就有许多法律专家提出个体工商户不是法律意义上的企业。另外，个人独资企业与个体工商户作为市场主体参与市场经济其他活动的能力不同，如个人独资企业可以成为公司的股东，从而以企业名义享有公司股东的权利和义务，而个体工商户一般不能以企业名义作为公司股东，只能以个人投资者(自然人)身份成为公司股东。

(5)个人独资企业与个体工商户在财务制度和税收政策上的要求也不尽相同。事实上，这也是投资者较关心的问题。根据《中华人民共和国个人独资企业法》的规定，个人独资企业必须建立财务制度，以进行会计核算。值得一提的是，个人独资企业的财务制度是个人独资企业的必备条件，不以任何部门的要求而改变。而个体工商户由于情况复杂，是否要建立会计制度争论较多。按照执法情况看，个体工商户可以按照税务机关的要求建立账簿，如果税务部门不做要求的，也可以不进行会计核算。另外，在税收政策方面，由于我国的税收法律制度是一个相对独立的体系，它与市场主体法律制度之间没有统一的联系。税务部门认定一般纳税人和小规模纳税人的标准并不是以企业的市场主体地位不同而划分的。一般来说，个体工商户较难认定为一般纳税人，而个人独资企业如果符合条件则可以认定为一般纳税人。如何把市场主体立法与税收立法有机地结合起来，是今后完善社会主义市场经济法律制度值得探讨的问题。

本章习题

一、选择题

1. 商事组织是指依法成立，具有一定规模，能以(　　)的名义从事营利活动的经济组织。

A. 社会

B. 自己

C. 公司

D. 国家

2. (　　)是世界各国中数量最多的企业形式。

A. 个人企业

B. 企业

C. 公司股东制企业

D. 合伙企业

3. 合伙企业是指由自然人、法人和其他组织设立的组织体，包括(　　)合伙企业和有限合伙企业两种类型。

A. 股东

B. 无限

C. 个人

D. 普通

二、填空题

1. 一般而言，西方国家的商事组织主要有三种基本的法律形式，即__________、合伙与公司。

2. 由于__________属于非法人型的企业，规模较小，因此对其规定的设立条件都较为宽松，没有关于企业出资额的规定。

3. __________是合伙企业得以成立的法律基础。

三、简答题

1. 什么是国际商事组织？

2. 独资企业的特征是什么？

3. 公司法是如何进行立法的？

四、案例题

1. 丰利公司是经营批发业务的有限责任公司，丰利公司的主要债务人是宏泰公司与和禄企业。宏泰公司是以零售业为主的有限责任公司，由张某和刘某出资设立；和禄企业是由金某、肖某和姜某共同出资设立的合伙企业。丰利公司一直向宏泰公司与和禄企业催缴债务未成，2015 年 1 月 2 日，金某退出合伙企业。1 月 10 日，丰利公司再次向宏泰公司与和禄企业要求还款。宏泰公司与和禄企业账面上确实没有资金。于是，丰利公司向张某、刘某、金某、肖某和姜某追偿。但张某、刘某认为自己只是股东，没有义务承担出资以外的债务；金某认为自己已经退出了合伙企业，不应对企业债务承担责任；肖某和姜某认为，自己应当仅就出资额为限承担责任。

根据以上资料回答下列问题：

(1)张某、刘某的说法正确吗？

(2)肖某和姜某的说法是否正确？

(3)金某的说法是否正确？

(4)丰利公司的债权如何实现？

2. 2014 年 1 月，赵、钱、孙、李四人决定设立一合伙企业，并签订书面协议，内容如下：

(1)赵以货币出资 10 万元，钱以实物折价出资 8 万元，经其他人同意，孙以劳务出资 6 万元，李以货币出资 4 万元。

(2)赵、钱、孙、李四人按 2：2：1：1 比例分配利润和承担风险。

(3)由赵执行合伙企业事务，对外代表企业，但签订大于1万元的销售合同应经其他合伙人同意。协议未约定经营期限。

2014年企业发生以下事实：

(1)2014年5月赵擅自以合伙企业名义与红天公司签订合同，红天公司不知道其内部限制。钱获知后，向红天公司表示不承认。

(2)2015年1月，李提出退伙，未给企业造成任何不利影响。2015年3月李经清算退伙。4月新合伙人周出资4万元入伙。2015年5月，合伙企业的债权人绿光公司就合伙人李退伙前的24万元债务要求合伙人和李共同承担连带责任。李以自己退伙为由，周以自己新入伙为由拒绝承担。

(3)赵为了改善企业的经营管理，于2015年4月独自聘任田某为合伙企业的经营管理人，并以合伙企业的名义为蓝海公司提供担保。

(4)2016年4月，合伙人钱在与黄河公司的买卖合同中，无法偿还到期债务8万元。黄河公司于2016年6月向人民法院提起诉讼。黄河公司胜诉，于2016年8月申请强制执行钱在合伙企业中的财产份额。

根据以上事实回答下列问题：

(1) 赵跟红天公司的合同是否有效？为什么？

(2) 李的主张是否成立？为什么？如果李向绿光公司偿还24万元，可以向哪些当事人追偿，金额多少？

(3)周的主张是否成立？为什么？

(4)赵聘用田某及为蓝海公司担保是否合法？为什么？

(5)合伙人钱被人民法院强制执行其份额后，合伙企业决定对其除名是否符合法律规定？为什么？

(6)李的退伙属于何种情况，其退伙应符合哪些条件？

测试题

选择题

测试题

判断题

第三章
合同法

知识要点

1. 了解合同的概念和分类；
2. 熟悉合同法的基本原则；
3. 掌握合同订立的法律程序。

核心概念

合同　合同的订立　合同的履行

情境导入

李某本人酷爱收藏，并且具有相当的古玩鉴赏能力。其家中收藏有一商代酒杯，但由于年代太久远，李某无法评估其真实价值，而只能粗略估计其价值在10万元以上。某日，李某将其酒杯带到一古董店，请古董店老板鉴赏，店老板十分喜欢该酒杯，并且知道其价值不下百万，于是提出向李某买下该酒杯，出价为50万元。李某对此高价内心十分满意，但仔细一想，心知该酒杯价值绝对超过50万元，如果拍卖，超过百万也有可能。但苦于拍卖成本过高，自身也没有条件拍卖。于是，李某心生一计，同意将酒杯卖给古董店老板，待日后古董店老板高价卖出后再主张合同可撤销，要求变更合同。结果，古董店老板通过拍卖，酒杯被卖到1 000万元。此后，李某向法院主张合同显失公正，要求古董店老板至少再补偿900万元。

案例思考：

(1)李某与古董店老板的合同是否成立，是否有效？

(2)李某的请求是否具有法律依据？为什么？

(3)法院应如何处理？

第一节 合同法概述

合同法是关于调整各种合同关系的法律。它是民法体系中最重要的法律，作为上层建筑的一个组成部分，对于维护国家的社会秩序和经济秩序起着十分重要的作用。因此，当今世界各国对合同法都十分重视，合同法在各国的法律体系中也占有十分重要的地位。但是，世界各国的合同法在法律形式以及某些具体的法律原则方面则存在着一定的差别。不但英美法系和大陆法系差别较大，而且即使是同一法系内部的不同国家之间，在某些具体规定上也存在着不少差别。这些差别给国际商事，特别是贸易活动带来了许多不便与纠纷。为此，联合国国际贸易法委员会(以下简称“联合国贸法会”)试图通过调和各国的分歧，照顾各国贸易发展现状，确立一个统一的能被普遍接受的法律原则。于是，从1969年开始，对1964年海牙外交会议上通过的《国际货物销售统一法公约》(UUS)和《国际货物销售合同成立统一法公约》(ULF)进行了修改、补充、删减和合并工作，于1980年3月10日提交给维也纳外交会议审议。经过5个星期的讨论，大会于1980年4月11日正式通过《联合国国际货物销售合同公约》(以下简称《销售合同公约》)。

知识拓展

《销售合同公约》已于1988年1月1日开始实施，至今已在包括中国在内的30余个国家生效。随着缔约国家数量的增加，中国对外贸易合同适用公约的范围将会越来越大。因此，1999年3月15日颁布的《中华人民共和国合同法》，在结合我国国情的基础上尽可能地汲取了《销售合同公约》中的有关规定，从而改变了我国过去合同法由《中华人民共和国经济合同法》《中华人民共和国涉外经济合同法》《中华人民共和国技术合同法》“三辆马车同时跑”的弊端，使我国的合同法基本上与国际接轨。

《销售合同公约》汲取了各法系有关立法的合理之处，总结了近半个世纪来国际贸易的惯常做法，尽力调和与折中了各法系有关立法的分歧。可以说，它既体现了现代国际货物买卖的惯常做法，又照顾到了发展中国家对外贸易的现状，故受到大多数国家的重视和好评。

一、合同的概念与特征

(一)合同的概念

目前，世界各国对合同的定义五花八门，最具代表性的是美国、法国和中国。在美国的《合同法重新陈述》中，对合同的定义是：“一个合同是一种或一系列允诺，违背它，法律将给予其补偿或将强制其得到实际执行；通行它，法律将通过某些方式确认是一种义务。”《法国民法典》第一千一百零一条对合同的定义则是：“合同为一种合意，依此合意，一人或数人对于其他一人或数人负担给付、作为或不作为的债务。”英国学者戴维·沃克所著的《牛津法律大辞典》，对合同的定义是：“合同是两人或多人之间为在相互间设立合法义务而达成的具有法律强制力的协议。”《中华人民共和国合同法》(以下简称我国《合同法》)中对合同的定义是，“合同是平等主体的自然人、法人、其他组织之间设立、变更、终止民事权利义务关系的协议”。可见，所谓合同，是指两个或两个以上的当事人，为设立、变更或终止民事权利与义务关系而达成的协议。

(二)合同的特征

按上述对合同所下的有关定义，合同的法律特征主要有以下几点：合同是双方的法律行为。合同是基于双方当事人的协议而产生的，所以，合同的成立必须要双方意思表示一致，如果双方当事人的意思未取得一致，合同就不能成立。这是合同行为区别于其他法律行为的主要标志，也是合同的基本特征。

1. 当事人在合同关系中的法律地位是平等的

合同是当事人双方在平等自愿的基础上依法成立的。订立合同的当事人双方在法律地位上没有高低、上下、主从之分，一律平等，任何一方都不得把自己的意思强加给对方。这是合同关系与行政关系的根本区别。

2. 合同应是合法行为，不能是违法行为

凡依法成立的合同，受法律保护，对当事人具有相当于法律的约束力。

3. 合同的目的是为了设立、变更或终止民事权利、义务关系

凡不能起到产生或变更或终止某种民事权利、义务关系的协议就不是合同。

二、合同的分类

关于合同的分类，世界各国极不统一。不仅英美法系和大陆法系各国的分歧很大，即使在两大法系内部的各国之间也存在较大的差别，特别是在一个国家内，由于分类的角度不同，也往往导致法学家的众说纷纭。所以，对于合同的分类是一个比较复杂的问题。一般来讲可以将合同做如下分类：

1. 按照合同的法定形式分类

依照合同的法定形式可分为要式合同、不要式合同、签字蜡封合同和简式合同。前二者是大陆法系的概念，后二者是英美法系的概念。

所谓要式合同，指的是法律规定必须具备一定形式的合同，如捐赠合同、设立抵押权合同等。这些合同通常需要以公证人的文书作为合同有效成立的要件，否则将不产生法律上的强制力，但我国《合同法》对捐赠合同的形式无特别的规定，无论是采用口头形式，还是采用书面形式，只要赠予人表示赠予财产的意思，受赠人表示接受该赠予，赠予合同即成立并生效。除非赠予的财产依法需要办理登记手续的，才要求办理有关登记手续。并

且，凡具有社会公益、道德义务性质的赠予合同或者经过公证的赠予合同，赠予人一般不得撤销合同。

所谓不要式合同，指的是法律没有规定必须具备一定形式的合同。例如一般商事合同，其合同的订立，可以用口头形式，也可以用书面等任何证据形式，并不会因为没有以公证书方式做成而使合同不能产生法律上的强制力。

所谓签字蜡封合同，指的是法律规定必须经过签字、盖章、封闭和交存这些手续才能使合同有效成立，否则均属无效。

所谓简式合同，指的是必须要有对价支持的普通合同。英美法系中的简式合同不完全等同于大陆法系中的不要式合同。它虽包括大陆法系中的不要式合同(即合同订立的形式，可以用口头，也可以用书面，任由当事人自由选择)，但也包括一些依法必须要以书面形式订立的合同，如保证合同、不动产合同、金钱借贷合同等。

知识拓展

在英美法系中还有一种登记合同形式。所谓登记合同，指的是那些记录在具有一定管辖权的法院案卷中的合同。事实上，登记合同根本就不是合同，也根本与合同无关，那种所谓合同义务，实际上是由司法判决所强加的各种义务，或由"登记法庭"承认的各种义务。之所以称它们为合同，仅仅是因为在古老的普通法诉讼程序中，它们是通过与真正的合同案件同样的诉讼程序来实施的。

2. 按照合同当事人相互间义务分类

按照合同当事人相互间义务可分为双务合同和单务合同。

所谓双务合同，指的是当事人相互承担义务的合同。买卖合同是典型的双务合同。在买卖合同中，买方答应支付货价，卖方则答应提供货物，双方互有权利和义务。

所谓单务合同，指的是一人或数人对于其他一人或数人承担义务，而后者不受约束的合同。悬赏广告就是典型的单务合同。在现实生活中，有许多情况看起来是单务合同，但只要仔细分析一下便会发现它们实际上是双务合同。双务合同与单务合同的根本区别在于：在双务合同中，双方当事人应平等地履行他们的允诺，双方互有义务，均受合同约束；而在单务合同中，只有立约人单方受合同的约束。

3. 按照合同的表示形式分类

依照合同的表示形式可分为明示合同和暗示合同。

所谓明示合同，是指双方当事人的意思表示是通过语言文字明确地表达出来的合同。

所谓暗示合同，是指双方当事人的意思表示是通过他们的行为及合同总的情况分析推断出来的合同。例如，当事人向自动售货机中塞进一枚硬币，而从自动售货机中得到某些货物的时候，这个行为可以说是暗示合同。因为它的存在只是从双方当事人的行为中被推断出来的，或是在双方当事人的行为中暗示出来的。

从法律上讲，上述两种合同没有显著的区别，它们唯一的区别在于：当合同出现争执需提交给法院时，用以举证的方法不同。

4. 按照合同的法律效力分类

根据合同的法律效力可分为有效合同、无效合同、可撤销的合同、违法合同和不可强制履行的合同。

所谓有效合同，是指依法成立的、具有完全的法律效力和法律后果，受法律保护的合同。

所谓无效合同，是指不具备发生法律效力条件，因而不受法律保护的合同。不过，由于构成合同无效的原因是各种各样的，从而它所产生的法律后果也绝非总是相同的。因此，不能将所有的无效合同等同对待。因为，有些合同对双方当事人来说都是无效的，例如，缺少合同成立的法定要件的合同，以及违法合同等。在这些合同中，双方均不产生任何权利与义务。但还有一些合同仅仅对一方是无效的，不能产生权利，而对另一方则可能产生权利。例如，未成年人签订的某些合同，对未成年人来说其可依法并根据该合同得到权利，而对方既不能仅依据合同得到权利，又不能单方解除合同对其无效。这时，该合同能否继续履行则需由未成年人依法做出决定。若未成年人依法做出依约履行的决定后，该合同就成为有效合同，相反，则属无效合同。

所谓可撤销的合同，是指合同虽已成立，但当事人对合同的内容有重大误解，或合同内容显失公平，当事人可据此理由请求法院或仲裁机构予以撤销的合同。可撤销的合同并非当然无效，只有经过当事人申请，法院或仲裁机构依法裁决撤销后才无效。如果当事人不申请撤销，则合同仍然有效。

所谓违法合同，是指合同的标的物或合同所追求的目的违反法律或违反公序良俗。违法合同均是无效合同，但无效合同不一定是违法合同。

知识拓展

在西方国家，一般都规定无行为能力的当事人所做的意思表示一概无效，他们所订立的合同即使不是违法合同，也不产生法律效力。法学上之所以区分违法合同与无效合同，是因为违法合同所产生的后果与单纯的无效合同(如上述无行为能力者所订立的合同)产生的后果通常是有所不同的。一般来说，违法合同既不产生权利，又不产生义务，法律通常还要给予合同当事人一定的处罚。

所谓不可强制履行的合同，是指双方可以产生义务，但不能通过法律程序强迫履行的合同。例如，那些依法需要用书面形式做成，但当事人却用口头形式达成的合同，以及超过诉讼时效而失去了请求权的合同等，都是不可强制履行的合同。所以，不可强制履行的合同并不是无效合同。二者的最大区别是：前者可以产生权利与义务，而后者一般不能产生权利与义务。例如，某人根据一个不可强制履行的合同支付了现金作为购买一块土地的价款，后来他又后悔了，那么，他就不能要求退回已付的现金。因为不可强制履行的合同对双方当事人来说并非无效。但如果该合同是一个无效合同，有过错的一方就应赔偿合同无效而产生的损失，双方都有错时应各自承担相应的责任。

5. 按照合同当事人双方权利的转移是否等价有偿分类

根据合同当事人双方权利的转移是否等价有偿可分为有偿合同和无偿合同。

所谓有偿合同，是指双方当事人都必须为某种给付或为一定行为要求报偿的合同。也就是说，一方当事人向对方承担义务的同时，有权要求对方履行相应的义务，而且，通常是按等价交换的原则进行的。如买卖合同、租赁合同等。

所谓无偿合同，是指一方当事人向对方为某种给付或为一定行为而不要求报偿的合同。也就是说，一方当事人向对方履行义务时，不要求对方履行相应的义务。如赠予合同等。不过，在西方国家，若是普通的无偿合同，通常需要按法定形式订立(如需通过公证等)，否则，该合同不受法律保护。

6. 按照合同的成立是否必须交付实物分类

根据合同的成立是否必须交付实物可分为诺成合同和要物合同。

所谓诺成合同，是指只要当事人意思表示一致，就合同的条款依法达成协议即认为成立的合同，如买卖、承包、租赁等合同。

所谓要物合同，是指除双方当事人意思表示一致外，还必须交付实物才能成立的合同，如借贷合同，在此合同中必须是出借人将钱物交给借用人才能使合同生效。

7. 按照合同的内容分类

根据合同的内容不同可以分为各种各样的合同。诸如我国《合同法》的分则中就有 15 种：买卖合同，供用电、水、气、热力合同，赠与合同，借款合同，租赁合同，融资租赁合同，承揽合同，建设工程合同，运输合同，技术合同，保管合同，仓储合同，委托合同，行纪合同和居间合同。

三、合同的形式

★ 视频

合同的形式

在合同当事人意见达成一致后，双方可通过各种形式来表现合同内容。主要的合同形式包括口头形式、书面形式、公证形式、鉴证形式、批准形式和登记形式。

(一)口头形式

口头形式是指当事人双方用对话方式表达相互之间达成的协议。当事人在使用口头形式时，应注意只能是及时履行的经济合同，才能使用口头形式，否则不宜采用这种形式。口头形式简便易行，在日常生活中经常被采用。集市的现货交易、商店的零售等一般都采用口头形式。合同采取口头形式，无须当事人特别指明。凡当事人无约定、法律未规定必须采用特定形式的合同，均可采用口头形式。但发生争议时，当事人必须举证证明合同的存在及合同关系的内容。合同采取口头形式并不意味着不能产生任何文字的凭证，但这类文字材料只能视为合同成立的证明，不能作为合同成立的要件。口头形式的缺点是发生合同纠纷时难以取证、不易分清责任。所以，对于不能即时清结的合同和标的数额较大的合同，不宜采用这种形式。

(二)书面形式

书面形式是指当事人双方用书面方式表达相互之间通过协商一致而达成的协议。在签订书面合同时，当事人应注意，除主合同之外，与主合同有关的电报、书信、图表等，也是合同的组成部分，应同主合同一起妥善保管。书面形式便于当事人履行、管理和监督，便于举证，是经济合同当事人使用的主要形式。它具有权利义务关系明确、有据可查、便于预防和处理纠纷的优点，并可做如下分类：

1. 一般书面形式和特殊书面形式

前者指行为人采用普通文字形式进行意思表示。如书面合同、授权委托书、书信和电报等。后者指行为人除采用普通文字进行意思表示外，还须履行法律所规定的其他形式，才能完成意思表示。如经公证、鉴证、审核、登记等。

2. 法定书面形式和约定书面形式

前者指由法律规定当事人必须以文字形式进行意思表示，后者指由双方当事人协商确定以某种书面形式进行意思表示。各国民法对民事法律行为的成立均重视书面形式。

书面形式是指合同书、信件以及数据电文(包括电报、电传、传真、电子数据交换和电子邮件)等可以有形地表现所载内容的形式。当事人协商同意的有关修改合同的文书、电报和图表，也是合同的组成部分。书面合同较口头合同复杂，在当事人发生纠纷时举证方便，容易分清责任，也便于主管机关和合同管理机关监督、检查。法律、行政法规规定采用书面形式的，应当采用书面形式；当事人约定采用书面形式的，应当采用书面形式。在实践中，书面形式是当事人最为普遍采用的一种合同约定形式。

(三)公证形式

公证形式是当事人约定或者依照法律规定，以国家公证机关对合同内容加以审查公证的方式，在订立合同时所采取的一种合同形式。公证机关一般均以合同的书面形式为基础，对合同内容的真实性和合法性进行审查确认后，在合同书上加盖公证印鉴，以资证明。经过公证的合同具有最可靠的证据力，当事人除有相反的证据外，不能推翻。我国法律对合同的公证采取自愿原则。合同是否须经公证，一般由当事人自行约定。当事人要求必须公证的合同就须公证，不经公证不生效。但对一些重要的合同种类，法律也可以规定必须进行公证。当事人和法律都可以赋予合同的公证形式以证据效力或者成立生效的效力。

(四)鉴证形式

鉴证形式是当事人约定或依照法律规定，以国家合同管理机关对合同内容的真实性和合法性进行审查的方式订立合同的一种形式。鉴证是国家对合同进行管理和监督的行政措施，只能由国家行政主管机关进行。鉴证的作用在于加强合同的证明，提高合同的可靠性。鉴证也采取自愿原则。除国家规定必须鉴证的合同外，鉴证机关根据当事人的申请进行鉴证。对于地方性法规规定必须予以鉴证的合同，在做出鉴证规定的行政区域内签订时应从其规定。

(五)批准形式

批准形式是指法律规定某些类别的合同须经国家有关主管机关审查批准的一种合同形式。这类合同，除应由当事人达成意思表示一致而成立外，还应将合同书及有关文件提交国家有关主管机关审查批准才能生效。这类合同的生效，除应具备一般合同的生效要件外，在合同形式上还须同时具备书面形式和批准形式这两个特殊要件。合同的批准形式是国家对某些特殊类别合同的特殊要求。法律不要求合同批准形式的，当事人不能约定或要求国家进行批准。须经批准而未经批准的合同，自始就无法律效力。即使当事人之间意思表示一致，也不能认为他们之间成立了合同。这是合同的批准形式与其他几种法定形式的重要区别。

（六）登记形式

登记形式是指当事人约定或依照法律规定，采取将合同提交国家登记主管机关登记的方式订立合同的一种形式。登记形式一般常用于不动产的买卖合同。某些特殊的动产，如船舶等，在法律上视为不动产，其转让也采取登记形式。合同的登记形式可由当事人自行约定，也可以由法律加以规定。

四、合同法的基本原则

合同法是民法的重要组成部分，是市场经济的基本法律制度，是调整平等主体之间合同关系的法律规范的总称。其基本原则体现了合同法总的指导思想，是实施合同法的依据，是合同法的灵魂，集中体现了合同法的基本特征。我国合同法的基本原则主要包括以下几个方面：

（一）平等、自愿原则

我国《合同法》第三条规定："合同当事人的法律地位平等，一方不得将自己的意志强加给另一方。"第四条规定："当事人依法享有自愿订立合同的权利，任何单位和个人不得非法干涉。"

1. 平等原则

平等原则首先是指当事人的民事法律地位平等，一方不得将自己的意志强加给另一方。这也是民法首要的核心原则，反映了民事法律关系的本质特征。它是区别于行政法、刑法的重要特征，也是合同法其他原则赖以存在的基础。在法律上，合同当事人双方或各方，无论身份如何，均是平等主体，没有从属、高低之分，也不存在管理与被管理或命令与被命令的成分。平等还指合同当事人的权利义务对等，即当事人各方享有权利的同时，也必须承担相应的义务，权利与义务同时存在。

2. 自愿原则

自愿原则作为一项重要的基本原则，是指当事人在法律允许的范围内通过协商，自愿决定和调整相互的权利义务关系，是民事法律关系区别于行政法律关系和刑事法律关系而特有的原则。同时，也是社会主义市场经济体制的基本原则。该原则既表现在当事人之间，因一方欺诈、胁迫订立的合同无效或可撤销；也表现在当事人与第三人之间，任何单位、组织或个人均不得非法干涉。因为这里的"自愿"必须是在法律许可的范围内。

作为合同法的基本原则之一，自愿原则贯穿合同活动的全过程，具体表现为：

(1)当事人依照自己的意愿自主决定是否订立合同。

(2)在订立合同时，有权选择对方当事人。

(3)所订立合同的内容由当事人在不违法的前提下自愿约定。

(4)在合同履行过程中，当事人可在协商后对合同的内容进行补充或变更。

(5)可以约定违约责任，在发生争议时，当事人还可以自愿选择解决方式。

(6)当事人还可以自愿协商解除所订立的合同。

知识拓展

自愿原则赋予当事人在合同活动中一定的意志自由，从而要求当事人真实表达自己的意志，但自愿也不是绝对的，不是想怎样就怎样。当事人订立合同、履行合同应当遵守法律、法规和社会公德，不得损害公共利益、扰乱正常的社会主义市场经济秩序。只有这样，合同才具有法律约束力。把平等、自愿原则作为合同法的基本原则的首要原则，在我国目前刚刚完成从计划经济体制向市场经济体制转轨的初期，具有十分重要的意义。我国《合同法》第四条规定："当事人依法享有自愿订立合同的权利，任何单位和个人不得非法干涉。"有效地避免了一些行政管理人员以及司法审判人员意识淡薄，滥用行政权力或自由裁量权，把不合理的干预当作保护，损害合同当事人的合法权益。实现了我国《合同法》对合同当事人的服务和保护的功能。

(二)公平原则

我国《合同法》第五条规定："当事人应当遵循公平原则确定各方的权利和义务。"这里的公平既表现在订立合同时的公平，显失公平的合同可以撤销；也表现在履行合同过程中发生纠纷时要公平处理，既不能损害守约方的合法权益，也要让违约方按照过失大小来承担相应的责任，不能因较小的过失而承担较重的责任。当事人应当根据社会公认的公平观念进行民事活动，设定民事权利和义务。

公平原则就是要求合同当事人之间的权利义务要公平合理，要大体平衡。合同中的负担和风险要合理分配。这一原则实际上也就是社会公德的一种体现，符合商业道德的要求。将公平原则作为合同当事人的行为准则，可以防止当事人滥用权利，有利于保护当事人的合法权益，维护和平衡当事人之间的利益。公平既是一种道德情操，又是法律追求的最高价值目标。作为法律追求的最高价值目标，要求立法与司法都必须符合公平、正义的要求。我国《合同法》调整平等主体之间的权利义务关系，自然应当把公平作为一项基本原则，为诚实信用原则树立判断标准。

(三)诚实信用原则

我国《合同法》第六条规定："当事人行使权利、履行义务应当遵循诚实信用原则。"诚实信用原则也就是指合同当事人在订立、履行、变更和解除合同或合同关系终止等各个阶段，无论行使权利，还是履行义务，都应讲诚实、守信用，相互协作配合，不得损害他人利益和社会公共利益。从其本质上来说，该原则实际上就是一个道德规范，在市场经济条件下，成为评价一切自然人、法人和其他组织行为的基本标准。因此，可以说诚实信用是我国市场经济的基石，实现当事人各方利益均衡的意愿，维护市场经济秩序稳定，促进现代社会和谐发展。

诚实信用原则也是民法最基本的原则，这一原则的确立反映了法律对道德准则的吸收，这种道德准则上升为法律规范的要求，首先应用在了合同活动过程中。诚实信用原则也是公平正义的法律价值在民法领域的体现，使得诚实信用原则成为司法领域的最高准则，被称为“帝王规则”。作为法律的基本原则，诚实信用原则是具有普遍约束力的法律规定，人民法院在司法过程中，如果遇到没有具体法律规定或规定不完善的案件时，就可以依据诚实信用原则来进行审理、判决案件。

诚实信用原则作为合同法的基本原则，有着重要的意义和作用，主要表现在：

(1)将诚实信用原则作为指导合同当事人订立合同、履行合同的行为准则，有利于保护合同当事人的合法权益，更好地履行合同义务。

(2)合同没有约定或约定不明确而法律又没有规定的，可以根据诚实信用原则进行解释。诚实信用原则是整个市场经济的道德伦理基础，在我国市场经济逐步完善的过程中，强化诚信意识，建立诚信体系，对于维护诚实信用原则的崇高地位，促进市场经济正常发展，具有十分重要的意义。

(四)公序良俗原则及禁止权利滥用原则

我国《合同法》第七条规定：“当事人订立、履行合同，应当遵守法律、行政法规，尊重社会公德，不得扰乱社会经济秩序、损害社会公共利益。”依据上述法条规定，可将该原则归纳为公序良俗原则及禁止权利滥用原则。

1. 公序良俗原则

所谓公序良俗原则，是指民事法律行为的内容及目的不得违反公共秩序和善良风俗。公序良俗原则是我国民法一项重要的基本原则。在社会主义市场经济条件下，有维护国家利益及一般道德观念的功能。因为在立法时，不可能完全遇到一切损害国家利益、社会公共利益和道德秩序的行为，而有针对性地做出详尽的禁止性规定，故设立公序良俗原则，以用来弥补禁止性规定的不足。公序良俗原则实质上是授权性规范，其目的在于遇有损害国家利益、社会公共利益和社会道德秩序的行为，而又缺乏相应的禁止性法律规定时，人民法院可直接适用公序良俗原则，来确认该行为无效。

2. 禁止权利滥用原则

所谓禁止权利滥用原则，是指一切民事权利的行使不得超过其正当界限，行使权利超过正当界限，则构成权利滥用，应承担侵权责任。按照这一原则，一切自然人、法人和其他组织在行使民事权利时，均负有不得超过其正当界限、不得滥用权力的义务。禁止权利滥用原则与诚实信用原则联系紧密。禁止权利滥用原则是诚实信用原则的当然内容，或者说是诚实信用原则的反面规范，即行使权利违背诚实信用原则，就是权利滥用。

(五)合同具有法律约束力原则

我国《合同法》第八条规定：“依法成立的合同，对当事人具有法律约束力。当事人应当依照约定履行自己的义务，不得擅自变更或者解除合同。依法成立的合同，受法律保护。”

合同具有法律约束力是指合同当事人在法律上的约束力，其主要内容是当事人必须受合同约定的约束，非依法律或双方约定，不得擅自变更或解除合同。合同的法律约束力即合同的法律效力。该原则具有两层含义：首先，依法成立的合同即成为当事人之间的“法律”，当事人应当酌情约定履行自己的义务，违反了约定将要承担违约责任，而且这种违约责任是以国家的法律强制力来作为震慑的。其次，依法成立的合同受国家法律的保护，合同以外的任何单位和个人不得非法干预或破坏合同的履行。合同具有法律约束力的原则如果在现实生活中得到普遍贯彻，那么合同这一法律手段，必将大大地推进我国的法治进程。

第二节　合同的订立

一、合同的成立要件

自有合同法以来，不管是在法典上，还是在判例上，均规定了合同有效成立需要具备一定的条件，如果合同缺少了法定的条件，则会影响合同的有效成立。目前，世界各国合同法对合同有效成立的条件的具体规定虽尚存在着一定的差异，但在原则性的问题上则大同小异。概而言之，合同有效成立的条件及其内容如下：

(一)要有合同的当事人

合同的订立是双方或多方法律行为，只有一方当事人就谈不上合意问题，因而也就根本不能成立合同。

(二)合同的订立须经过要约和承诺两个阶段

我国《合同法》第十三条规定：“当事人订立合同，采取要约、承诺方式。”要约和承诺作为合同订立必须经过的两个阶段，是合同订立的一般程序，也是合同成立必须具备的基本条件。

(三)合同当事人须对合同的主要条款达成合意

合同成立的根本标志即在于当事人的意思表示一致，即所谓合同当事人达成了合意。也就是说合同的当事人必须就合同的主要条款做出一致的意思表示。反过来说，凡对合同的主要条款意思表示不一致者，或虽经协议却尚未合意者，合同就不能成立。

除了合同的一般成立要件以外，基于合同的性质和内容的不同，还可以有其他特别成立要件。如对于实践合同而言，就要以实际交付标的物为其成立要件；而对要式合同来说，则须以完成一定的形式要件为其成立要件。

二、合同的生效要件

★视频

合同的订立

所谓合同的生效，是指符合法定生效要件的合同，便可受到法律的保护，并可产生合同当事人所期望的法律后果。合同生效的一般要件，是指欲使已成立的合同发生完备的法律效力而应当具备的法律条件。合同的生效要件是判断合同是否具备法律效力的标准。

我国《民法通则》第五十五条规定："民事法律行为应当具备下列条件：(一)行为人具有相应的民事行为能力；(二)意思表示真实；(三)不违反法律或者社会公共利益。"合同作为一种典型的民事法律行为，应当具备我国《民法通则》所规定的民事行为有效的条件。

(一)合同生效的一般要件

具体而言，合同生效的一般要件如下：

1. 行为人具有相应的民事行为能力

根据我国《合同法》的规定，合同的主体包括：

(1)具有完全民事行为能力的自然人。

(2)限制民事行为能力的自然人实施的与其年龄、智力或者精神健康状况相适应的合同行为，或者其法定代理人同意的合同行为。

(3)无民事行为能力的自然人实施的接受奖励、赠予、报酬等纯获利益的合同行为。此外，无民事行为能力的自然人为满足日常生活零用的小额购买行为。

(4)法人在其宗旨目的范围内实施合同行为。

(5)不具备法人资格的其他组织只有经依法登记才能实施相当的合同行为。

2. 意思表示真实

所谓意思表示真实，是指表意人即意思表示的行为人的表示行为应当真实反映其内心的效果意思。表示行为是表意人将其效果意思表达于外部的行为，效果意思则是表意人内心所欲发生一定效果的意思。意思表示中含有效果意思和表示行为这两个要素，即可成立，但须真实方能生效。

根据法律规定，意思表示不真实的情形有：

(1)合同一方欺诈、胁迫对方，或者乘人之危，使对方的意思表示不真实。

(2)合同形式上是合法的，但隐藏了非法的真实意思，订立的是以合法形式掩盖非法目的的合同，其合法形式为不真实的意思表示。

(3)合同一方对合同有重大误解，因此而做的解释是不真实的。

(4)合同一方因对自己存在无经验等情形而做的对自己显失公平的表示，违背了自己订立合同的目的，这个意思表示也不真实。

上述意思表示不真实的几种情形的法律后果，有的是合同无效，有的是合同可撤销、可变更，并不都是无效合同。属于可撤销的合同，享有撤销权的当事人在法定期间内未行使撤销权，或者放弃撤销权，则可撤销合同即成为有效合同。

3. 不违反法律和社会公共利益

一般认为，合同不违反法律和社会公共利益，是针对合同的目的和内容而言的。所谓合同的目的，是指当事人缔结合同的直接内心原因；所谓合同的内容，是指合同中的权利义务及其指向的对象。合同内容违法，则合同无效。然而，合同内容虽不违法，如租赁房屋却用于开设赌场，也同样会使合同无效。

(二)合同生效的特殊要件

一般来说，合同具备我国《民法通则》第五十五条所规定的条件时，依法成立的合同，自成立时生效，而有些合同则需要具备特殊的要件才能生效，正如我国《合同法》第四十四条第二款规定："法律、行政法规规定应当办理批准、登记等手续生效的，依照其规定。"

按照法律、行政法规的规定，法定审批或者登记的合同类型主要有如下几种：

(1)中外合资经营企业、中外合作经营企业合同。《中华人民共和国中外合资经营企业法》和《中华人民共和国中外合作经营企业法》都规定，其合同的订立、变更、转让须报有关部门审查批准。

(2)对外合作开采石油合同。《中华人民共和国对外合作开采海洋石油资源条例》规定，中国海洋石油总公司与外国企业签订的石油勘探、开发和生产的合同"经中华人民共和国商务部批准，即为有效"。《中华人民共和国对外合作开采陆上石油资源条例》规定，中方石油公司在国务院批准的对外合作开采陆上石油资源的区域内，与外国企业签订的合作开采陆上石油合同，需经中华人民共和国商务部批准。

(3)我国大陆企业与华侨、港澳同胞举办合资、合作经营企业的合同。按照《中华人民共和国台湾同胞投资保护法》和国务院关于鼓励华侨和香港、澳门同胞投资的规定，这类合同也应当上报审批。

(4)保证合同。依据《中华人民共和国担保法》第八条的规定，为使用外国政府或者国际经济组织贷款进行转贷，由国家机关作为保证人的保证合同，应当报经国务院批准。

(5)房地产转让合同。依照《中华人民共和国城市房地产管理法》的规定，房地产转让合同应当办理过户登记。

(6)房屋买卖合同。《中华人民共和国物权法》规定，房屋所有权转移须到主管部门办理登记手续。

(7)土地使用权转让合同。依照《中华人民共和国土地管理法》的规定，改变土地权属、用途的，应当办理土地变更、登记手续；按照《中华人民共和国城镇国有土地使用权出让和转让暂行条例》规定，土地使用权转让合同既应报审批，又应办理过户登记。

(8)运输工具转让合同。《中华人民共和国海商法》《中华人民共和国民用航空法》都规定，运输工具所有权的取得、转让和消灭，应向主管部门登记。

(9)抵押合同。依照《中华人民共和国担保法》第四十一条、第四十二条的规定，包括城市房地产或者乡村企业的厂房等建筑物、航空器、船舶、林木、无地上定着物的土地使用权、企业的设备和其他动产的抵押权都应办理抵押物登记，抵押合同自登记之日起生效。

(10)质押合同。依据《中华人民共和国担保法》第七十八条、第七十九条规定，以依法可以转让的股票、商标专用权、专利权、著作权中的财产权出质的，须向主管部门办理出质登记，质押合同自登记之日起生效。

由此可见，上述法律、行政法规及有关司法解释对批准、登记以及合同生效的规定是不同的。为了统一规范有关法定审批或者登记手续与合同效力的关系，《最高人民法院关于适用〈中华人民共和国合同法〉若干问题的解释(一)》第九条规定："依照合同法第四十四条第二款的规定，法律、行政法规规定合同应当办理批准手续，或者办理批准、登记等手续才生效，在一审法庭辩论终结前当事人仍未办理批准手续的，或者仍未办理批准、登记等手续的，人民法院应当认定该合同未生效；法律、行政法规规定合同应当办理登记手续，但未规定登记后才能生效的，当事人未办理登记手续也不影响合同的效力，合同标的物所有权及其他物权不能转移。”

三、合同订立的法律程序

合同的订立，从法律上可分为要约和承诺两个阶段。

(一)要约

案例

合同法

要约要发生法律效力，必须具备特定的构成要件，其主要构成要件有：

1. 要约是由特定人所做出的意思表示

就特定的要约而言，总是要约人以订立特定的合同为目的才发出的。发出要约就是为了让对方承诺，要约在客观上必须能够予以确定，只有这样，相对人才能够对其做出承诺。

2. 要约必须反映其订立合同的基本意图

我国《合同法》第十四条明确规定，“要约是希望和他人订立合同的意思表示”。正是由于要约具有订立合同的意图，所以要约一经承诺以后，便可以使合同成立。不言而喻，订约人这种订立合同的意图一定要通过其发出的要约充分表现出来，而当某一意思表示不具有订立合同的主观目的时，其也就不具有必须要和承诺人订立合同的效力，自然也就称不上是要约，而只能是要约邀请。

3. 要约必须是要约人向其希望与之缔结合同的受要约人发出

要约人向其发出要约的相对人既可以是特定的人，也可以是非特定的人。要约人向谁发出要约，当然就是希望与之订立合同。故要约只有向要约人希望与之缔结合同的受要约人发出时，才可能使要约人做出承诺。要约原则上应向一个或某些特定的人发出，所以从原则上说，受要约人应当是特定的。要约的相对人的特定，意味着要约人对究竟谁才有权做出承诺可以进行选择；同时，也是为了避免一物数卖，影响交易安全。

(二)承诺

承诺生效即意味着合同的成立，因此从法律上说，承诺必须具备相应条件以后，才能产生预期的法律效力。

1. 承诺必须是受要约人做出

要约和承诺都是向相对人发出的意思表示，要约原则上是向特定的人发出的。所以，只有作为要约的相对人的特定人即受要约人才有权做出承诺。受要约人以外的第三人无资格向要约人做出承诺，其所发出的承诺只能被视为发出了一项新的要约。

2. 承诺必须向要约人做出

承诺是受要约人对要约的回应，只有受要约人向要约人做出的承诺，才能使双方意思表示一致，从而使合同成立。如果受要约人向要约人以外的其他人做出承诺，只能视为向其他人发出了新的要约。

3. 承诺必须在要约的有效期限内到达要约人

我国《合同法》第二十三条规定，“承诺应当在要约确定的期限内到达要约人”。凡要约规定了承诺期限的，承诺即应在规定的期限内到达；凡没有规定承诺期限的对话要约，承诺人须即时做出承诺；而非对话要约，则应当在合理期限内做出并到达要约人，否则，不能产生法律上的效力。

4. 承诺的内容必须与要约的内容相一致

承诺是对要约的同意。所以，只有承诺的内容与要约的内容一致时，才构成双方意思表示的一致，即所谓合意，从而使合同有效成立。我国《合同法》明文规定，“承诺的内容应当与要约的内容一致”，即受要约人必须同意要约的实质内容，不得对要约的内容做出实质性的更改，否则，在法律上只能将其视为又做出了一项新的要约，即所谓的“反要约”。

第三节 合同的履行

一、合同履行的概念和原则

(一)合同履行的概念

所谓合同履行(Contract Performance)，是指合同的当事人双方根据合同的规定，完成各自所承担的义务的行为。各国法律均规定：依法成立的合同，在订立合同的当事人之间具有法律效力，当事人双方都必须受合同的约束，履行各自所承担的义务。如果违反应履行的合同义务，就要承担相应的法律责任。

(二)合同履行的原则

所谓合同履行的原则，是指在合同履行中应当遵守的行为准则。合同履行的原则，一般可分为全面履行和实际履行两大部分。

各国法律均规定：合同一旦依法成立，当事人双方应按合同的规定全面承担各自的义务，使合同的内容得以全部实现，这就是所谓的全面履行原则。

所谓实际履行(Specific Performance)，是指当事人只能按照合同所规定的标的履行，不能用其他标的代替，也不能以支付违约金或赔偿金来代替。因此，实际履行就是实际标的履行。

各国法律对合同的实际履行问题，存在着很大的差异，主要有以下几种：

(1)无实际履行的规定。如巴西，其民法典对不履行合同所造成的损害，只规定了金钱赔偿，没有实际履行的规定。

(2)把实际履行作为合同履行的一个重要原则。例如，大陆法系的多数国家和我国均是如此。

(3)把实际履行作为合同履行中的一种补充性的、例外的救济手段。英美法系国家多属此。

知识拓展

尽管大陆法和英美法中都有实际履行的规定，但二者的分歧很大。正因为如此，《销售合同公约》第二十八条对实际履行的问题做了折中的规定："如果按照本公约的规定，一方当事人有权要求另一方当事人履行某一义务，法院没有义务做出判决，要求具体履行此义务，除非法院依照其本身的法律对不属本公约范围的类似销售合同愿意这样做。"由此可见，《销售合同公约》的这一规定是对两大法系之规定的折中，即：一方面，允许当事人按公约规定可要求违约方实际履行合同义务；另一方面，在司法救济上又允许法院可依据其国内法进行裁决。

二、违约及违约的形式

视频

违反合同要约责任的认定

(一)违约的概念及其必备条件

所谓违约(Breath of Contract)，是指合同当事人不履行或者不完全履行合同义务的行为。违约者依法必须承担相应的违约责任。对于违约责任做出规定，是用法律手段促使合同当事人认真履行合同义务的有力保证，也是解决合同纠纷的重要依据。

在法律上追究任何一方责任都要求具备一定的条件。确定合同当事人承担违约责任，通常具备下述条件，但两大法系存在着很大的分歧。

1. 行为人要有过错

大陆法各国以及我国的法律均以过错责任作为承担民事责任的一项基本原则。所谓行为人要有过错，是指当事人不履行或不完全履行合同是出于故意或过失。所谓故意，是指当事人预见到自己的行为可能发生不良后果，但有意使这种结果发生。所谓过失，是指当事人应当预见，但由于疏忽大意或者由于行为上的失误，以致发生不良后果。

2. 要有不履行或不完全履行合同的行为

所谓不履行，就是指当事人对合同内容全部没有履行；所谓不完全履行，就是指没有全部按合同内容履行。对于不完全履行合同的行为中的某些规定，两大法系也存在着一些分歧。例如，对于合同中没有明确规定履行日期的情况，债务人应于何时承担延迟履行责任的问题，两大法系的规定就存在着很大的差别。

按照大陆法系国家的规定，在上述情况下，债权人必须首先向债务人发出催告，然后才能使债务人承担延迟履约的责任；而英美法则没有催告制度，按照英美法系各国的规定，若合同中没有明确规定履行日期，债务人就应在合理期间内履行合同义务，否则就构成延迟履约的责任。

3. 要有财产上的损害事实

所谓损害(Damages)，是指由于当事人不履行或不完全履行合同而造成的直接损失和间接损失。根据大陆法系各国及我国的规定，如果当事人违约根本没有造成损害就不存在赔偿的问题。因此，也谈不上承担违约责任的问题。但若根据英美法系各国的规定，如果违约的结果未造成损害，债权人虽无权要求实质性的损害赔偿，但其可以请求名义上的损害赔偿。

(二)违约的形式

违约有各种不同的情况，有的是不履行或部分不履行，有的是不能履行，有些则是履行延迟等。各国法律一般均根据违约的不同情况，将违约分成不同形式，然后根据违约的不同形式，规定相应的救济措施。在违约形式的划分上，世界各国存在着很大的差异，现将几个主要的具有代表性的国家对违约形式的划分介绍如下：

1. 英国

英国把合同条款分为条件(Condition)与担保(Warranty)，因此，把违约的情形也区分为违反条件与违反担保两种形式。

(1)违反条件(Breach of Condition)。所谓违反条件，是指违反合同的重要条款。按照英国法学家的解释，条件被解释为义务，它直接属于合同的要旨。换句话说，就是这种义务对合同的性质是如此重要，以至于一方不履行这种义务时，另一方可以正当地认为对方根本没有履行合同。

(2)违反担保(Breach of Warranty)。所谓违反担保，是指违反合同的次要条款或辅助条款。所谓次要条款，是指相对主要条款而言的，在合同中除了主要条款外，其他条款均属次要条款。

如果一方当事人违反了次要条款，无过错的一方只能请求损害赔偿，而不能解除合同。

2. 美国

美国现在已经放弃使用“条件”与“担保”这两个概念，而把违约形式主要分为重大违约与轻微违约两大类。

(1)重大违约(Material Breach of Contract)。所谓重大违约，是指由于债务人没有履行合同或履行合同有缺陷，致使债权人不能得到该项交易的主要利益的违约。在重大违约的情况下，无过错的一方可以解除合同并可要求赔偿损失。

(2)轻微违约(Minor Breach of Contract)。所谓轻微违约，是指当事人一方在履约中，尽管存在一些违约行为，但另一方已经从中得到该项交易的主要利益的违约。在轻微违约的情况下，无过错的一方只能请求损害赔偿，不能拒绝履行自己的合同义务。

3. 德国

《德国民法典》将违约分为两大类，即：给付不能和给付延迟。

(1)给付不能(Supervening Impossibility of Performance)。所谓给付不能，是指债务人由于种种原因不可能履行其合同的义务，而不是指有可能履行合同而不去履行。依照《德国民法典》的规定，给付不能又可细分为自始给付不能与事后给付不能两种。

①所谓自始给付不能，是指在合同成立时，该合同就不可能履行。对此，如果属于双方共同错误，则合同无效；但如果一方当事人在订约时已经知道或应该知道该合同履行不

可能，则应对无过错的一方负赔偿责任。

②所谓事后给付不能，是指在合同成立时，该合同是可以履行的，但合同成立后至履行前，发生了阻碍合同履行的事由，造成了合同不能履行。

(2)给付延迟(Delay in Performance)。所谓给付延迟，是指合同已过履行期，且合同是可能履行的，但债务人没有按期履行其合同义务的行为。在给付延迟的情况下，非由于债务人的过错而导致给付延迟者，债务人不负延迟给付责任。但是，凡在履行期届满后，经债权人催告仍不给付者，债务人自受催告时起负延迟给付责任。这时债务人不但要对延迟逾期期间由于其过错而造成的一切损失负责，而且还需对其非过错(如不可抗力)所造成的诸如给付不能等损失负责。在后一种情况下，除非债务人能证明即使没有延迟给付，仍不可避免地要发生损害，其才能免责。

导入案例分析

(1)李某与古董店老板的买卖合同已经成立，双方意思表示真实并且一致，合同有效。

(2)没有法律依据。我国《合同法》规定，显失公正的合同属于可撤销或可变更合同，本案例中的买卖合同不属于此种情况。首先，李某具有相当的古玩鉴赏能力，虽然他不知道酒杯的真实价值，但内心已经知道其价值绝对超过50万元，在此情况下，他仍然将酒杯卖给古董店老板，法律上就应该推定其意思表示真实有效，而不属于因缺乏经验导致判断失误的情形；其次，李某将酒杯卖给古董店老板的时候，就已经准备事后主张合同变更，因此，当然不存在被骗或者失误的情形，相反，李某心知肚明，不属于合同显失公正；最后，李某主张合同显失公正属于恶意，不应得到支持。

(3)根据上面的分析可知，法院不应支持李某的请求，应认定合同有效。

本章小结

本章主要讲解合同法的相关知识，具体内容包括：合同的概念与特征、合同法的基本原则、合同的订立和合同的履行。通过学习本章内容，可以帮助读者了解合同法的相关知识。

拓展阅读

合同订立的法律条款规定

《中华人民共和国合同法》

第九条　当事人订立合同，应当具有相应的民事权利能力和民事行为能力。

当事人依法可以委托代理人订立合同。

第十条　当事人订立合同，有书面形式、口头形式和其他形式。

法律、行政法规规定采用书面形式的，应当采用书面形式。当事人约定采用书面形式的，应当采用书面形式。

第十一条　书面形式是指合同书、信件和数据电文(包括电报、电传、传真、电子数据交换和电子邮件)等可以有形地表现所载内容的形式。

第十二条　合同的内容由当事人约定，一般包括以下条款：

(一)当事人的名称或者姓名和住所；

(二)标的；

(三)数量；

(四)质量；

(五)价款或者报酬；

(六)履行期限、地点和方式；

(七)违约责任；

(八)解决争议的方法。

当事人可以参照各类合同的示范文本订立合同。

第十三条　当事人订立合同，采取要约、承诺方式。

第十四条　要约是希望和他人订立合同的意思表示，该意思表示应当符合下列规定：

(一)内容具体确定；

(二)表明经受要约人承诺，要约人即受该意思表示约束。

第十五条　要约邀请是希望他人向自己发出要约的意思表示。寄送的价目表、拍卖公告、招标公告、招股说明书、商业广告等为要约邀请。

商业广告的内容符合要约规定的，视为要约。

第十六条　要约到达受要约人时生效。

采用数据电文形式订立合同，收件人指定特定系统接收数据电文的，该数据电文进入该特定系统的时间，视为到达时间；未指定特定系统的，该数据电文进入收件人的任何系统的首次时间，视为到达时间。

第十七条　要约可以撤回。撤回要约的通知应当在要约到达受要约人之前或者与要约同时到达受要约人。

第十八条　要约可以撤销。撤销要约的通知应当在受要约人发出承诺通知之前到达受要约人。

第十九条　有下列情形之一的，要约不得撤销：

(一)要约人确定了承诺期限或者以其他形式明示要约不可撤销；

(二)受要约人有理由认为要约是不可撤销的，并已经为履行合同做了准备工作。

第二十条　有下列情形之一的，要约失效：

(一)拒绝要约的通知到达要约人；

(二)要约人依法撤销要约；

(三)承诺期限届满，受要约人未作出承诺；

(四)受要约人对要约的内容作出实质性变更。

第二十一条　承诺是受要约人同意要约的意思表示。

第二十二条　承诺应当以通知的方式作出，但根据交易习惯或者要约表明可以通过行为作出承诺的除外。

第二十三条 承诺应当在要约确定的期限内到达要约人。

要约没有确定承诺期限的，承诺应当依照下列规定到达：

（一）要约以对话方式作出的，应当即时作出承诺，但当事人另有约定的除外；

（二）要约以非对话方式作出的，承诺应当在合理期限内到达。

第二十四条 要约以信件或者电报作出的，承诺期限自信件载明的日期或者电报交发之日开始计算。信件未载明日期的，自投寄该信件的邮戳日期开始计算。要约以电话、传真等快速通信方式作出的，承诺期限自要约到达受要约人时开始计算。

第二十五条 承诺生效时合同成立。

第二十六条 承诺通知到达要约人时生效。承诺不需要通知的，根据交易习惯或者要约的要求作出承诺的行为时生效。

采用数据电文形式订立合同的，承诺到达的时间适用本法第十六条第二款的规定。

第二十七条 承诺可以撤回。撤回承诺的通知应当在承诺通知到达要约人之前或者与承诺通知同时到达要约人。

第二十八条 受要约人超过承诺期限发出承诺的，除要约人及时通知受要约人该承诺有效的以外，为新要约。

第二十九条 受要约人在承诺期限内发出承诺，按照通常情形能够及时到达要约人，但因其他原因承诺到达要约人时超过承诺期限的，除要约人及时通知受要约人因承诺超过期限不接受该承诺的以外，该承诺有效。

第三十条 承诺的内容应当与要约的内容一致。受要约人对要约的内容作出实质性变更的，为新要约。有关合同标的、数量、质量、价款或者报酬、履行期限、履行地点和方式、违约责任和解决争议方法等的变更，是对要约内容的实质性变更。

第三十一条 承诺对要约的内容作出非实质性变更的，除要约人及时表示反对或者要约表明承诺不得对要约的内容作出任何变更的以外，该承诺有效，合同的内容以承诺的内容为准。

第三十二条 当事人采用合同书形式订立合同的，自双方当事人签字或者盖章时合同成立。

第三十三条 当事人采用信件、数据电文等形式订立合同的，可以在合同成立之前要求签订确认书。签订确认书时合同成立。

第三十四条 承诺生效的地点为合同成立的地点。

采用数据电文形式订立合同的，收件人的主营业地为合同成立的地点；没有主营业地的，其经常居住地为合同成立的地点。当事人另有约定的，按照其约定。

第三十五条 当事人采用合同书形式订立合同的，双方当事人签字或者盖章的地点为合同成立的地点。

第三十六条 法律、行政法规规定或者当事人约定采用书面形式订立合同，当事人未采用书面形式但一方已经履行主要义务，对方接受的，该合同成立。

第三十七条 采用合同书形式订立合同，在签字或者盖章之前，当事人一方已经履行主要义务，对方接受的，该合同成立。

第三十八条 国家根据需要下达指令性任务或者国家订货任务的，有关法人、其他组织之间应当依照有关法律、行政法规规定的权利和义务订立合同。

第三十九条 采用格式条款订立合同的，提供格式条款的一方应当遵循公平原则确定当事人之间的权利和义务，并采取合理的方式提请对方注意免除或者限制其责任的条款，按照对方的要求，对该条款予以说明。

格式条款是当事人为了重复使用而预先拟定，并在订立合同时未与对方协商的条款。

第四十条 格式条款具有本法第五十二条和第五十三条规定情形的，或者提供格式条款一方免除其责任、加重对方责任、排除对方主要权利的，该条款无效。

第四十一条 对格式条款的理解发生争议的，应当按照通常理解予以解释。对格式条款有两种以上解释的，应当作出不利于提供格式条款一方的解释。格式条款和非格式条款不一致的，应当采用非格式条款。

第四十二条 当事人在订立合同过程中有下列情形之一，给对方造成损失的，应当承担损害赔偿责任：

(一)假借订立合同，恶意进行磋商；

(二)故意隐瞒与订立合同有关的重要事实或者提供虚假情况；

(三)有其他违背诚实信用原则的行为。

第四十三条 当事人在订立合同过程中知悉的商业秘密，无论合同是否成立，不得泄露或者不正当地使用。泄露或者不正当地使用该商业秘密给对方造成损失的，应当承担损害赔偿责任。

本章习题

一、选择题

1. 以下关于合同成立的说法正确的是(　　)。

A. 要约到达时合同成立

B. 要约邀请到达时合同成立

C. 承诺生效时合同成立

D. 当事人采用合同书形式订立合同的，自双方当事人签字并盖章时合同成立

2. 下列有关合同权利义务终止的表述，正确的是(　　)。

A. 合同权利义务终止就是合同变更

B. 合同权利义务终止指的是合同效力暂时停止

C. 合同权利义务的终止，使合同关系不复存在，但合同的担保权利并不归于消灭

D. 合同权利义务终止后，当事人应当遵循诚实信用原则，根据交易习惯，履行通知、协助、保密等义务

3. 一方以欺诈手段订立损害国家利益的合同，属于(　　)。

A. 无效合同　　B. 可变更合同

C. 效力待定合同　　D. 附条件合同

二、填空题

1. 依照合同的法定形式可分为：要式合同、不要式合同、__________和简式合同。

2. 主要的合同形式包括口头形式、书面形式、公证形式、鉴证形式、批准形式和__________。

3. 合同的生效要件是判断合同是否具备__________的标准。

三、简答题

1. 合同的概念是什么?

2. 合同法的基本原则是什么?

3. 合同订立的法律程序是什么?

四、案例题

1. 三利公司为开发新项目,急需资金。2015 年 3 月 12 日,向腾龙公司借款 15 万元。双方谈妥,腾龙公司借给三利公司 15 万元,借期为 6 个月,月息为银行贷款利息的 1.5 倍,至同年 9 月 12 日本息一起付清,三利公司为腾龙公司出具了借据。三利公司因新项目开发不顺利,未盈利,到了 9 月 12 日无法偿还欠腾龙公司的借款。某日,腾龙公司向三利公司催促还款无果,但得到一信息,通达公司曾向三利公司借款 20 万元,现已到还款期,通达公司正准备还款,但三利公司让通达公司不用还款。于是,腾龙公司向法院起诉,请求三利公司以通达公司的还款来偿还债务,三利公司辩称该债权已放弃,无法清偿债务。

试分析:

(1)三利公司的行为是否构成违约?为什么?

(2)腾龙公司是否可针对三利公司的行为行使撤销权?为什么?

(3)腾龙公司是否可以行使代位权?说明理由。

2. 河北省某市朝阳玻璃制品厂(以下简称“甲方”)与河北省某市天然气供应公司(以下简称“乙方”)签订了常年供气合同。合同规定,乙方每天向甲方供应生产用气 4 000 立方米,如减少或停供须提前五天通知甲方做好准备。甲方按月结清天然气款。双方约定,甲方向乙方交付定金 5 万元。

合同签订后不久,随着用气单位的增多,天然气供应日趋紧张,有些用气单位向乙方许诺可以购买高价气。乙方为追求本单位的经济效益,要求甲方减少用气 2 000 立方米,甲方不同意。乙方在未提前通知的情况下,单方突然停止向甲方供气,致使甲方生产设备受损,造成损失约 4 万元。甲方派人前去与乙方交涉,要求其保证供气,并双倍返还其已交付的定金。乙方不同意。甲方遂向河北省某市人民法院起诉,要求乙方继续履行合同,双倍返还其已交付的定金,赔偿其他损失。

试分析:

(1)该合同是否为有效合同?

(2)甲方的诉讼请求有无法律依据?并说明理由。

(3)本案如何处理?

测试题 选择题

测试题 判断题

第四章
代理法

知识要点

1. 了解代理法的产生及概念；
2. 熟悉代理的法律关系；
3. 熟悉代理关系终止的后果。

核心概念

代理权　代理人　被代理人　第三人

情境导入

原告：章春芳，女，38 岁，在上海制药机械二厂工作

被告：章建华，男，44 岁，在上海市食品进出口公司活畜禽经营部工作

原告章春芳诉称：被告因工作原因经常往返于广州、上海。她听闻广州录像机价格低于上海，遂委托被告章建华代购。为此交付被告人民币 2 600 元，要求被告在四种型号中任选购一台录像机。数日后，被告交付给她录像机一台。她发现外观不好，商标贴纸折叠脱落，无产品说明书，经试放发现性能异常。请人打开机盖，发现内部零件锈迹斑斑，由此判定该机是旧机器、废机器、“海水机”，无修理和使用价值。经与被告交涉无结果，为此起诉要求被告退回录像机价款人民币 2 270 元。审理中，原告变更诉讼请求，要求被告赔偿录像机修理费人民币 1 500 元。

被告章建华辩称：原告主动要求他代购录像机，他按原告的委托要求，经挑选试放完

好才购下录像机，原告拿到录像机时放弃试放要求。现银货两讫，自己的代理行为已完成。至于原告所称该机内部质量问题，他无义务予以确保，故不同意原告的赔偿要求。

上海市黄浦区人民法院经审理查明：被告章建华是原告章春芳母亲的邻居。被告因工作经常往返于广州、上海。原告听闻广州市场上录像机价格低于上海，遂于2001年10月3日交付被告人民币2 600元，委托被告从松下J20、日立747、东芝95、TV660四种型号的录像机中，任选购一台新录像机，对质量、外观等并无其他要求。10月9日，被告因广州市郊区市场上的录像机价格较市区低，遂邀同事李茂章一起前往广东省增城市新塘镇购得松下J20录像机一台，经当场试放，未发现质量问题，遂付款人民币2 270元。商店出具发票，但无保修卡。10月12日，被告在原告母亲家将录像机交付原告，并提出由原告当场开机试放，原告表示无此必要。双方当场按发票和车票结清了货款以及被告自广州市区至增城市新塘镇的车旅费共计2 285.60元。被告找回原告314.40元，原告当即以20元左右的礼品酬谢被告，并将录像机取回家。现原告称，取回录像机当天即发现商标纸脱落，经试放发现有马达声响，图像有规则的抖动等，她认为是自己不懂录像机性能而未调试好；第二天，又发现录像机外壳光洁度不好，也不在意，并请来同事帮助调试，情况依旧；第三天，她将录像机送往修理部，修理部的人告知该机已启封过。她要求将机盖打开，发现机内磁鼓等零件已生锈，修理部的人遂告知该机已无使用价值。10月15日，原告找被告交涉，要求被告去出售商店调换。被告主张原告同行，愿负相关的车旅费，未被原告接受。被告称，他根据原告要求去出售商店要求调换，遭拒绝。故只得将录像机重新交给原告。以后，原告向被告提出修理该录像机需人民币1 000多元。被告考虑到邻居关系，同意补偿200元，原告未能接受。

案例思考：

法院该如何判决？

第一节 代理和代理权

一、代理的概念

代理是指代理人(Agent)按照被代理人的授权，代表被代理人同第三人订立合同或从事其他的法律行为，由此产生的权利与义务直接对被代理人发生效力。

代理涉及的三方主体为代理人、被代理人和第三人。

代理人和被代理人之间的内部关系是代理关系中的基本法律关系，这种关系一般由他们之间的合同来界定，可以是委托合同，也可以是雇佣合同或合伙合同。代理人与被代理人之间存在合同只能证明他们之间存在代理关系，但代理人的权限究竟有多大，这种代理关系什么时候开始、什么时候结束，对于第三人来说都是不可知的。所以很多国家都强调委托合同与委托授权是有区别的，委托是产生代理人和被代理人之间的内部关系，而授权产生代理的外部关系，是代理人和第三人的外部关系的法律依据。

二、代理权的产生

关于代理权产生的方式，大陆法系、英美法系国家的法律和中国法各从不同的角度加以规范，分别介绍如下。

(一)大陆法系

大陆法系国家的法律把代理权产生的方式分为以下两种。

1. 意定代理

意定代理(Voluntary)，也称委托代理，是指由被代理人的意思或者行为表示而产生的代理。它是代理关系中最常见且数量最多的一种代理关系。以《德国民法典》为代表的大陆法系国家的法律规定，被代理人授予代理人代理权没有形式上的限制，可以采用口头形式，也可以采用书面形式；可以向代理人表示，也可以向同代理人打交道的第三人表示。

2. 法定代理

法定代理(Statutory)，是指代理人根据法律的规定直接获得代理权的代理。由于它是由法律规定而直接产生的，所以具有这种代理权的人称为法定代理人。

法定代理人的产生主要有以下几种情况：

(1)根据法律的规定而产生。例如，根据《中华人民共和国民法总则》的规定，父母对于未成年的子女有代理权；

(2)根据法院的选任而产生。例如，法院指定的法人清算人；

(3)因私人的选任而产生。例如，亲属所选任的监护人及遗产管理人等。

此外，公司法人必须通过代理人来处理各种业务，其代理人就是公司的董事，董事是公司法人的第一位代理人，同时董事还可以授权第三人为代理人。

(二)英美法系

英美法系国家的法律把代理权产生的方式分为以下四种。

1. 明示指定

所谓明示指定，是指被代理人以明示授权方式指定某人为其代理人。这是英美法系国家中代理权产生的最主要方式。明示授权可采用口头或书面形式，除非被代理人要求代理人用签字蜡封方式替他与第三人订立合同，否则即使代理人需要以书面方式与第三人订立合同，被代理人仍可采用口头方式授予代理权。

2. 默示授权

所谓默示授权，是指基于被代理人的言辞或者行为，致使代理人或者第三人相信代理人有权代理被代理人从事某种法律行为而产生的代理权。具体来说，主要有以下两种：

(1)以言辞、行为默示而产生。根据英美法系国家的判例原则，如果某人的行为和语言中包含有默许另一人代表其订立合同的意图，那么应推定其与后者之间存在着有效的代理关系。

(2)以身份关系、合作行为推定而产生。默示代理权还可以根据当事人之间的身份关系或合作行为而推定产生，其中比较典型的是配偶之间的默示代理与合伙人之间的默示代理。

知识链接

在相当长的一段时间内，英美法系中确认妻子具有代表其丈夫购买生活用品的绝对代理权。但这一原则随着现代夫妻平等关系的发展而受到了一定的限制。

另外，根据我国《合伙企业法》的规定，合伙人之间实行相互代理原则，任何一个合伙人依合伙经营方式所订立的合同，对其他合伙人均具有默示代理效力。

3. 客观必需的代理

在代理人根据被代理人的授权或者法定授权托管被代理人财产的情况下，如果发生了代理人为保全受托财产而必须采取紧急的、必需的而又超出授权范围之外的措施，基于此种措施在代理人与被代理人之间所产生的代理权，英国法律将其称为客观必需的代理权(The Agency of Necessity)。

在发生此种代理事由的情况下，尽管财产管理者未得到财产所有人的委托，但他是为财产所有人的利益着想且又必须承担代理义务，故此，其行为后果归于财产所有人。

由客观必需产生的代理不同于默示推定产生的代理，其特征在于它对于代理双方当事人均具有强制性或不可选择性。根据英美法系的判例，客观必需的代理关系的产生必须在同时符合下述三个条件下才能成立：

(1)行使这种代理权是实际上和商业上所必需的；

(2)代理人在行使这种权利前无法同被代理人取得联系，或者情况紧急不允许等到委托人的指示；

(3)代理人所采取的措施必须是善意的，并且必须考虑到所有有关各方当事人的利益。

4. 追认代理

所谓追认代理，是指在代理人未经授权或者超出了授权的范围，以被代理人的名义同第三人订立了合同，事后该合同得到了被代理人的批准或承认，这种行为就叫作追认，由此而产生的代理权被称为追认代理。

追认的后果，就是使代理人的越权或者无权代理行为对被代理人产生约束力，如同被代理人事先授权代理人从事代理行为一样。追认代理可以通过口头形式，也可以通过行为。例如，对代理人订购的货物进行支付，或者履行代理人已签订的销售合同等。但如果一项合同不通过一定的书面证据就不能被实施，则代理的追认就必须采取书面形式。

(三)中国法

我国法律中关于代理的规定主要编于《中华人民共和国民法通则》(以下简称我国《民法通则》)、《中华人民共和国合同法》(以下简称我国《合同法》)和《中华人民共和国对外贸易法》等之中。我国《民法通则》把代理权产生方式分为三类：委托产生、法定产生和指定产生。前两种方式与大陆法系国家的法律规定基本一致。

其中规定委托代理可以通过书面或口头的方式产生，但法律要求用书面方式的只能用书面的方式。法定产生的代理主要是为无行为能力人或限制行为能力人设立代理人的方式。根据我国《民法通则》规定，无民事行为能力人、限制行为能力人的监护人是他们的代理人；还规定，十周岁以上的未成年人和不能完全辨认自己行为的精神病人是限制民事行为能力人，可以分别进行与其年龄、智力和精神健康状况相适应的民事活动及订立纯获利益的合同(如接受赠予的合同)，其他民事活动则由其法定代理人代理，或者征求他们的法定代理人的同意。

知识链接

对于由指定产生代理关系的规定，中国与大陆法系国家的法律规定不同。按照中国法律的规定，指定代理是根据人民法院和有关单位的指定而发生的代理关系。在没有委托代理人和法定代理人的情况下，由人民法院在有关人员中指定代理人。这里所说的有关人员一般是指被监护人的亲属。依法被指定为代理人的，没有特殊原因不得拒绝担任。指定代理人按照人民法院或者指定单位的指定行使代理权。大陆法系国家大多数将指定代理包含在法定代理之中。

三、代理权的终止

所谓代理权的终止，是指根据代理关系中的双方当事人的协议或行为表示以及某些法定事由的出现，致使代理权消灭的行为。代理权一旦终止，代理人即丧失为被代理人从事各项代理行为的权利。因此，在代理权终止后，若该代理人继续为被代理人从事代理事务，就属于无权代理行为。但是当代理权终止后，被代理人必须通知第三人，否则善意的第三人与代理人所进行的民事活动仍然对被代理人具有约束力。其终止通知可以采用口头、书面或公告等多种形式。

代理权的终止情形通常有两种：一是根据代理关系中的双方当事人的协议或者行为表示而终止；二是根据某些法定事由的出现而终止。

(一)根据双方当事人的协议或者行为表示终止

根据双方当事人的协议或者行为表示而终止代理权的，主要有以下几种：

(1)根据代理合同中的约定而终止。一般来说，凡代理合同中附有终止委托代理权的期限或者条件的，一旦期限届满或者条件成立时，代理关系就自然终止。对此各国的法律规定基本一致。

(2)根据当事人的事后协议而终止。代理权不因代理合同中是否订有代理期限，均可通过双方当事人的协议而终止。原则上讲，委托代理关系是建立在双方当事人互信的基础之上。既然双方当事人可以通过协商一致建立起代理关系，那么也就可以通过同样的方式终止其代理关系。

(3)基于被代理人依法撤回代理权而终止。各国法律均允许被代理人有权在代理关系存续期依法撤回代理权，例如，《德国民法典》第一百六十八条规定，代理权的消灭，依授予代理权的法律关系决定。如果此项法律关系无特别规定时，代理权的授予亦可以于该法律关系存续期间撤回。

我国《民法通则》和我国《合同法》均允许当事人在代理关系存续期依法终止代理关系。按照我国《民法通则》规定，被代理人取消委托，代理关系终止。

但是，为了保护商业代理人的利益，许多国家的法律一般还规定：在不定期限的代理合同中，被代理人在终止代理合同时，必须在相当长的时间以前通知代理人；如果双方当事人在代理合同中订有终止期限，则应按合同规定办理。

知识链接

如果被代理人在代理关系存续期间不适当地撤销代理关系，被代理人须赔偿代理人的损失，其中包括代理人的佣金、商誉的损失或其他报酬。不过，代理人请求损害赔偿，也必须在代理合同终止后，按照约定或者若无约定则在法定的期限内提出。

(4)基于代理人放弃代理权而终止。如果代理关系是建立在意愿的基础之上，代理人在任何时候都有权放弃代理权。另外，如果被代理人因进行错误的行为而导致犯罪，代理人在任何情形下都有权终止代理合同。我国《民法通则》也规定，代理人依法辞去委托，代理权终止。

(二)根据法定终止事由的出现而终止

各国法律均规定，代理权根据法定终止事由的出现而终止。一般来说，在发生以下法定事由时，代理权依法自动终止：

(1)被代理人取得或恢复民事行为能力，法定代理人或指定代理人的代理权终止。

(2)被代理人或代理人死亡，代理权自动终止。不过根据有些国家的规定，当代理人不知道也不可能知道被代理人死亡的事之前，其所做出的代理行为对被代理人仍然具有拘束力；同时，当第三人不知道也不可能知道被代理人死亡的事之前，即使代理人无权代理或者代理权终止，只要第三人是基于诚信原则，该代理行为仍然有效。我国《合同法》中也有类似的规定，行为人没有代理权、超越代理权或者代理权终止后以被代理人名义订立的合同，第三人有理由相信行为人有代理权的，该代理行为有效。

(3)代理人丧失民事行为能力，代理权依法自动终止。

(4)作为被代理人或者代理人的法人因破产等原因终止时，代理权依法自动终止。

(5)由其他原因引起的被代理人与代理人之间的特定关系的解除，代理权依法自动终止。例如，在公司法人中，董事的代理权随其董事职务的解除而解除等。在委托代理中，若被代理人所在国与代理人所在国处在战争中，其代理关系也依法自动解除。

第二节 代理的法律关系

在代理关系中如何规范三方当事人的权利与义务，对被代理人、代理人和第三人均十分重要。关于被代理人、代理人和第三人的义务，虽然大陆法系国家主要在民(商)法典中规定，而英美法系国家主要由判例确定，但有关基本原则则有相通之处，只是其具体规定各具特色而已。

一、代理人的义务

★ 视频

代理人、被代理人的权利和义务

(一)代理人对被代理人的义务

代理人在代理期间以及代理关系终止后，对被代理人的义务主要有以下四个方面：

1. 应竭尽全力履行代理职责

一般情况下，代理人与被代理人之间的关系是基于双方相互信任而产生的。代理人的品质、知识和能力是其取得代理权的前提条件，也是实现被代理人利益的保证。所以，各国代理法一般均规定，代理人必须竭尽全力亲自履行代理职责。也就是说，代理人在代理关系存续期间，不仅要时时处处为被代理人的利益而勤奋工作，而且需要竭尽己能完成委托事务，不能把被代理人授予其的代理权再委托给其他人，除非得到被代理人的明示或默示同意。

知识链接

在特殊情况下，各国法律或判例均允许代理人可以在未经被代理人同意之前将代理权进行再委托。所谓特殊情况，主要是指以下几种情形：

(1)代理权的再委托属于很明显的常规行为，为贸易习惯所允许。

(2)代理权的再委托是客观必需的。例如，在紧急情况下，且不可能取得同被代理人联系时，为保护被代理人的利益，代理人可以将代理权进行再委托。

(3)在被代理人与代理人对于从事某项行为无以为继，并且在被代理人知道和有理由知道的情况下，代理人可以将代理权进行再委托。

2. 应忠诚互信地履行代理职责

所谓忠诚互信，主要是指代理人应忠于职守、诚实信用。具体来说，应根据被代理人的合法指示勤勉地履行代理职责，对被代理人所授予的财产和事务应给予合理的关心和注意。同时，代理人应及时向被代理人如实地报告自己所掌握的专门技能和信息，并在处理代理事务时尽可能地加以运用。另外，在未经过被代理人的特别同意之前，代理人不得以被代理人的名义与第三人订立合同，也不能同时兼任被代理人和第三人的代理人，以收取两边佣金。最后，不论何种理由，代理人均不得密谋私利，更不能与第三人串通损害被代理人利益。如果代理人不能忠诚互信地履行代理职责，由此给被代理人造成了损失，被代理人有权向代理人索赔，或者拒付佣金，直至解除代理人的代理权。

3. 应严守商业机密

为了保护被代理人的利益，代理人在代理关系存续期间必须严守被代理人的商业秘密；在代理关系终止之后，未经双方协商一致，不得把代理过程中得到的商业秘密向第三人泄露，也不得利用在代理过程中所得到的商业秘密同被代理人进行不正当的业务竞争。

否则，必须承担由此而给被代理人造成的一切损失。

4. 应及时申报并结清账目

代理人有义务正确核算和区分代理权下属于被代理人的财产或者金钱，并应根据代理合同的规定或在被代理人提出要求时向被代理人报告账目。一方面，如果代理人与被代理人的财产相互混淆以至于无法确定和分开时，被代理人有权取得已混淆的全部财产，并且若因财产混淆或者账目不清而造成了被代理人的其他损失，也由代理人赔偿；另一方面，如果被代理人拖欠代理人的佣金或其他费用，代理人享有对被代理人交给其占有的财物的留置权，以抵消被代理人的欠款。

(二)代理人对第三人的义务

代理人对第三人的义务主要体现在权利担保义务。所谓权利担保义务，主要是指代理人在从事代理事务中，必须对第三人保证其代理权是毫无瑕疵的，并且这种权利担保义务是默示的，不论第三人有否提请验证，也不论代理人有否声明。只要代理人没有做出否定的意思表示，且第三人也不属于知道或理应知道之列，代理人就必须对第三人承担权利担保的义务。如果因为代理人未经被代理人授权或者超出了授权的范围或者代理权已经终止等权利瑕疵而给第三人造成了损失，则由代理人承担。具体来说，有以下不同的情形：

(1)按大陆法系国家的法律规定，代理人对第三人的义务分以下两种情况：

①在直接代理中，只要代理人是在代理权限内，以代理的身份与第三人订立合同，那么该合同的效力则直接及于被代理人，合同的双方当事人就是第三人与被代理人。代理人在直接代理中只承担权利担保义务，不承担履行合同的义务。

②在间接代理中，由于代理人是以自己的名义与第三人订立合同，无论代理人事先是否得到被代理人的授权，该合同都将被认为是代理人与第三人之间的合同，因此，当代理人把其在该合同中的权利与义务依法转让给被代理人之前，代理人需要按照合同的有关规定对第三人承担义务。

(2)按英美法系国家的法律规定，代理人对第三人的义务分以下两种情况：

①代理人在从事代理业务时，如果在其代理权限内且披露了被代理人身份的情况下与第三人订立合同，那么其所订立的合同就是被代理人与第三人之间的合同，代理人只承担权利担保义务，不承担履行合同的义务。

②代理人在从事代理业务时，无论是否披露了被代理人的身份，只要在其代理权限内并清楚、明确地表明是以代理人的身份与第三人订立合同，那么其所订立的合同也将被视为被代理人与第三人之间的合同，代理人对第三人也只承担权利担保义务，不承担履行合同的义务。

知识链接

代理人在从事代理业务时，即使事先得到了被代理人的授权，只要其是以自己的名义与第三人订立合同，那么其所订立的合同就是代理人与第三人之间的合同。因此，当未被披露的被代理人依法行使介入权并得到第三人的认可之前，代理人仍需要按照合同的有关规定对第三人承担履行合同的义务。

二、被代理人的义务

(一)被代理人对代理人的义务

被代理人对代理人的义务主要有以下两个方面:

1. 应及时、足额支付佣金

被代理人必须按照代理合同的规定及时、足额付给代理人佣金或其他约定的报酬。当事人在商订代理合同时,应在代理合同中对有关佣金的数量和计算方法做出明确的规定。如果代理合同中没有规定佣金的数量或者规定不明确的,两大法系国家的法律或判例原则上均规定代理人可根据提供同类服务的通常价格收取佣金;若无可比价格,代理人可以按照合理价格收取佣金;若非因代理人的过错导致不能完成或部分完成代理事务的,代理人可以收取相应的报酬。但是,我国《合同法》对此规定与上述规定相比则有些差别。

按照我国《合同法》的规定,若当事人在委托代理合同中,没有规定佣金的数量或者规定不明确的,首先,应按照我国《合同法》第六十一条的规定确定,即可以由当事人协议补充;不能达成补充协议的,则按照合同中有关条款或者交易习惯确定。其次,若按照我国《合同法》第六十一条的规定仍然不能确定时,则按照我国《合同法》第六十二条的规定处理,即除了依法应当执行政府定价或指导价外,还应当按照订立合同时的市价支付。至于非因代理人的过错导致不能完成或部分完成代理事务的,允许代理人可以收取的报酬则与大多数国家的规定相同。

另外,两大法系国家的法律或判例对于被代理人不经独家代理人的介绍,直接与代理人代理的地区内的第三人订立代理事务内的合同,是否仍需对代理人支付佣金,以及代理人所介绍的买主在代理关系终止后还连续向被代理人订货时,是否仍需支付佣金等问题的规定,有较大的差异。

(1)关于被代理人是否可以不支付佣金而绕过独家代理人与第三人订约的问题。

多数大陆法系国家在法律上对商业代理人取得佣金的权利和佣金的计算方法都有详细的规定。按照一些大陆法系国家的法律规定,凡是在指定地区享有独家代理权的独家代理人,对于被代理人同指定地区的第三人所达成的一切交易,不论该代理人是否参与,都有权要求佣金,除非代理合同中有相反的规定。

根据英美法系的判例,如果当事人在代理合同中没有特别规定,那么,被代理人是否可以不支付佣金而绕过独家代理人与第三人订约,主要看在该项交易达成过程中代理人是否参与,若被代理人与第三人达成的交易是代理人努力的结果,代理人就有权获得佣金;如果被代理人没有经过代理人的介绍而直接与代理地区的第三人达成交易,则代理人一般无权索取佣金。

(2)关于代理关系终止后被代理人是否可以无偿接受代理人在代理期间所建立起来的商业信誉问题。

当代理关系终止后,代理人所介绍的买主还连续向被代理人订货时,被代理人是否应向代理人给付佣金的问题,应在代理合同中明确规定。如果代理合同中对此问题没有规定或者规定不明确,往往会造成被代理人和代理人之间的争执。因此,两大法系各国的法律或判例均规定了相应的救济方法。

按照英美法系的判例，若在代理合同中未规定期限，只要被代理人在合同终止后接到买方的再次订货，就须向代理人支付佣金；如果代理合同规定了一定的期限，则在期限届满合同终止后，即使买方再次向被代理人订货，代理人最多只能要求对再次订货的佣金损失给予金钱赔偿，而不能要求取得未来每次订货的佣金。

按照德国、法国、瑞士、意大利等大陆法系国家的规定，在商业代理关系终止后，代理人所介绍的买主还连续向被代理人订货时，如果被代理人从该交易中获取了重大利益，或者该交易与代理人在代理期间的代理行为具有密不可分的联系，或者是给予代理人赔偿符合公平合理原则的其他情形，代理人均有权就其在代理期间为被代理人建立起来的商业信誉请求给予赔偿。

我国《合同法》对上述两个问题没有做出明确的规定，但可以推定适用于该法对有关代理合同中没有约定报酬或者约定报酬不明确的规定。

2. 应弥补代理人因履行代理义务而产生的费用及损失

一般来说，除代理人与被代理人有特别约定外，代理人履行代理业务时所开支的费用是不能向被代理人要求偿还的，因为这属于代理人的正常业务支出。但是，如果代理人在处理委托事务时，因不可归责于自己的事由而受到损失的，则可向被代理人请求赔偿损失。所谓不可归责于自己的事由，主要是指客观情况的变化、被代理人指示的失误、第三人的过错以及不可抗力等。所谓受到的损失，则主要包括因处理委托事务而造成代理人的财产损失、收益的影响、代理人及其家属的人身伤害等。

知识链接

对于由代理人自己的错误或者疏忽所引起的费用支出，则不得请求赔偿。例如，代理人将所有权凭证转错了人，事后进行改正，因改正而支出的费用就不能向被代理人要求赔偿。再如，代理人处理委托事务所耗费的实际工作量超过订约时预计的工作量，一般不能看作上述损失，只能通过与被代理人商议请求适当增加劳务报酬，若此种请求遭到被代理人的拒绝，一般也不能请求法院强制增加劳务报酬。又如，代理人处理委托事务支出了比预计多得多的费用，只要不属于不可抗力或被代理人的过错，一般也不属于请求被代理人赔偿的范围。

(二)被代理人对第三人的义务

按照代理的一般原则，代理人是被授权代替被代理人与第三人订立合同的，合同一经订立，其权利与义务归属于被代理人，由被代理人直接对第三人负责，代理人对此一般不承担个人责任。但是，若代理人在处理委托事务时没有披露被代理人的身份，或者代理人在处理委托事务中无权或越权代理等，代理人就须对第三人承担相应责任。因此，在不同的情形下，被代理人对第三人所承担的义务是有差异的。所以，阐述被代理人对第三人的义务，则必须根据以下不同的情形而定：

(1)按大陆法系国家的法律规定，被代理人对第三人的义务。

大陆法系国家的法律原则上把代理形式分为两种：直接代理与间接代理。在这两种代理形式中，被代理人对第三人所承担的义务有着很大的区别。

①直接代理中被代理人对第三人的义务。在直接代理中，只要代理人是在代理权限内，以代理人的身份与第三人订立合同，那么合同的效力则直接及于被代理人，合同的双方当事人就是第三人与被代理人，被代理人就必须按照合同的有关规定(若合同中无规定或规定不明确，则按照有关法律规定)直接对第三人承担履约义务。

②间接代理中被代理人对第三人的义务。在间接代理中，由于代理人是以自己的名义与第三人订立合同，无论代理人事先是否得到被代理人的授权，该合同都将被视为是代理人与第三人之间的合同，被代理人原则上不能仅凭该合同直接对第三人主张权利，因而被代理人也无须对第三人承担义务。但是，当代理人把其在该合同中的权利与义务依法转让给被代理人后，被代理人就须按照合同的有关规定对第三人承担履约义务。

(2)按英美法系国家的法律规定，被代理人对第三人的义务。

英美法系国家的法律根据代理人在与第三人签订合同时是否披露代理关系，而将被代理人对第三人的义务分为以下三种形式：

①已披露被代理人身份的被代理人对第三人的义务。代理人在从事代理业务中，如果在其代理权限内且披露了被代理人身份的情况下与第三人订立合同，那么，其所订立的合同就是被代理人与第三人之间的合同，被代理人应按合同的有关规定对第三人承担义务。

②部分披露被代理人身份的被代理人对第三人的义务。代理人在从事代理业务中，无论是否披露了被代理人的身份，只要在其代理权限内并清楚、明确地表明是以代理人的身份与第三人订立合同，那么，其所订立的合同被视为是被代理人与第三人之间的合同，被代理人应按合同的有关规定对第三人承担义务。

③未披露被代理人身份的被代理人对第三人的义务。代理人在从事代理业务中，即使事先得到了被代理人的授权，只要其是以自己的名义与第三人订立合同，那么，其所订立的合同则是代理人与第三人之间的合同，被代理人无须对第三人承担合同义务。只有当未被披露的被代理人依法行使了介入权并得到了第三人的认可后，被代理人才需要按照合同的有关规定对第三人承担义务。

(3)被代理人须对第三人承担转承义务。各国法律或者判例均规定或者认可，当代理人在被代理人授权的范围内行使代理行为而发生侵权或者犯罪行为时，被代理人须承担连带责任。如果代理人的上述行为给第三人造成了损害，被代理人必须承担连带赔偿责任。这种为他人在其授权范围内的行为过错承担义务的情形，称为转承义务。

第三节　代理行为中的当事人

★案例

代理法

代理关系是一种三角关系，在代理关系中，一般包含三个方面的关系。

一、被代理人与代理人之间的关系

被代理人与代理人之间基于委托授权或法律规定而形成的代理关系，是代理关系的内部关系(Internal Relationship)。这种内部关系由双方当事人所签订的代理合同加以规范。原则上讲，当被授权的代理人同第三人依法从事一项民事行为后，该项民事行为的后果就要约束被代理人及第三人，代理人并不是该项民事行为后果中的一方当事人。例如，某代理人被授权代表被代理人与第三人订立一份合同，当合同成立后，该合同将由被代理人与第三人直接享有有关权利和履行各自的义务，代理人无须对该合同义务承担责任。但是，如果代理人未经授权或者超出了授权的范围而以被代理人的名义同第三人订立了合同，那么该合同就对被代理人没有拘束力，由此产生的损失由代理人承担。

二、代理人与第三人之间的关系

代理人依据代理权与第三人之间的代理关系，属于代理行为中的外部关系(External Relationship)之一。

按照代理的一般原则，代理人是被授权代替被代理人与第三人订立合同的，合同一经订立，该合同的权利与义务就归于被代理人，由被代理人直接对第三人负责，代理人对此一般不承担个人责任。但是，按照英美法系国家的判例，在某些特定情况下，即使代理事务已经完成，代理人仍需对第三人承担一定的责任。

三、被代理人与第三人之间的关系

被代理人与第三人之间存在的承受代理行为后果的关系，也是代理关系中的外部关系之一。

一般来说，当被授权的代理人代表被代理人与第三人订立的合同生效后，被代理人与第三人均须受该合同的约束。但代理人与第三人所订立的合同并非都是以被代理人的名义签订的。那么，在此种情况下，如何确定代理人与第三人所订立的合同的归属问题就显得十分重要。对此，大陆法系国家的法律和英美法系国家的法律各有不同。

(一)大陆法系

大陆法系多数国家的法律把代理关系分为两种：直接代理与间接代理。

1. 直接代理(Direct Agent)

所谓直接代理，是指代理人在代理权限内以代理人的身份，即以被代理人的名义与第三人订立合同的代理行为。从事此种代理业务的代理人称为直接代理人或商业代理人。在直接代理中，代理人在与第三人订立合同时，可以指明被代理人的姓名，也可以不指明被代理人的姓名，只要代理人表明了是作为代理人身份订约的意思，或依订约时的环境情况可以表明代理人的代理身份即可。在直接代理中，代理人所订立的合同的效力直接及于被代理人，合同的双方当事人是第三人与被代理人，合同的权利与义务直接归属于被代理人，被代理人直接对第三人负责。

2. 间接代理(Indirect Agent)

所谓间接代理，是指代理人以自己的名义，为了被代理人的利益而与第三人订立合同，日后再将其权利与义务通过另外一个合同让与被代理人的代理行为。从事此种代理业务的人称为间接代理人或行纪人。在间接代理中，无论代理人在签订合同时事先是否得到被代理人的授权，一旦合同成立，该合同都将被认为是代理人与第三人之间的合同，而不是被代理人与第三人之间的合同。在间接代理人与第三人所签订的合同中，被代理人原则上与第三人在法律上没有直接的联系，被代理人不能仅凭间接代理人与第三人所签订的合同直接对第三人主张权利，只有当间接代理人把其在与第三人所订立的合同中所取得的权利转让给被代理人后，被代理人才能对第三人直接主张权利。

(二)英美法系

英美法系国家的法律根据代理人在与第三人签订合同时是否披露代理关系，将被代理人与第三人的关系分为以下三种：

1. 已披露被代理人(Agent for a Named Principal)

所谓已披露被代理人，是指代理人在订约时不但表明了自己的代理人身份，而且还表明了被代理人的身份或姓名、商号的代理行为。在这种情况下，代理人所订立的合同就是被代理人与第三人之间的合同，被代理人应对合同负责，代理人对合同不承担个人责任。代理人在订立合同后即退出该合同，其既不能取得该合同的权利，也不对该合同承担义务。

2. 部分披露被代理人(Agent for an Unnamed Principal)

所谓部分披露被代理人，是指代理人在订约时只是披露代理关系的存在，没有披露被代理人的姓名或者商号的代理行为。在这种情况下，代理人所订立的合同仍被认为是被代理人与第三人之间的合同，应由被代理人对合同负责，代理人对该合同不承担个人责任。按照英国的判例，代理人在与第三人订立简式合同时，如果仅在信封抬头或在签名之后加列“经纪人”或“经理人”的字样是不足以排除其个人责任的，必须以清楚的方式表明自己是代理人，例如，写明“买方代理人”或“卖方代理人”等。至于其所代理的买方或卖方的姓名或公司名称则不要求在合同中载明。

3. 未披露被代理人(Undisclosed Principal)

所谓未披露被代理人，是指代理人在订约时根本不披露有代理关系的存在，既未表明自己的代理人身份，又未表明被代理人的身份。在这种情况下，即使代理人事先得到了被代理人的授权，代理人原则上也应当对第三人承担履行合同的责任。可见，未披露被代理人的代理与大陆法系国家中的间接代理大体类似，所不同的是，英美法系认为，未被披露的被代理人原则上可以直接取得该合同的权利并承担其义务，无须再经过代理人用让与合同把权利移转给被代理人这一手续。与此同时，第三人在发现了被代理人的存在后，则享有选择权，即其既可以选择被代理人承担合同义务，也可以选择代理人承担合同义务；可以直接对代理人提起诉讼，也可以直接向被代理人提起诉讼。但第三人一旦选定了被代理人或代理人两人中的一人对合同承担义务后，原则上讲就不能改变主意再对他们当中的另一人起诉。特别是一旦法院对第三人所提起的诉讼主体做出判决后，即使第三人对判决不满意，也不能更改诉讼主体再行起诉。

第四节　代理关系的终止

一、代理关系终止的原因

所谓代理关系的终止，是指根据代理关系中的双方当事人的协议或行为表示以及某些法定事由的出现，致使代理权消灭的行为。代理关系一旦终止，代理人即丧失为被代理人从事各项代理行为的权利。因此，在代理关系终止后，若该代理人继续为该被代理人从事代理事务，就属于无权代理行为。但是，当代理关系终止后，被代理人必须通知第三人，否则第三人与代理人所进行的民事活动仍然对被代理人具有约束力。其终止通知可以采用口头、书面或公告等多种形式。

代理关系的终止主要有以下两种情况：

(1)根据当事人的行为终止代理关系，主要包括：

①代理合同中订有期限的，期限届满时终止。

②代理合同没有规定代理期限的，协商同意终止。

③单方终止代理关系。对方不能要求实际履行，只能要求损害赔偿。

至于本人(被代理人)单方面撤回代理，英美法系国家法律有一定的限制：如果代理权的授予是与代理人的利益结合在一起的，被代理人就不能单方面撤回代理权。

(2)根据法律终止代理关系，主要包括：

①被代理人(本人)死亡、破产或丧失行为能力。

②代理人死亡、破产或丧失行为能力。

视频

委托代理权终止的情形

二、代理关系终止的法律后果

(一)对代理人和被代理人的法律后果

代理关系终止之后，代理人就没有了代理权，如果该代理人仍继续从事代理活动，则属于无权代理，对被代理人不产生法律效力。

(二)对第三人的法律后果

当被代理人撤回代理权或终止代理合同时，对第三人是否有效，主要取决于第三人是否知情。根据各国的法律，当终止代理关系时，必须通知第三人才能对第三人发生效力。如果被代理人在终止代理合同时，没有通知第三人，后者由于不知道这种情况而与代理人订立了合同，则该合同对被代理人仍有约束力，被代理人对此仍须负责，但有权要求代理人赔偿其损失。

导入案例分析

上海市黄浦区人民法院根据上述事实和证据认为，原、被告是委托代理关系。被告在原告的授权范围内，为原告代购录像机，在此过程中未发现被告不履行职责或与他人串通，故意损害原告利益的行为，且被告已将该机交付原告，原告也已付清了价款，至此，被告的代理事务已完成，双方的委托代理关系即告终止。原告提出录像机外观质量问题，因其发现后未及时向被告提出异议，对此可视为接受。至于原告提出录像机内部零件质量问题，因原告未能举证证明被告有与他人恶意串通故意损害原告利益的行为，故应由原告与出售商店交涉。再则，由于原告未能举证证明被告交付给她的录像机是旧机器、废机器，故其要求被告赔偿修理费人民币 1 500 元缺乏法律依据，不予支持。据此，判决如下：

原告章春芳要求被告章建华赔偿录像机修理费人民币 1 500 元不予支持。

案件受理费由章春芳负担。

本案是一起因代理而产生的纠纷案，主要涉及了代理的一些基本知识。我国《民法通则》第六十三条第二款规定："代理人在代理权限内，以被代理人的名义实施民事法律行为。被代理人对代理人的代理行为，承担民事责任。"由此可见，代理包括三方当事人：一是被代理人，也就是本人；二是代理人，即运用自己的能力帮助被代理人的人；三是第三人，即代理人实施民事行为的相对人。代理包括三种：委托代理、法定代理和指定代理。本案就属于典型的委托代理。委托代理有如下特点：

(1)代理人以做出意思表示为职能。

(2)代理人以被代理人的名义进行活动。

(3)代理行为的法律后果直接归属于被代理人。

本案中，被告接受原告的委托在广州为原告购买录像机一台，因而具有了代理权。被告又是在原告授权的范围内实施的民事法律行为，即为原告购买了松下 J20 录像机一台，也符合原告的要求，没有滥用代理权或超越代理权，因此，被告的行为是有权代理，那么由此产生的法律后果就直接归属于被代理人即原告。

本章小结

本章主要讲解代理法的相关知识，包括代理的概念、代理权的产生、代理的法律关系，以及代理关系的终止和终止后的法律后果，帮助读者进一步了解代理法的相关知识。

拓展阅读

电子代理人的法律问题

众所周知，电子商务的优势之一即在于它的高效率、低成本。互联网的出现将人们从繁重的传统交易活动中解脱出来。基于电子商务的迅速发展，越来越多的商家在电子交易中采用各种形式的智能化、自动化的交易系统，如自动提款机、自动售货机、自动售票机等。在网络时代，自动交易方式借助网络的发展，已经开始深入到电子商务的各个领域。这些自动交易系统能够按照预先设计好的程序自动发送、接收和处理交易信息，在几乎完全不需要人工介入的情况下订立合同，并最终完成整个交易。这种自动交易系统就是所谓的电子代理。

美国是电子代理人概念的创始者。根据美国《统一计算机信息交易法》的规定，电子代理人是指为某人用来代表该人对电子信息或对方的行为采取行动或做出反应，且在做出此种行动或反应之时无须该人对该电子信息或对方的行为进行审查或做出反应的一个计算机程序或电子手段或其他自动化手段。目前，电子代理人已成为国际上被普遍接受的一个术语。

电子代理人的出现使合同的缔结过程可以在无人控制的情况下自动完成。合同可以通过双方电子代理人的交互作用达成，也可以通过电子代理人和自然人之间的交互作用达成。电子代理人的要约与承诺行为可以导致一个有约束力的合同产生。于是，在现实生活中往往会出现这样一种情况：许多合同已经履行了，但当事人主观上甚至还根本不知道已经有那么一个有关自己的交易发生了，而只是在事后盘点时，才知道这些合同的详细情况。由于不存在传统交易中人工介入的协商过程，电子代理人在合同订立中的地位问题就需要在有关的法律制度中得到反映。

电子代理人并非现实世界的实体，它只是网络世界虚拟的产物。因此，它不具有法律上的人格，而仅仅是一种能够执行人的意志、智能化的交易工具。电子代理人虽然也使用了“代理”一词，但这与民商法理论中的“代理”是大相径庭的，前者只是具备了后者的某些外部特征而已。民商法代理制度中的代理指以本人名义实施意思表示，而其法律效果直接对本人发生的法律行为。所以，无论是大陆法系国家的法律，还是英美法系国家的法律，均不承认电子代理人是民法上的代理人。虽然电子代理也具备本人、代理人和第三人的特征，电子代理人也可以以本人的名义与第三人发生民事法律行为，但却与民商法的代理人有着本质的区别。从构成上来讲，电子代理人是软件、硬件或二者的结合；就商业应用上而言，它具有搜索某一商品或服务的价格、供求等信息，完成在线拍卖、在线购销或对交易发出授权的能力，因此将之形容为“人造商人”更为合适；从法律上来看，它不具备法律人格，也没有独立的意思表达能力或缔约能力，不能独立地承担民事责任。

由于电子代理人执行的是人的意思表示或根据其意思而履行合同，且被日益广泛地应用于电子商务，同时它与合同当事人的权利义务关系密切，故法律有必要对其进行规范。1992 年，欧共体委员会在《通过 EDI 订立合同的研究报告》中指出，计算机的自动回复程序是由合同当事人预先设置的，计算机的“行为”实际上是当事人意志的体现与执行，因此应该承认其有效性，并由当事人对其计算机系统做出的决定承担责任。美国的《统一计算机信息交易法》规定了电子代理人可以使用订约的方式，即合同可以使用任何能充足地表示同意的方式来订立，包括要约和承诺，或双方当事人的行为或其电子代理人的操作。联合国的《电子商务示范法》也规定，就合同的订立而言，除非当事各方另有协议，一项要约以及对要约的承诺，均可通过数据电讯的手段来表示。如使用了一项数据电讯来订立合同，则不得以仅仅使用了数据电讯为理由，而否定该合同的有效性或可执行性。我国《合同法》第十一条明确将电子数据交换和电子邮件规定为合同的书面形式之一；第十六条规定了数据电文形式的要约生效条件；第二十六条规定了数据电文形式的承诺生效条件；第三十三条确认了以数据电文形式订立合同时，可以约定签订确认书时合同方能成立；第三十四条规定了以数据电文形式订立合同时，合同成立地点的确定原则。所以，根据我国《合同法》的立法本意，电子代理人应适用数据电文的相关规定。即是说，我国法律同样也肯定了电子代理人可以作为订立合同的有效形式。

在电子商务飞速发展的今天，承认电子合同的有效性，特别是电子代理人所订立的合同的有效性对电子商务的发展具有非常重要的意义。

本章习题

一、选择题

1. 依大陆法系，由于本人的意思而产生的代理为(　　)。

A. 意定代理　　B. 法定代理

C. 指定代理　　D. 意定代理和指定代理

2. 依英美法系，一个人以自己的言辞或行动使另一个人有权以其名义签订合同，这种代理权产生的原因为(　　)。

A. 明示的指定　　B. 默示的授权

C. 客观必需的代理权　　D. 追认

3. 下列各项中，不属于代理人忠实义务内容的是(　　)。

A. 代理人应及时将有关客户的资料披露给被代理人

B. 代理人不得以被代理人的名义与自己订立合同

C. 代理人不得与第三人恶意串通，损害被代理人的利益

D. 代理人应亲自履行代理义务，不得擅自转托他人

二、填空题

1. 代理涉及的三方主体为代理人、__________和第三人。

2. __________是指由被代理权的意思或者行为表示而产生的代理。

3. __________是指根据代理关系中的双方当事人的协议或行为表示以及某些法定事由的出现，致使代理权消灭的行为。

三、简答题

1. 什么是代理法？

2. 被代理人对第三人的义务主要包括哪些方面？

3. 代理关系终止的主要原因包括哪些？

四、案例题

1. 王立生是某单位后勤处的负责人。2015 年 9 月，其亲戚家的一头牛得了一种传染病，且使其他 15 头牛全部被传染，王立生便利用职务之便以该单位食堂的名义买下其亲

戚家的16头病牛，随后又找人将16头病牛全部杀掉，并把牛皮送其亲戚，牛肉运回本单位食堂，其亲戚送给他1 000元作为酬谢。由于牛肉感染病毒，本单位职工食用后有9人中毒，食堂只好将剩余的牛肉倒掉，造成经济损失20 000余元。有人将此事向单位反映后，单位责令王立生追回牛肉款。王立生表示，牛肉是其亲戚的，他是代理单位购买牛肉，发生损失应当由单位负责，与其个人没有关系。其所在单位遂起诉至区人民法院，要求王立生及其亲戚归还牛肉款。

请根据以上信息回答：

王立生是否应与其亲戚对该单位的损失负连带赔偿责任？

2. 某时装公司产品积压，急于推销产品，周转资金，便号召每个职工都去销售时装，并宣布，凡本公司职工推销出去的时装按合同标的总额的一定百分比发放奖金。该公司女职员张某有一位朋友李某在一家百货公司当业务员，张某就去找李某帮忙。

该百货公司进货都需经领导批准，最近该百货公司刚进了几批时装，所以领导不同意进货。但李某有盖过章的空白合同书，为讨好张某，李某就用它和张某签订了一份购买该时装公司10万元时装的服装买卖合同，交给了张某。张某向领导交差后，时装公司领导很高兴，按规定发给张某一大笔奖金。不久，时装公司按这份合同给百货公司发去了价值10万元的时装，并通过银行托收货款。百货公司的负责人得知此事后，认为其从未授权李某购买过这批货，所以他们不能对此负责，并通知银行拒付货款。时装公司则说，合同上盖了百货公司的公章，怎么能说没有授权呢？时装公司为了履行这一合同，开支了一大笔钱，因此他们坚持合同必须履行，双方协商不成，时装公司起诉至人民法院。

请根据以上信息回答：

李某应该对该时装公司的损失负责任吗？

测试题

选择题

测试题

判断题

第五章

国际货物买卖法

知识要点

1. 了解国际货物买卖合同的特点；
2. 熟悉国际货物买卖双方的义务；
3. 掌握违反国际货物买卖合同时的救济方法。

核心概念

国际货物买卖合同　买卖双方的义务　货物所有权　风险转移

情境导入

2015年4月1日，中国隆源公司与加拿大乙公司签订了一份国际货物买卖合同。合同约定：交货条件为CIF宁波；货物应于2015年5月1日之前装船；买方应于2015年4月10日之前开出以卖方为受益人的不可撤销的即期信用证。4月5日，买方开出了信用证。4月24日，卖方向承运人瑞典丙公司提交货物，并向英国丁保险公司投保。4月27日，承运人向卖方签发了提单。提单载明：承运人为瑞典丙公司；提单签发日期为2015年4月27日；本提单为已装船提单。卖方即向买方发出货物已装船及已办理保险的通知。随后，卖方凭借提单及有关单据向议付行结汇。实际上，货物于5月5日才开始装船，至5月15日装运完毕，船舶于5月25日抵达目的港。另外，在运输途中，由于遭遇台风和海啸，货物遭受部分损坏。接到卖方的通知以后，买方即与韩国戊公司签订了一份货物转售合同，交货日期为5月15日。但由于货物于5月25日才抵达目的港，买方无法如期向韩国戊公司交货；韩国戊公司解除了合同。由此，买方不但丧失了其预期利润，而且还承担了向韩国戊公司的损害赔偿。此外，由于市场行情发生了很大的变化，买方只得以低价就地转售，又遭受了一笔损失。买方在查实情况后，即向法院起诉。但承运人丙公司提出：其所签发的提单只是一份备运提单，只有在货物实际装船以后，才能被认为是已装船提单，这是国际惯例。因此，买方的损失与其无关。

案例思考：

(1)承运人丙公司的理由是否成立？为什么？

(2)承运人丙公司签发上述提单构成什么性质的行为？为什么？

(3)货物在运输途中遭受的损失由谁承担？为什么？

(4)如何确定被告方的赔偿范围？

第一节 国际货物买卖合同概述

一、国际货物买卖合同的特点

国际货物买卖合同，指营业地位于不同国家的当事人之间订立的转移货物所有权的协议。国际货物买卖都是通过订立和履行国际货物买卖合同来完成的。

货物买卖法是合同法的一个十分重要的组成部分，买卖双方在从事货物买卖过程中必须遵守合同法的有关规定。在资本主义国家，对内对外的买卖法基本上是一套法律，因为资本主义国家的国内贸易与国际贸易不存在实质性差别，所以，一部买卖法既适用于国内贸易，同时也适用于国际贸易。而在中国等社会主义国家，过去由于长期实行计划经济，往往在经济立法中需要颁布两套法律分别适应对内与对外的经济活动。

国际货物买卖合同的特点如下：

(1)合同当事人的营业地位于不同国家，即合同具有国际性。这时，当事人的国籍不予考虑。

(2)合同内容的复杂性。这是由合同的国际性所派生出来的，由于是跨越国界交易，还涉及跨国运输、保险、支付等问题。

(3)合同的标的是货物，或称有形动产。这样，就将证券、货币、知识产权交易等排除在外。

(4)合同的主要特点是货物所有权的转移，区别于国际租赁合同。

(5)合同是确立当事人权利义务的依据。一方当事人不履行合同义务时，另一方当事人可依法提起诉讼或依据仲裁协议提交仲裁，要求强制实现合同中的权利。

知识链接

我国1982年颁布的《中华人民共和国经济合同法》只适用于当时的国内贸易，而不适用于国际贸易。为了适应对外经济活动的发展需要，我国又于1985年颁布了《中华人民共和国涉外经济合同法》，以适用于当时除国际运输合同和技术进出口合同以外的一切涉外经济合同。为了适应我国经济发展的需要，为了在经济法律、法规上尽可能与国际接轨，我国在1999年3月15日颁布，并于同年10月1日起施行的《中华人民共和国合同法》(以下简称我国《合同法》)，统一了我国的合同法。与此同时废止了《中华人民共和国经济合同法》《中华人民共和国涉外经济合同法》《中华人民共和国技术合同法》。因此，现在中国的企业与外国企业所签订的国际货物销售合同，如果适用中国法，那就意味着适用我国《合同法》和《中华人民共和国对外贸易法》。我国《合同法》既在很大程度上借鉴了《联合国国际货物销售合同公约》的规定，又体现了中国经济发展的特点，还照顾了中国立法、司法的现状和民风、民俗。

二、有关国际货物买卖的国际公约

有关国际货物买卖的国际条约主要有：1980年的《联合国国际货物销售合同公约》《国际货物买卖合同时效公约》《国际货物买卖合同法律适用公约》，1924年的《关于统一提单若干法律规则的公约》(海牙规则)与《维斯比规则》，1978年的《国际海上货物运输公约》等。其中，1980年的《联合国国际货物销售合同公约》(以下简称《销售合同公约》)是迄今为止有关国际货物买卖合同的一项最为重要的国际条约。它是由联合国国际贸易法委员会主持制定的，于1980年在维也纳举行的外交会议上获得通过，并于1988年1月1日正式生效。截至2015年12月29日，核准和参加该公约的共有84个国家，其中包括：阿根廷、澳大利亚、奥地利、中国、白俄罗斯、保加利亚、加拿大、古巴、波斯尼亚和黑塞哥维那、智利、捷克、丹麦、厄瓜多尔、爱沙尼亚、埃及、芬兰、法国、格鲁吉亚、德国、几内亚、匈牙利、伊拉克、意大利、莱索托、立陶宛、摩尔多瓦、墨西哥、荷兰、新西兰、挪威、罗马尼亚、俄罗斯、新加坡、斯洛伐克、斯洛文尼亚、西班牙、瑞典、瑞士、叙利亚、乌干达、乌克兰、美国、马其顿、赞比亚等。

我国是该公约的成员之一。我国对该公约的态度是：基本上赞同公约的内容，但在公约允许的范围内，根据我国的具体情况，提出了以下两项保留：

(1)关于国际货物买卖合同必须采用书面形式的保留。按照该公约的规定，国际货物买卖合同不一定要以书面方式订立或以书面来证明，在形式方面不受限制。这就是说，无论采用书面形式、口头形式或其他形式都是有效的。这一规定同我国涉外经济合同法关于涉外经济合同(包括国际货物买卖合同)必须采用书面形式订立的规定是有抵触的。因此，我国在批准该公约时对此提出了保留。我国坚持认为，国际货物买卖合同必须采用书面形式，不采用书面形式的国际货物买卖合同是无效的。

(2)关于《销售合同公约》使用范围的保留。该公约在确定其使用范围时，是以当事人的营业地处于不同国家为标准的，对当事人的国籍不予考虑。按照该公约的规定，如果合同双方当事人的营业地是处于不同的国家，而且这些国家又都是该公约的缔约国，该公约就适用于这些当事人间订立的货物买卖合同，即该公约适用于营业地处于不同的缔约国家的当事人之间订立的买卖合同。对于这一点，我国是同意的。但是，该公约又规定，只要当事人的营业地是分处于不同的国家，即使他们的营业地的所属国家不是该公约的缔约国，但如果按照国际私法的规则指向适用某个缔约国的法律，则该公约亦将适用于这些当事人之间订立的买卖合同。这一规定的目的是要扩大该公约的适用范围，使它在某些情况下也可适用于营业地处于非缔约国的当事人之间订立的买卖合同。对于这一点，我国在核准该公约时亦提出了保留。

知识链接

在我国，该公约的适用范围仅限于营业地点分处于不同的缔约国的当事人之间订立的货物买卖合同。由于我国是该公约的缔约国，而且参加该公约的国家日益增多，该公约在国际货物买卖中所起的作用肯定会越来越大。因此，本章在介绍国际货物买卖法时将把该公约作为重点。

第二节 买卖双方的义务

一、卖方的义务

《销售合同公约》第三十条规定：卖方必须按照合同和本公约的规定，交付货物、移交一切与货物有关的单据并转移货物所有权。具体来说，卖方的基本义务是：按合同规定的地点、时间交付货物；按合同的规定移交一切与货物有关的单据；交付与合同规定相符的货物；按合同规定对货物的完全所有权实行担保。下面根据《销售合同公约》和某些国家的法律规定，对卖方上述义务分别加以阐述。

（一）卖方交货的地点与时间

根据《销售合同公约》及各国法律的规定，按合同规定的地点和时间交货，是卖方的基本义务之一，如果合同对交货的地点和时间做出了明确的规定，卖方则必须严格遵守；如果合同对交货的地点和时间未做出明确的规定，则需依据该合同的准据法办理。然而，各国法律和《销售合同公约》对于当事人在合同中未就交货时间、地点做出明确规定的，卖方应当履行的交货地点与时间的规定则存在着较大的差异。

1. 卖方交货的地点

根据《销售合同公约》第三十一条、第六十七条及有关条款的规定，如果合同对交货地点做出了具体规定，卖方应按合同规定的地点交货；如果合同对交货地点没有做出规定，卖方则应根据下述三种不同情况履行其交货义务：

(1)如果销售合同涉及货物的运输，卖方把货物移交给第一承运人以运交买方，即认为已履行了交货义务。并且，标的物的风险也从货物交给第一承运人时，由卖方转移于买方。所谓涉及货物运输的合同，是指明确要求卖方把货物运送给买方所指定的地点的合同。所谓第一承运人，一般是指能起合同项下货物交付作用的承运人。如果卖方利用自己的运输工具或雇请不发生货物交付作用的承运人将货物从产地或其他地方运至能起货物交付作用的装运地，则不能算是第一承运人。

(2)在销售合同中没有涉及卖方应负责货物运输事宜(如以条件成交的合同)的情况下，如果合同标的物是特定物或从特定存货中提取的货物，卖方应于订约时双方当事人知道的这类货物所存放的具体地点交付给买方处置；如果标的物是待制造或待生产等未特定化的货物，卖方应在订约时双方当事人知道的这类货物所制造、生产或存放的具体地点交付给买方处置。

(3)在除上述情况外的其他情况下，卖方的交货义务，是在其订约时卖方的营业地点，把货物交给买方处置。假如卖方设有一个以上的营业场所，应按《销售合同公约》第十条的规定，在与合同及合同的履行具有最密切关系的营业场所履行交货义务。

2. 卖方交货的时间

《销售合同公约》第三十三条及与此有关条款对卖方交货时间的规定如下：

(1)如果合同规定有交货日期，或从合同的条款中可以确定交货日期，卖方就应该在该日期交货。所谓可以确定的交货日期，通常是指根据当事人之间建立的习惯做法或所选用的惯例可以确定的日期。

(2)如果合同规定了一段时间(如 1993 年第一季度)或从合同中可以确定一段时间，卖方有权决定在此期间内的任何一天交货。但是，若情况表明买方有权选定一个具体日期，则卖方必须遵守。

(3)其他情况下，卖方应在订立合同后的一段合理的时间内交货。所谓合理时间，应根据具体情况确定。例如，在通常情况下，卖方备货实际所需用的时间，制造或加工标的物所需要的时间等，都有可能被认为是合理时间。

知识链接

在关于卖方交货时间的规定上，《销售合同公约》借用了英美法系国家的规定。如果按照大陆法系一些国家的规定，若是合同中未规定具体的交货时间，原则上讲，买方有权要求即时交货，卖方也有权在合同成立后马上交货，或等待买方催告后，在催告规定的期限内交货。

(二)卖方移交货物单据

卖方移交货物单据的义务主要取决于合同和信用证是否有明示规定，或取决于双方的习惯做法，或取决于双方所采用的贸易惯例。按照国际贸易惯例，在装运港或目的港交货的情况下，卖方一般都有义务向买方提交有关货物的各种单据。特别是在装运港交货的合同中往往还规定以卖方移交装运单据作为买方支付货款的条件。所谓装运单据，主要是指提单、保险单、发票、检验证书、检疫证书和产地证明等。装运单据是买方办理报关手续、提取货物以及向承运人、保险公司请求赔偿所必不可少的文件。装运单据在国际贸易中具有十分重要的作用。

知识链接

根据《销售合同公约》第三十四条的规定：如果卖方有义务移交有关货物的单据，则卖方就必须按照合同规定的时间、地点和方式移交这些单据。如果卖方在规定的时间以前已移交了装运单据，则可以在规定的时间到期前纠正单据中任何不符合合同规定的情形。但卖方在行使对单据修改权时，不得使买方遭受不合理的不便或承担不合理的开支。否则，如果卖方第一次提供的货物单据不符合合同规定致使买方遭受损害时，买方有权提出损害赔偿的请求；如果卖方在行使对货物单据修改权时给买方造成了损害，买方同样有权要求卖方赔偿损失。

由于货物单据的错误而导致买方的不合理开支可能是多方面的。例如，原产地证不确定可能导致买方多付关税；提单的错误可能导致买方收货困难甚至不能提取货物；保险单的错误可能导致买方向保险人索赔时的困难；等等。因此，包括中国在内的各国法律均规定了卖方有义务按合同的规定移交装运单据。

(三)卖方应交付与合同规定相符的货物

对于卖方提交的货物品质须与合同规定相符这一基本义务，各国法律均有较具体的规定，特别是英美法系国家的法律规定得更为详尽、具体。《销售合同公约》吸取了两大法系(特别是英美法系)国家的法律规定的合理之处，更详尽地阐述了卖方对货物品质担保(Warranty of Quality)的责任范围及期限、卖方对已交付的不符合合同规定的货物的救济措施和卖方的责任范围等。

1. 卖方对货物品质担保的责任范围

根据《销售合同公约》第三十五条的规定：卖方交付的货物必须与合同所规定的数量、质量和规格相符，并须按照合同所规定的方式装箱或包装。否则将认为其所交货物与合同不符。同时，如果双方当事人在合同中没有做出与下述内容相反的规定，卖方在交货时还应符合下列要求，否则也将认为其所交货物与合同不符。

(1)货物适用于同一规格货物通常使用的目的。也就是说，在买方未向卖方说明其所订购货物的使用目的时，卖方所交付的货物只要符合了合同的规定及与合同标的物同一规格的货物通常使用目的时，就完成了品质担保义务。

(2)假如买方在订立合同时明示或默示地使卖方知道合同标的物的使用目的或特殊用途，则卖方交付的货物就必须适用于买方购货的特殊用途或特殊目的。例如，某中国留学生在日本购买电视机时，如果明示或默示地使电器商场的卖方知道买方所购的电视机是运往中国境内使用的，那么，电器商场的卖方就必须担保该电视机适用于中国的频道与中国的电压。否则，卖方就没有履行品质担保的义务。但是，如果情况表明买方并不信赖卖方的技能和判断力，或者买方对卖方的技能和判断力的信赖是属于不合理的情况，那么，即使买方在订约时将拟订货物所应具有的特殊用途明示或默示地使卖方知道，卖方也可不对货物不符合其特殊用途承担责任。例如，当卖方发现买方所订购的货物不适应买方所要求的特殊用途时，将此种情况告知了买方，而买方仍然坚持订购，但事后证明货物不符合买方所期望的要求，则属买方不信赖卖方的技能和判断力，对此，卖方可以不承担责任。所谓买方对卖方的技能和判断力的不合理的信赖，是指这种信赖超出了一个合情合理的人应该对卖方的信赖程度。

知识链接

当卖方已明确向买方表示其对买方所订购的货物缺乏专业知识，难以保证该货物符合买方的特殊用途时，若买方仍然对卖方的技能或判断力寄予信赖就属不合理，由此所造成的不良后果，卖方也可不承担责任。

(3)货物的质量应与卖方向买方提供的货样或说明相符。即如果是凭样成交的合同，卖方交付的货物必须具备样品本身所具备的品质；如果是凭说明成交的合同，卖方必须保证所交货物的品质符合说明；如果是既凭样品又凭说明成交的合同，则卖方所交货物必须与二者相符方完成其品质担保义务。

所交货物应按同类货物通常的方式装入容器或包装，如果无此种通常方式，则应按照足以保全或保护货物的方式装进容器或包装。所谓通常方式，一般是指与国际上同类货物交易中普遍采用的惯常方式以及双方之间建立的习惯做法相一致。

我国《合同法》对合同中当事人没有就标的物的质量或包装要求加以规定或者规定不明确，卖方应如何履行品质担保义务的问题的规定，与《销售合同公约》上述规定有较大的差异。按照我国《合同法》的规定：若当事人在合同中就标的物的质量要求没有约定或者约定不明确的，首先应当按照我国《合同法》第六十一条的规定加以确定；若按照第六十一条仍不能确定时，应按照国家标准确定；若没有国家标准，就应按照行业标准确定；若国家标准、行业标准均没有时，就应按照通常标准或者符合合同目的的特定标准确定，即应按照足以保全和保护货物的方式包装。

2. 卖方对货物品质担保的责任期限

根据《销售合同公约》第三十六条的规定，只要卖方交付的货物在该货物风险已转移于买方的时候符合合同的要求，卖方就算是履行了义务。如果在风险转移于买方之后，货物出现变质或损坏情况致使与合同要求不符时，卖方可以不承担责任。

3. 卖方有权在交货期限届满前对货物实行补救

根据《销售合同公约》第三十七条的规定，如果卖方在交货日期届满前交付了货物，若其交付的货物存在与合同不符的情况，只要卖方能在合同规定的交货期限届满前实行补救，买方就不能拒收货物。但卖方在行使补救的权利时，如果给买方造成了损害，买方可以要求损害赔偿。

关于此点，包括中国在内的大多数国家的法律均有类似的规定。

4. 卖方交货时的免责范围

根据《销售合同公约》第三十五条、第三十八条、第三十九条的规定，卖方在下述三种情况下，可以免除对其所交货物不符合合同规定的责任：

(1)如果在订约时，买方已对合同标的物进行了检验，卖方对买方知道或不可能不知道货物不符合合同的，不负任何责任。所谓不可能不知道，一般是指无须核查，用肉眼即可发现的事情；或者货物的瑕疵在检验单证上已有明确的说明，而该检验单证是在订约前就交给了买方；或者卖方对货物的瑕疵已做了较详尽的说明；等等。

(2)如果买方未在规定的期限内检验货物，一旦货物超过了规定的检验期限，即使发现货物与合同不符，卖方也可以不承担责任，除非合同另有相反规定。

(3)如果买方在发现或理应发现货物不符情形后，未按约定的时间，或未有约定期限而没有在合理的期限内，或任何情况下买方未在实际收到货物之日起 2 年内将货物不符合合同情形通知卖方，卖方也可免除对货物品质承担担保的责任，除非特别担保期限超过了 2 年。

值得特别说明的是，上述免责范围第(2)项、第(3)项是建立在卖方不知道或不可能知道所交货物与合同不符的情况之下的，如果卖方交货时已知道或不可能不知道所交货物不符合合同，且又没有将货物不符合合同这一事实告知买方时，卖方就不能援引上述第(2)项、第(3)项的免责条款。因为，如果卖方在买方不知情的场合下交付其已明知违约的货物，且事后又不将该违约事实及时通知买方的话，这实际上已构成欺诈行为，而对于施行欺诈行为者，当然应责成其对自身的行为负责。

二、买方的义务

《销售合同公约》第五十三条规定：买方必须按照合同和本公约规定支付货物价款和收取货物。

(一)买方支付货款的义务

按规定支付货款是买方的首要义务，各国法律对此都做出了明确的规定。例如，《法国民法典》第一千六百五十条规定：买方的主要义务是按照买卖合同规定的时间及地点支付价金；《德国民法典》第四百三十三条规定：买方对卖方负有支付其约定的价金及受领买得物的义务；《英国货物买卖法》第二十七条规定：买方有义务按合同的规定接受货物和支付货款；《美国统一商法典》第二编第五百一十三条规定：除双方当事人另有约定外，买方在交付货款和接受货物之前，有权对货物进行检验；我国《合同法》第一百五十九条至第一百六十一条规定了买方应当按照约定的数额、地点和时间支付价款。

知识拓展

《销售合同公约》对买方按规定支付货款的义务的规定比许多国家的法律规定更加详细、具体和可行。该公约从第五十三条至第五十九条均是对买方支付价款及其有关问题所做的规定。

1. 买方必须按约定支付货物价款

根据《销售合同公约》第五十三条的规定，凡合同中对支付货物价款有规定的，买方就必须严格按照合同的规定支付约定的货物价款和收取约定的货物；如果合同中对支付货款的某些事项未做出明确规定，则按公约的有关规定办理；如果合同的有关规定与公约的规定发生冲突，只要合同是依法成立的，双方当事人必须以合同的规定为依据，履行合同所规定的有关权利与义务。但无论如何，按规定支付合同价款是买方的基本义务。

2. 买方必须履行必要的付款手续

国际贸易中的付款程序比国内贸易的付款程序要复杂得多，并且往往还涉及外汇的使用和有关支付的国际惯例问题。如果买方不及时履行必要的付款手续，届时就有可能使付款落空，所以，《销售合同公约》第五十四条特别对此问题做出了如下规定：买方支付价款的义务包括履行合同或任何有关法律和规则规定的步骤和手续，以便支付价款。也就是说，按规定履行必要的付款手续是买方支付货款义务的一个组成部分，如果买方没有办理各种必要的手续使货款无法支付，就构成了违约。在此种违约情况下，卖方可以规定一段合理的额外时间，让买方履行其付款义务。当然，如果买方未按规定办理必要的付款手续（如申请开立信用证或办理银行保证函等），其本身就已构成根本违约，卖方就无须给买方一段合理的额外时间让其履行义务，可以立即宣告撤销合同并索赔。

3. 在价格待定合同中买方的付款义务

在依法成立的买卖合同中，如果已规定了货物的价格或规定了确定价格的方法，则买方必须按合同规定的价格支付货款。但是，如果合同没有明示地规定价格或规定如何确定价格的方法，则在没有任何相反表示的情况下，依据《销售合同公约》第五十五条的规定，双方当事人应视为已默示地引用订立合同时此种货物在有关贸易的类似情况下销售的通常价格。也就是说，买方应按照订约时货物的通常价格支付货款。

所谓通常价格，一般是指在承诺生效时合同标的物在类似情况下销售的平均价格。如果合同标的物是一种没有其他人销售的商品，法院或仲裁庭可根据合同的具体情况并参考卖方所提出的“通常出售价格”进行裁决。

《销售合同公约》的上述规定与有些国家的法律规定是不一致的。例如，《德国民法典》规定：如果双方在订约时没有规定价金，而依市价确定价金，则应按清偿时清偿地的市价为标准；英、美等国的法律也规定：如果买卖合同中没有规定货物的价格或确定价格的方法，一般应按交货时的合理价格来确定货价；日本、法国等国的法律规定与《德国民法典》的上述规定相类似。

知识拓展

我国《合同法》规定：若当事人在合同中对价款没有约定或者约定不明确的，首先应当按照我国《合同法》第六十一条的规定加以确定；若按照第六十一条仍不能确定时，除依法由政府定价的以外，应按照订立合同时履行地的市场价格确定。若依法应当执行政府定价或者政府指导价的，在合同约定的交付期限内政府价格调整时，按照交付时的价格计价。逾期交货的，遇到价格上涨时，按照原价格执行；价格下降时，按照新价格执行。逾期提取标的物或者逾期付款的，遇到价格上涨时，按照新价格执行；价格下降时，按照原价格执行。我国《合同法》中按照订约时履行地的市价确定价款的规定，是完全借鉴了《销售合同公约》的规定而做出的。

另外，根据《销售合同公约》第五十六条的规定，在按重量计价的合同中，如果合同未具体规定买方是按净重还是按毛重支付货价，则买方应该按货物净重支付货款。但这一规定是在就合同的标的物的计量方法产生疑问时才适用，如果当事人在合同中采用了有关惯例或当事人业已同意的习惯做法中能够确定上述计量方法，则不适用《销售合同公约》的上述规定。

4. 买方付款的地点

在国际贸易中，明确规定支付货款的地点是十分重要的。因为在支付问题上存在汇付费用及外汇管制和其他一些意外风险等原因，买卖双方都可能希望在自己的营业所在地清偿货款。然而，各国法律对此规定又不太一致，为此，《销售合同公约》特制定第五十七条，试图统一该问题。按其规定，当买卖合同中没有规定支付方式和支付地点，或者当事人之间业已同意的惯例或确立的习惯做法中也没有明示买方支付价款的地点时，买方应在下列地点向卖方支付货款：

(1)在卖方的营业所在地付款，如果卖方有一个以上的营业地，买方应在与该合同及合同的履行关系最为密切的那个营业地向卖方清偿货款；如果卖方没有营业地，买方应在卖方惯常居住地支付货款。

(2)如果是凭移交货物或单据支付货款，买方则应在卖方移交货物或单据的地点支付货款。

按照当今国际贸易的通常做法，如果采用信用证付款方式，卖方通常是向设在其营业地或货物出口地的议付银行提交装运单据，经议付银行确认单证相符后，由议付银行向卖方支付货款；如果采用银行跟单托收的支付方式，卖方一般通过托收银行在买方的营业地点或进口地点向买方提交有关装运单据，凭单收取货款。国际贸易中的这一通常做法与《销售合同公约》中的规定是一致的。

我国《合同法》规定：若当事人在合同中对价款的支付地点没有约定或者约定不明确，首先应当按照我国《合同法》第六十一条的规定加以确定；若按照第六十一条仍不能确定，则按照《销售合同公约》上述规定确定履行地。

另外，按照《销售合同公约》第五十七条和大多国家的法律规定，如果卖方的营业地点在订约后发生了变动，若由此而引起支付方面费用的增加，则其增加的开支应由卖方承担。

5. 买方付款的时间

根据《销售合同公约》第五十八条的规定，买方付款的时间如下。

(1)如果买卖合同对买方的付款时间有规定，买方应按有关规定按时付款；如果合同对买方的付款时间没有做出规定，买方必须于卖方按照合同或其他有关规定将货物或控制货物处置权的单据交给买方处置时支付价款。如果买方不按上述规定支付价款，卖方可以拒绝移交货物或货物单据；反之，如果卖方不按规定将货物或单据交给买方，买方也没有义务支付价款。

(2)如果合同涉及货物的运输，在没有特殊规定(如赊销)或其他相反规定的情况下，当卖方将货物交给第一承运人换取有关控制货物处置权的单据，并将该单据交给买方时，买方应支付货款。

(3)买方在无机会检验货物之前，没有义务支付货款。但如果买方在付款之前要求对货物进行检验的权利与双方约定的交货或付款程序相抵触时，买方就无权要求在付款前先检验货物。《销售合同公约》此项规定与《美国统一商法典》第二编第五百一十三条的规定基本一致。该公约之所以要做如上规定，是因为在当今国际贸易中，多数情况是卖方凭装运港的检验证书作为议付货款的凭证，待货物到目的港后，买方对货物进行复检，如果发现货物与合同不符，买方再根据合同的规定采取相应的补救措施。所以，在凭装运单据付款的场合下，买方不能要求先对货物进行检验，然后再支付货款，而必须根据合同规定先凭卖方提交的装运单据付款。但合同若规定目的港交货或目的地交货，买方则有权在支付货款前检验货物，除非合同另有相反的规定或买方已在货物装运前进行了检验。

我国《合同法》则规定：若当事人在合同中对价款的支付时间没有约定或者约定不明确，首先应当按照我国《合同法》第六十一条的规定加以确定；若按照第六十一条仍不能确定，则买方应在收到标的物或者提取标的物单证的同时支付货款。

另外，《销售合同公约》针对大陆法系的一些国家(如法国、德国等)法律制度，于第五十九条明确规定：买方必须按合同和本公约规定的日期付款，无须卖方提出任何要求或办理任何手续。也就是说，如果买方不按时付款，无须卖方进行催告之类的手续，买方就应负延迟付款的责任。

(二)买方收取货物的义务

按合同规定收取货物也是买方的一项基本义务。买方的此义务主要有两项：

1. 应做好收取货物的准备

采取一切理应采取的行动以便卖方能交付货物是买方的一项基本义务。所谓一切理应采取的行动，是指买方必须根据合同的规定积极地采取便于卖方交货的行动。例如，在CIF条件下及时指定目的港；在FOB条件下，按合同规定及时安排有关运输事宜，以便使卖方能履行其交货义务。如果买方不按合同或合同所采用的贸易术语所规定的义务履行其职责，以致卖方无法交货或者不能按期交货，买方应承担由此而造成的全部损失。

2. 应按合同规定收取货物

如果卖方已按合同规定交付了货物，买方就有义务按合同规定收取货物。如果买方不及时收取货物，由此而造成的一切损失，应由买方承担；同时，如果买方无正当理由拒收货物，买方也必须对其行为承担全部责任。

第三节　违反买卖合同时的救济措施

一、卖方违约时买方的救济

卖方违约的行为可能是多种多样的。例如，不交货、延迟交货、提前交货、提前声明不按合同规定交货及交货与合同不符等。依据《销售合同公约》及一些国家的法律规定，如果卖方不履行合同规定和有关规定的任何义务，买方可以采取下列救济方法维护自身的利益。

(一)要求卖方实际履行合同义务

一个依法成立的合同对双方当事人都具有约束力。因此，《销售合同公约》第四十六条规定了买方可以要求卖方实际履行合同；第六十二条规定了卖方可以要求买方支付价金。这对于保护当事人的权益、促进国际贸易的发展是非常必要的。但两大法系国家在实际履行这一救济方法的规定上，分歧很大。正因为这样，《销售合同公约》中才会出现一方面规定：当一方当事人不履行合同时，另一方当事人只要不采取与实际履行这一要求相抵触的救济方法(如宣告撤销合同)，该方当事人就可以要求违约方实际履行其合同义务；另一方面又规定：当受损害方要求实际履行时，法院没有义务做出判决要求违约方实际履行合同义务，法院完全可以按法律规范判决。

(二)要求卖方交付替代物或对不符合合同的货物进行修理

根据《销售合同公约》第四十六条的规定，当卖方所交货物与合同不符时，买方可以视情况采取以下两种救济方法：

1. 要求卖方交付替代物

买方采取这一救济方法的前提条件是：卖方所交货物不符合合同的情形相当严重，构成了根本违反合同行为。如果卖方所交货物不符合合同的情形尚未构成根本违反合同行为，买方就只能要求损害赔偿或要求卖方对不符合合同的货物进行修理。

2. 请求卖方对不符合合同的货物进行修理

当卖方交付了不符合合同的货物只需卖方加以修理，即可使之符合合同的要求时，买方可以采用此项救济方法。同时，如果根据当时的具体情况，要求卖方对货物不符合合同之处进行修理的做法是不合理的，则买方可以自行修理或请第三者进行修理，所需费用或由此而造成的其他损失，可要求卖方予以赔偿。

不过，在实际做法上，当卖方所交货物与合同不符时，且该货物的缺陷属于既未构成根本违约，又不是略加修理即可符合合同要求的场合下，买方首先应要求卖方加以修理，如果由买方或第三者修理，买方应事先征得卖方的同意。如果在情况紧急之下，为了保全货物或减小损失，买方也可先对有缺陷的货物进行救济，然后将此救济措施尽快通知卖方，征求卖方的意见并要求卖方赔偿其违约所造成的损失。

知识拓展

买方在采取上述两项救济方法时，必须是在向卖方发出货物与合同不符的通知的同时或在其后一段合理时间内提出，否则，买方就有可能丧失行使上述两项救济方法的权利。

(三)给予卖方履约宽限期

依照《销售合同公约》第四十七条的规定，当卖方未按合同规定的时间履行义务时(如延迟交货等)，买方可以规定一段合理的额外时间让卖方履行其义务。对此，需掌握以下几点：

(1)当卖方延迟履行义务并未构成根本违反合同时，买方得给予卖方一段合理的额外时间，让卖方在额外时间内补救。但是，如果卖方延迟履行义务本身就构成了根本违约，买方则可以不给卖方规定宽限期，有权立即宣告解除合同。

(2)在卖方延迟履行义务，买方宣告给予卖方一段额外时间让卖方补救的情况下，买方在其所允诺的宽限期限届满前，不得采取解除合同等措施，除非卖方在宽限期内仍不履约或已声明其将不在此宽限期内履行义务。

(3)卖方如果在合理的宽限期内仍未履行义务或已声明其将不在合理的宽限期内履行义务，即使卖方延迟履行义务的行为原来并未构成根本违约，买方也有权解除合同并要求损害赔偿。

(4)即使卖方在宽限期内履行了合同义务，也并未解除其延迟履行义务所应承担的责任。如果因卖方在宽限期内才履行义务导致了买方的损害，买方仍然有权要求损害赔偿。也就是说，当卖方延迟履行义务时，买方可以并行两种权利：一是规定宽限期要求卖方履约；二是请求损害赔偿。

(5)买方在规定宽限期时，一般应做到明确与合理。所谓明确，就是指买方要给卖方明示一个具体的最后履行日期，例如，规定“自电传通知之日起 1 个月内交付货物”或“必须于 2000 年 1 月底前履行义务”等。所谓合理，就是指买方给卖方规定的宽限期要符合客观情况，要针对具体的交易情况合情合理地加以确定。

尽管在卖方延迟交货的情况下规定宽限期完全是买方单方面可行使的权利，卖方无讨价还价的余地，但是，如果宽限期规定得显失合理(例如时间太短)，则只能按照普通延迟进行处理，即卖方此项延迟履行业已构成根本违约，买方可以解除合同并索赔；反之，则只能请求损害赔偿而不能解除合同。

(6)宽限期可以由卖方先提出，买方加以确认；也可以由买方单方面指定。但如果是前者，买方则应该在收到卖方请求给予其宽限期的通知后，于合理时间内给予确认并通知卖方，否则，视为默认卖方的请求。

二、买方违约时卖方的救济

买方违约的行为也可能是多种多样的，但主要是不付款、延迟付款、无理拒收货物和延迟收取货物等。对于买方的各种违约行为，各国法律及《销售合同公约》都规定了相应的救济方法。下面重点阐述《销售合同公约》所规定的各种救济方法。

(一)要求买方实际履行其合同义务

《销售合同公约》第六十二条规定：卖方可以要求买方支付价款、收取货物或履行其他的义务，除非卖方已采取与此要求相抵触的某种救济方法。所谓卖方采取与要求买方实际履行相抵触的救济方法，通常是指撤销合同这一救济方法。

在对卖方要求买方支付价款的规定上，英国法将卖方的救济方法同所有权是否转移联系在一起，当货物所有权尚未转移于买方时，如果买方拒收货物或拒付价款，除非合同已有明确规定，否则，卖方一般无权对买方提起支付价金之诉；只有当货物的所有权已经转移于买方，卖方才能向买方提起支付价金之诉。美国法则将卖方提起价金之诉同买方是否接受货物联系在一起，当买方在接受货物之前拒付货款时，卖方首先应该行使停运权(Stoppage in Transit)，即采取停运货物或停止制造合同项下的货物，然后视具体情况而定将合同项下的货物转卖并请求损害赔偿；只有当卖方经过合理的努力仍不能以合理的价格将合同项下的货物转卖出去时，才能向买方提起支付价金之诉；当买方接受了货物而拒付货款时，则卖方有权要求买方支付约定的货款。

大陆法系各国则认为，实际履行是对不履行合同的一种主要救济方法，只要债务人(例如买方)不履行合同，债权人(例如卖方)就有权提起实际履行之诉，正因为两大法系存在着上述重大的分歧，所以，《销售合同公约》对实际履行这一救济方法做出了特别规定，即允许各国法院根据本国的法律做出是否实际履行的判决。

再则，根据《销售合同公约》第八十五条、第八十八条的规定，如果买方推迟收取货物，尚占有或控制标的物处置权的卖方，必须根据情况采取合理措施保全货物，特别是当合同项下的货物是易于迅速变质或牵涉到不合理的费用时，卖方必须采取合理的措施把货物出售。

(二)规定有限期让买方履行义务

《销售合同公约》第六十三条的规定：当买方延迟履行合同时，卖方可以规定一段合理时限的额外时间，让买方履行义务。如果买方未在或拒绝在卖方规定的合理的宽限期内履行义务，则卖方可以宣告解除合同。同时，一旦卖方宣告给予买方宽限期，则一方面卖方不能在宽限期限届满前采取任何其他救济方法，除非买方已声明将不在该宽限期内履行义务；另一方面，即使买方在卖方所给予的宽限期内履行了义务，也并未解除买方承担延迟履约的责任，卖方仍然可以要求损害赔偿。

(三)撤销合同

依照《销售合同公约》第六十四条及与此相关各条的规定，卖方可以在下列情况下解除合同：

(1)买方不履行其在合同中的任何义务，已构成根本违反合同。

(2)买方未在或拒绝在卖方给予的合理宽限期内履行义务。

卖方解除合同的声明自卖方将该声明以合理的方式向买方发出时起生效。也就是说，在上述两种情况下，合同并非自动被解除，也不是当卖方一旦宣告解除合同声明就开始生效，而是需要卖方做出解除合同的肯定声明，并且需将该声明在合理的时间以合理的方式向买方发出时，才能达到解除合同的效力。当卖方按照上述程序发出解除合同的通知后，由于传递失误导致买方未收到或延迟收到该通知，并不影响合同的解除。但是，如果买方已支付了全部价款，卖方就丧失了解除合同的权利，除非其照下列规定行事：

(1)对于买方延迟履行义务已构成根本违反合同时，卖方在知道买方履行义务前已宣告合同无效。否则，如果买方已支付了价款，卖方在知道买方的义务已被履行时，就丧失了宣告解除合同的权利。

(2)对于买方延迟履行义务以外的任何违反合同的情形，卖方必须在其知道或理应知道根本违约情形后的一段合理时间内宣告解除合同，否则，卖方也将丧失宣告解除合同的权利。

上述所谓买方已支付价款，是指买方已全部付清价款。在买方已支付了部分价款但尚未付清全部价款之前，卖方仍未丧失解除合同的权利。当然，在分期付款的合同中，只要到期支付的款项已全部付清，卖方原则上也不能宣告解除合同。对于今后各期付款有缺陷时，卖方是否可提前宣告解除合同，则应视其缺陷是否已明显达到根本违反合同的程度而定。如果客观事实显示出买方将来的支付成为不可能(例如买方已破产)或买方已明示将不履行今后各期的付款义务，卖方才有权提前宣告合同解除。

一旦合同被卖方有效解除，双方当事人必须注意如下几点：

(1)已全部或部分履行合同的一方，可以要求另一方归还其按照合同供应的货物或支付的价款；如果双方都需归还，则双方必须同时这样做。

(2)宣告解除合同，解除了双方在合同中的义务，但对于应负责任的任何损害赔偿仍应由责任方负责。

(3)宣告解除合同，不影响合同中关于双方在宣告合同解除后的权利和义务的任何其他规定。

我国《合同法》在本问题上的规定与《销售合同公约》上述规定的不同之处主要有两点：

一是我国《合同法》规定，合同的权利与义务终止后，当事人应当根据交易习惯履行通知、协助和保密等义务，并且合同自通知到达对方时解除，而并非自通知发出时解除。

二是我国《合同法》规定，当分期付款的买方未支付到期价款的金额达到全部金额的五分之一时，卖方可以要求买方支付全部价款或者解除合同。

第四节 货物所有权与风险的转移

一、货物所有权的转移

所谓货物所有权的转移，是指货物的所有权从卖方转移给买方的行为。在当今国际贸易中，货物所有权从何时起由卖方转移于买方，是关系到买卖双方当事人的切身利益的问题。

第一，它牵涉有关破产清算问题。按照许多国家破产法的有关规定，一旦货物的所有权转移于买方，而买方又是在付款前破产，那么卖方就只能以普通债权人的身份参与破产财产的分配，除非卖方在货物所有权上设定了某种担保权益。相反，如果在买方已支付了货款，但货物所有权尚未转移于买方之前，卖方一旦破产，买方也只能以普通债权人的身份参与破产财产的分配。在上述两种情况下，债权人都有可能不能完全收回债权。

第二，由于有些国家(例如英国和法国)的法律尚将所有权转移同风险转移联系在一起，认为货物的风险是随着货物的所有权的转移而转移的，即一旦货物的所有权由卖方转移于买方，货物的风险也随之由买方承担，因此，它又牵涉货物风险转移的问题。然而，这种将货物所有权与风险联系在一起的做法，已在一定程度上不适应当今国际贸易发展的要求，特别是在当今国际贸易多以定型的贸易术语成交的场合下，就更显得多余，乃至引起不必要的法律冲突与麻烦。所以，许多国家已扬弃了英、法等国上述传统的观念，不太强调所有权转移的问题，认为货物所有权的转移在当今国际货物买卖中只起到较小的作用。尽管如此，由于货物所有权牵涉上述破产清算等问题，所以它仍然显得比较重要。

我国《合同法》则明确规定：标的物所有权自标的物交付时起转移，但法律、行政法规或者当事人另有约定的除外；同时，在出售具有知识产权的计算机软件等标的物时，除法律另有规定或者当事人另有约定外，该标的物的知识产权不属于买方。

知识拓展

由于各国法律对于所有权转移问题的规定差异甚大，不太容易实行统一，所以《销售合同公约》第四条明确规定：公约不涉及买卖合同对所售货物所有权可能产生的影响。事实上，在当今国际贸易中就普通货物买卖合同而言，货物的风险转移要比货物所有权转移更加重要。

二、货物风险的转移

“风险”是一个法律术语，指的是货物所发生的意外损失，如盗窃、火灾、损害、毁灭及不属正常损耗的变质等。货物的损失在各种情况下（诸如装运时、运输途中、卸货时、检验过程中、买方接受货物后于持有货物途中等）都有可能发生。在国际货物买卖中，风险转移直接涉及买卖双方的基本权益，并关系到由哪一方承担风险责任的重要问题。因此，《销售合同公约》对货物的风险转移问题分别针对不同情况做出了比较具体的规定。

（一）货物风险转移后的后果

根据《销售合同公约》第六十六条的规定，货物在风险转移到由买方承担后，若有遗失或损坏，买方不能解除支付价款的义务，除非那种遗失或损坏是由于卖方的作为或不作为造成的。具体来说，风险转移的时间是货物在装运港装船平安越过装运船只船舷时起，由卖方转移于买方。也就是说，货物在平安越过装运港、装运船只的船舷之前的风险由卖方承担，平安越过装运港、装运船只船舷之后的风险则由买方承担；在产地交货合同中，货物的风险从卖方在产地将货物交给买方支配时起转移于买方；在目的地交货合同中，货物的风险从货物运抵目的地交给买方支配时起转移于买方等。一旦风险转移到了买方，即使货物发生灭失或损害，买方仍有义务支付价款。但如果货物的损害是由于卖方的作为或者不作为而造成的，即使货物的风险已转移于买方，只要货物的损害或灭失业已构成根本违反合同的程度，买方仍可解除合同并索赔。

（二）货物涉及运输的风险转移时间

根据《销售合同公约》第六十七条的规定，如果销售合同涉及货物的运输，并且当事人没有通过采用贸易术语或其他方式叙述风险划分原则时，货物风险移转的时间是：

(1)如果合同中没有规定卖方在某一特定地点交付货物，则自卖方按照销售合同将货物交付给第一承运人以转交给买方时起，风险就转移于买方承担，至于日后该项货物是否需经第二承运人乃至第三承运人续运至目的地，一般应由买方自行安排，并由买方承担风险。由此可见，如何判断承运人是否是第一承运人就显得十分重要。这里所指的第一承运人，一般是指能起合同项下货物交付作用的承运人。如果卖方利用自己的运输工具或雇请不发生货物交付作用的承运人将货物从产地或其他地方运至能起货物交付作用的装运地，则不能算是第一承运人，因此，其货物风险在交给第一承运人前当然也不发生转移。

(2)如果合同中规定了卖方须在某一特定地点把货物交付给承运人，则在货物于该特定地点交付给承运人之前，风险不发生转移。在此，这个处于特定地点的承运人可能是第一承运人，也可能是第二或第三承运人。这时的卖方只有满足合同所规定的要求时，风险才发生转移。

(3)在任何情况下，货物在未划归于合同项下之前，风险不转移于买方。将货物确定在合同项下的行为，包括在货物上加上标记、取得装运单据或以其他方式清楚地将货物注明在合同项下。

卖方被授权保留控制货物处置权的单据，不影响风险的转移。在国际贸易中，没有收到价款的卖方，通常作为一种担保而保留装运单据，直至买方按约定支付了价款为止。这一情况若根据有些国家(例如英国)的法律规定，由于该货物的所有权尚未转移于买方，因而风险也不发生转移。《销售合同公约》扬弃了英国法上述的规定，其有关规定与美国、德国、日本、瑞典和中国等大多数国家的国内法和国际惯例的规定一致。

(三)其他情况下货物风险转移的时间

《销售合同公约》第六十九条规定了在下述两种情况下货物风险转移的时间。

(1)如果买方有义务到卖方的营业地接收货物，则：

①风险自卖方在合同规定的交货时间内，把货物交给买方时起转移到买方。

②如果卖方在合同规定的交货时间内，已将货物按要求划归合同项下，但买方没有按规定的时间去接收，则风险从买方不收取货物，从而违反合同时起转移于买方承担。例如，一项买卖合同规定买方需于 1 月到卖方的仓库提取约定数量的货物，如果卖方在 1 月将货物按要求已划归合同项下，以备买方提货，但买方直至 1 月 31 日尚未去提货，2 月 1 日发生火灾使该合同项下的货物被烧毁。在此种情况下，该项货物因火灾而导致的损失需由买方承担。

(2)如果买方有义务在卖方营业地以外的某一地点接收货物时，当交货时间已到而买方知道货物已在该地点交给其处置时起，该货物风险转移给买方承担。所谓“交给买方处置”，通常是指卖方将货物划拨于合同项下，完成交货的准备工作并通知了买方等行为。上述规定适用于买卖双方均知道合同标的物在第三方经营的仓库存放的一切合同。例如，一个 3 月份目的港码头交货的合同中，当卖方按合同要求将货物于 3 月 10 日运抵目的港，且货物于当日在目的港通常卸货地点卸了货，同时货到目的港前，卖方已通知了买方该货物到达目的港的时间及装运船只的名称，买方也已收到该通知，并且，还及时知悉装运船只已抵达目的港的消息。事后，由于发生了暴动，货物在卸货存仓后于买方接收前被暴民所抢而灭失，这时，即使买方收取货物并未逾期，但由于货物的风险已转移于买方，故该项损失应由买方承担。

导入案例分析

(1)不成立。

已装船提单是在货物已经实际装船以后签发的提单。但在本案中，承运人签发的提单实质上符合已装船提单的特征，是一份已装船提单。

(2)属于签发了预借提单。由于提单是在货物未开始装船或未全部装船的情况下签发的。

(3)应由卖方承担，因为在CIF术语下，货物在运输途中的一切风险归于卖方，买方及保险人不对此承担责任。

(4)根据《联合国国际货物销售合同公约》第七十四条的规定，赔偿范围应为买方的全部实际损失，外加预期利润。

本章小结

通过对本章的学习，可以帮助读者了解国际货物买卖合同的基本知识，了解买卖双方的义务，并掌握违反合同时的救济措施。

拓展阅读

国际贸易惯例

国际贸易惯例是国际货物买卖法的一个重要渊源。在国际货物买卖中，如果双方当事人在合同中规定采用某项惯例，它对双方当事人就具有约束力。在发生争议时，法院和仲裁机构也可以参照国际贸易惯例来确定当事人的权利与义务。关于国际货物买卖的国际惯例主要有以下几种：

(1)国际商会制定的《国际贸易术语解释通则》(INCOTERMS)。该通则制定于1935年，1953年做了修订，近年来为了适应国际货物运输方式的变化和电子技术的发展，又于1980年和1990年做了两次修改。现行的文本是1990年修订本。该通则在国际上已被广泛承认和采用，我国在外贸业务中也大量使用。

(2)国际法协会1932年制定的《华沙—牛津规则》。该规则是针对CIF合同制定的，它对CIF合同中买卖双方所应承担的责任、风险与费用做了详细的规定，在国际上有相当大的影响。

(3)国际商会制定的《跟单信用证统一惯例》(1993年修订本)和《托收统一规则》。这是两项有关国际贸易支付方面的重要惯例，它们确定了在采用信用证和托收方式付款时，银行与有关当事人之间的权利与义务，在国际上有很大的影响，我国在外贸业务中也普遍使用。

此外，还有一些惯例，此处不一一列举。

本章习题

一、选择题

1. 在(　　)的国家，买卖法通常作为民法典的一部分，在债篇中加以规定。

A. 大陆法系民商合一　　　　B. 大陆法系民商分立

C. 英美法系　　　　D. 所有

2. 以下表述错误的是(　　)。

A.《联合国国际货物销售合同公约》的宗旨是：以建立新的国际经济秩序为目标，在平等互利的基础上发展国际贸易，促进各国间的友好关系

B. 罗马国际统一私法协会制定的关于国际货物买卖方面的两个海牙公约在理论和实践中存在的一个缺陷是缺乏对发展中国家利益的考虑

C. 经由拍卖的销售可以适用《联合国国际货物销售合同公约》

D.《联合国国际货物销售合同公约》不适用于合同对所销售货物所有权可能产生的影响

3. 根据《联合国国际货物销售合同公约》的规定，对于正在运输中的货物进行交易，货物的风险从何时由卖方转移到买方？(　　)

A. 卖方交货时　　　　B. 买方收取货物时

C. 合同成立时　　　　D. 货交第一承运人时

二、填空题

1. 国际货物买卖合同，指营业地位于不同国家的当事人之间订立的转移__________的协议。

2.《销售合同公约》在确定其使用范围时，是以当事人的营业场所处于不同国家为标准的，对当事人的__________不予考虑。

3. 所谓__________，是指货物的所有权从卖方转移给买方的行为。

三、简答题

1. 什么是国际货物买卖合同？

2. 国际货物卖方的义务是什么？

3. 国际货物买方的义务是什么？

4. 货物转移的风险是什么？

四、案例题

买方中国公司与卖方英国公司于2013年5月14日签订了2项合同，规定卖方向买方供应某货8 000吨，交货期为2013年7—12月按月份分批交货，装货口岸为汉堡、鹿特丹、安特卫普，由卖方选择。成交以后，买方于2013年6月7日主动提前开出了信用证。此后，买方于2013年6—11月7次电函催促卖方发货。卖方在其4次答复中提到其供货人未能交货并对迟延发出通知表示歉意。2013年11月13日卖方致函买方，以英镑贬值为由，要求提高合同价格，买方未接受这一要求。合同终于2014年4月、5月部分履行；卖

方仍希望买方提高合同价格，买方未同意。2015 年 11 月 16 日买方函告卖方，声明收到该函告后 45 天内如果再不履行交货义务，即提请仲裁，要求赔偿损失。卖方复函，由于买方 2013 年 6 月 7 日开立的信用证已过期，后来又未开立新的信用证，因此解除了卖方的交货义务。

买方于 2016 年 5 月 20 日向中国国际贸易仲裁委员会提交仲裁申请书，要求卖方赔偿买方的损失，即按照 2014 年 6 月 29 日市场价格与合同价格的差价计算共 748 000 英镑，并要求卖方承担仲裁的一切费用。

买方中国公司的请求是否正当？

测试题

选择题

测试题

判断题

第六章

国际货物运输法

知识要点

1. 了解国际货物运输的含义；
2. 熟悉国际货物运输的方式；
3. 掌握国际货物海上运输法、国际货物航空运输法及国际货物铁路运输法的主要内容。

核心概念

国际货物海上运输　国际货物航空运输　国际货物铁路运输

情境导入

中国纯京公司与美国美华公司于2015年10月20日签订购买52 500吨化肥的CFR合同。纯京公司开出信用证规定，装船期限为2016年1月1日至1月10日，由于美华公司租来运货的“顺风号”轮在开往某外国港口途中遇到飓风，结果装货至2016年1月20日才完成。承运人在取得美华公司出具的保函的情况下，签发了与信用证条款一致的提单。“顺风号”轮于1月21日驶离装运港。纯京公司为这批货物投保了水渍险。2016年1月30日“顺风号”轮途经巴拿马运河时起火，造成部分化肥被烧毁。船长在命令救火过程中又造成部分化肥湿毁。由于船在装货港口的延迟，使该船到达目的地时正遇上了化肥价格下跌，纯京公司在出售余下的化肥时价格不得不大幅度下降，造成很大损失。

案例思考：

(1)途中烧毁的化肥损失属什么损失，应由谁承担？为什么？

(2)途中湿毁的化肥损失属什么损失，应由谁承担？为什么？

(3)纯京公司可否向承运人追偿由于化肥价格下跌造成的损失？为什么？

第一节 国际货物运输概述

一、国际货物运输的含义

国际货物运输是指采用一种或多种运输方式，把货物从一国的某一地点运至另一国的某一地点的运输过程。作为国际服务贸易的一部分，国际货物运输随着国际贸易的发展而日显重要。通常认为，国际货物运输与国际货物买卖有着密切的关联。由于国际货物买卖的当事人双方的营业场所位于不同国家，卖方要履行国际货物买卖合同就需要通过国际货物运输将货物按合同要求交给买方。因此，国际货物运输是国际货物买卖的必然要求，亦是实现国际货物买卖的必备手段。虽然国际货物运输是国际货物买卖活动的有机组成部分，但它又相对独立于后者，它是一种在国际货物承运人与托运人及收货人之间发生的法律关系。这种法律关系往往要通过国际货物运输合同来表现并完成。

二、国际货物运输的方式

国际货物的运输方式有很多，其中包括海洋运输、铁路运输、航空运输、河流运输、邮包运输、公路运输、管道运输、大陆桥运输以及由各种运输方式相组合的国际多式联运等。各国际运输服务公司的经营，多以某一种或多种运输方式为主，较常见的是海运或空运，并辅以其他运输方式，从而实现服务范围较大化覆盖。现将常用的几种方式加以简略介绍。

(一)海洋运输

在国际货物运输中，运用最广泛的是海洋运输(Ocean Transport)。

目前，海运量在国际货物运输总量中占80%以上。海洋运输之所以被如此广泛地采用，是因为它与其他国际货物运输方式相比，有下列明显的优点：

(1)通过能力大。海洋运输可以利用四通八达的天然航道，它不像火车、汽车受轨道和道路的限制，故其通过能力很大。

(2)运量大。海洋运输船舶的运输能力远远大于铁路运输车辆。如一艘万吨船舶的载重量一般相当于250～300个车皮。

(3)运费低。按照规模经济的观点，因为运量大，航程远，分摊于每货运吨的运输成本就少，因此运费相对低廉。

海洋运输虽有上述优点，但也存在不足之处。例如，海洋运输受气候和自然条件的影响较大，航期不易准确确定，而且风险较大。此外，海洋运输的速度也相对较慢。

(二)铁路运输

在国际货物运输中，铁路运输(Rail Transport)是运量仅次于海洋运输的运输方式，海洋运输的进出口货物，也大多是靠铁路运输进行货物的集中和分散的。

铁路运输有许多优点，一般不受气候条件的影响，可保障全年的正常运输，而且运量较大，速度较快，有高度的连续性，运转过程中可能遭遇的风险也较小。办理铁路货运手续比海洋运输手续简单，而且发货人和收货人可以在就近的始发站(装运站)和目的站办理托运和提货手续。

(三)航空运输

航空运输(Air Transport)是一种现代化的运输方式，它与海洋运输、铁路运输相比，具有运输速度快、货运质量高且不受地面条件的限制等优点。因此，它最适宜运送急需物资、鲜活商品、精密仪器和贵重物品等。

(四)公路、内河和邮包运输

1. 公路运输

公路运输(Road Transportation)是一种现代化的运输方式，它不仅可以直接运进或运出对外贸易货物，而且也是车站、港口和机场集散进出口货物的重要手段。

2. 内河运输

内河运输(Inland Water Transportation)是水上运输的重要组成部分，它是连接内陆腹地与沿海地区的纽带，在运输和集散进出口货物过程中起着重要的作用。

3. 邮包运输

邮包运输(Parcel Post Transport)是一种较简便的运输方式。各国邮政部门之间订有协定或合约，通过这些协定或合约，各国的邮件包裹可以相互传递，从而形成国际邮包运输网。由于国际邮包运输具有国际多式联运和“门到门”运输的性质，并且手续简便，费用也不高，故其成为国际贸易中普遍采用的运输方式之一。

第二节　国际货物海上运输法

一、国际货物海上运输的立法

国际货物海上运输具有运量大、成本低的优点，目前正承担着国际贸易总量80%以上的货物运输，是国际货物运输中最重要的方式。国际货物海上运输具有悠久的历史，在该领域很早就形成了有关国际货物运输合同各方当事人权利与义务的法律、惯例和国际公约，而关于其他运输方式的法律制度都是在前者的基础上发展起来的。

世界上大多数国家都制定了海商法来调整国际货物海上运输关系。但各国的立法方式和内容各有不同，并形成了不同的海商法体系，主要有：

（1）法国法系（法国、希腊、罗马尼亚、土耳其、埃及、意大利、西班牙、葡萄牙、墨西哥、阿根廷和乌拉圭等）。

（2）德国法系（德国、日本、斯堪的纳维亚各国和芬兰等）。

（3）英美法系（英联邦各国和美国等）。

（4）新法系（比利时、荷兰、摩洛哥、俄罗斯和中国等）。

各国海商法的不统一给国际航海贸易带来诸多不便。因此，国际社会通过召开各种外交会议谋求制定相关的国际公约来减少各国海商法的差异。从实践来看，目前适用较普遍和较广泛的国际公约主要有：1910 年《海上救助公约》、1972 年《国际海上避碰规则》、1924 年《关于统一提单的若干法律规则的国际公约》（以下简称《海牙规则》）、1968 年《关于修改统一提单的若干法律规则的国际公约的议定书》（以下简称《维斯比规则》）、1978 年《联合国货物海上运输公约》（以下简称《汉堡规则》）、1957 年《船舶所有人责任限制统一公约》等。这些公约把国际货物海上运输中的某些重要问题，特别是技术性较强的问题统一起来，对国际贸易的发展起了重要的促进作用。此外，1980 年经 84 个国家讨论通过的《联合国国际货物多式联运公约》、1991 年经 41 国代表通过并开放签字的《联合国国际贸易运输港站经营人赔偿责任公约》，虽未生效，但在贸易界和运输界已产生一定影响。

由于各国的经济、政治条件不同，要实现海上运输法，特别是涉及货物承运、托运双方权利义务方面的法律规范的完全统一并非易事。此外，长期以来在航海贸易中所形成的一些特例和规则以及航海贸易当事人之间所制定的标准合同，对调整国际货物海上运输关系也起了一定的作用。

知识拓展

1992 年 11 月 7 日，第七届全国人民代表大会常务委员会第二十八次会议通过《中华人民共和国海商法》，于 1993 年 7 月 1 日起施行。该法共 15 章 278 条，是从我国国情出发，以我国四十多年的海运和经贸实践为基础，吸收了国际通行的国际公约和航运惯例的内容，并适当考虑了国际海运立法的发展趋势而制定的。其中“货物海上运输合同”一章的各项规定仅适用于国际海上运输业务，而不适用于我国国内各港口之间的货物海上运输业务。

二、国际货物海上运输的方式

视频

班轮运输概念

国际货物海上运输依营运方式不同，通常划分为班轮运输和租船运输。

（一）班轮运输

班轮运输（Liner Transport），也称定期运输，是指托运人将一定数量的货物交由承运人，承运人将众多托运人的货物统一按固定航线、船期、港口和运费进行的运输。班轮运输通常适用于数量少、交接港口分散的零货、杂货，因此，又称件杂货运输。由于班轮运输合同多以提单为表现形式，故班轮运输又称提单运输。班轮运输是货物海上运输中使用最为广泛的一种方式。

(二)租船运输

租船运输(Carriage by Charter)，又称不定期船运输(Tramp Shipping)，指将船舶的全部、部分或指定舱位出租给承租人而从事的货物运输。这种运输没有固定的航线、船期、港口和运费，运费或租金随行论价。租船运输一般适用于批量大、货种单一、交货港口集中的大宗货物的运输。

依据租船方式不同，又可分为航次租船和定期租船。

航次租船(Voyage Charter)，指承租人租用船舶的全部、部分或指定舱位，将约定货物运抵指定港口的运输。

定期租船(TW Charter)，指承租人租用了由出租人配备船员的船舶，在约定期间内按照约定用途从事的运输。

三、国际货物海上运输合同

案例

国际货物运输法

国际货物海上运输合同是指由托运人与承运人订立的，由承运人使用船舶将货物经海路从一国港口运至另一国指定港口并交付收货人，由托运人支付运费的协议。依前述运输方式，国际货物海上运输合同主要为班轮运输合同和租船运输合同。在班轮运输合同中，合同当事人主要是托运人和承运人，合同所涉提单对提单持有人或收货人均有约束力；租船运输合同的当事人主要是出租人和承租人。从一般意义上讲，班轮运输用提单调整承运人和托运人之间的关系；租船运输通过租船合同调整出租人和承租人之间的关系。

班轮运输合同，又称杂货运输合同，是托运人与承运人就杂货运输达成的协议。班轮运输合同签订后，承运人接收货物，据以签发提单。于是，托运人与承运人之间、收货人或者提单持有人与承运人之间的权利和义务，均以提单为准。当然，提单只是运输合同的证明而非运输合同本身(关于提单的内容，见后述)。提单由承运人单方签发，要受有关提单运输的专门法规或国际公约的调整。

租船运输合同是指船舶出租人将船舶的全部、部分或指定舱位出租给承租人运输货物，承租人向出租人支付运费或租金的合同。根据租船方式不同而订立的租船合同可分为航次租船合同和定期租船合同。租船运输当事人的权利和义务、风险与责任、费用与负担等，均由合同加以规定。

知识拓展

各国法律一般都允许双方当事人自由商定租船合同的条款，不受有关提单运输的法律或国际公约的管辖。但是，如果在有租船合同的情况下，船长在收到货物之后，给托运人签发了提单，则这种提单仍需受有关提单运输的法律或国际公约的管辖。

四、提单

(一)提单的定义

《汉堡规则》第一条规定：提单(Bill of Lading，B/L)是一种用以证明海上运输合同和货物已由承运人接管或装船，以及承运人保证凭以交付货物的单证。《中华人民共和国海商法》第七十一条做了几乎同样的规定："提单，是指用以证明货物海上运输合同和货物已经由承运人接收或者装船，以及承运人保证据以交付货物的单证。"上述规定明确了提单的三种功能，或者说阐明了提单的作用。

1. 提单是承运人与托运人订有货物海上运输合同的证明

提单是体现承运人与托运人权利与义务关系的基本文件，提单一经签发就对双方当事人产生法律约束力。关于提单是海上运输合同本身还是运输合同的证明是有争议的。多数意见认为提单只是运输合同的证明。因为运输合同是双方在托运人交货之前就达成的协议，而提单则是在承运人收到货物后单方面签发的，如果提单和运输合同存有矛盾，应以合同为准。《汉堡规则》和《中华人民共和国海商法》均采用了提单是运输合同的证明这种观点。不过，从提单运输的实践看，除了提单外，很少有双方事先达成的协议存在，此时，提单既是证明存在运输合同的证据，同时本身实际也起到了运输合同的作用。

2. 提单是承运人签发给托运人的货物收据

在班轮运输中，承运人的船长或代理人向托运人签发提单，表明承运人已接管提单上所记载的货物或已将货物装船，因此，提单具有货物收据的作用。假若承运人实际收到的货物与提单上记载的内容不符，其可以提出反证。若提单转移或转让至善意的第三者收货人或提单的受让人，除提单上订有有效的"不知条款"(Unknown Clause)外，提单成为承运人按其上所记载的内容收到货物的绝对证据(Conclusive Evidence)。承运人只能就货物的短少或损害，在向收货人或提单受让人做出赔偿后，向托运人追偿。法律这样规定是为了保障善意第三者的利益，且只有这样才利于提单的流通转让。

3. 提单是代表货物所有权的凭证

依商业惯例，占有提单，在许多方面就等于占有货物。提单的合法转让或抵押等于货物的合法转让或抵押。因此，提单是一种所有权凭证。在国际贸易中，它可以作为买卖的标的物和向银行押汇的担保物。提单作为一种所有权凭证，它赋予提单持有人占有货物的权利。谁持有提单，谁就有权要求承运人交付提单项下的货物。承运人的责任是把提单项下的货物交给提单持有人，而不问提单持有人的权利来源是否正当。假如承运人把货物交给不是持有提单的人，其就得自行承担风险。

提单作为所有权的凭证，在时间上有两种限制：第一，提单的转让必须在承运人交付货物以前才有效。承运人凭正本提单中的一份交付货物，其他份则失去效力，不能再行转让；第二，提单持有人必须在货物运抵目的港一定时间内，与承运人办理提货手续，过期不提货，即可按规定作为无主货物处理，提单也就失去了所有权凭证的作用和效力。

(二)提单的内容

提单并无统一的格式，均由各航运公司自行制定。提单通常是一页纸，有正反两面。提单正面一般载有以下内容：

(1)船名和船舶的国籍。

(2)承运人的名称。

★视频

提单的正面内容

(3)装货港和目的港名称。

(4)托运人名称。

(5)收货人名称。

(6)货物的名称、标志、包装、件数、重量或体积。

(7)运费和其他应付给承运人的费用。

(8)提单签发的日期、地点和份数。

(9)承运人或其代理人或船长签字。

前六项由托运人填写，后三项一般由承运人填写。

提单的背面印有详细的运输条款，主要是规定承运人和托运人的权利与义务。提单具备了一般合同的主要以容，一经承运人签发后，便在承运人和托运人之间发生效力。

知识拓展

提单的签发份数按托运人的要求来定，通常是正本提单一式三份，每份具有同等的法律效力。承运人凭其中一份正本提单交货后，其余提单一律作废。副本提单若干份，一般注有“副本”字样，不能流通。根据国际商会跟单信用证规则的要求，卖方必须凭正本提单向买方或接买方指示行事的银行要求议付货款。

(三)提单的性质

1. 提单是要式证券

各国法律和有关国际公约一般都规定了提单必须记载的具体事项。如《日本海商法》规定提单必须记载10项内容，《海牙规则》规定要载明可供辨认的主要标志、件数、货物重量和货物的表面状况等几项内容。提单上记载的事项不全或遗漏时，一般不影响提单的法律性质，但不得遗漏法律规定必须记载的事项。

2. 提单是文义证券

提单制成后，承运人与托运人或其他提单合法持有人之间的权利与义务均按提单上记载的事项确定。

3. 提单原则上属流通证券

除记名提单不可转让外，其他大多数提单可经背书或交付连续多次地转让。不过，连续背书人不负连带责任；同时，转让人的权利如果有瑕疵，善意的受让人不能取得货物的所有权，这一点与票据流通是不同的。

(四)提单的种类

★ 视频

海运提单的种类

根据不同的标准，可以对提单做不同的分类。主要有：

(1)按货物是否已装船，分为已装船提单和备运提单。在国际货物买卖中，买方一般不接受备运提单。但在集装箱货物运输中，尤其是承运人在内陆站接收货物时，这种提单的应用较为普遍。通常的做法是，在备运提单上加注船名和装船日期，使之成为已装船提单。此外，银行付款时也要求提交已装船提单。

(2)按提单上有无对货物外表不良的批注，分为清洁提单和不清洁提单。清洁提单是指货物交运时表面状况良好，承运人在提单上未加注货损或包装不良等批注的提单；不清洁提单是指承运人加注有“包装不固”“某件损坏”等不良批注的提单。在国际货物买卖中，买方一般不愿接受不清洁提单；银行也不接受不清洁提单作为议付货款的单据，除信用证另有规定可接受外。为此，有些托运人为了便于同银行结汇，当遇到货物外表不良时，要求承运人不加批注，而由托运人向承运人出具保函，保证如因货物残损短缺以及因承运人签发清洁提单而引起的一切损失，一概由托运人负责。关于保函的效力，国际上趋向于只要不是对收货人进行欺诈，则这种保函在托运人与承运人之间有效，但对于第三者收货人不发生效力；如果属于欺诈，则承运人应对第三者收货人承担无限额的赔偿责任。我国的海事司法实践亦采用这一做法。

(3)按提单上收货人的抬头，分为记名提单、不记名提单和指示提单。记名提单是指填有特定收货人名称的提单，这种提单只限于特定收货人提货，不能转让，因此，又称不可转让提单。不记名提单是指不填写收货人名称，或仅在收货人一栏中填有“交与持票人”字样的提单，又称为持票人提单。这种提单无须背书便可转让，只要持有提单便可提货，因此，风险较大，很少被采用。指示提单是在收货人栏内只填写“凭某人指示”字样的提单。这种提单可背书转让，又称可转让提单，在实践中使用得较多。

第三节 国际货物航空运输法

一、国际货物航空运输概述

国际航空运输具有不受地面条件限制、运送便利、运输速度快、航行时间短、货物在运输途中受损率小、费用开支项目少、手续简便等优点，在国际贸易中被越来越多地使用。对于某些急需物资、鲜活商品、贵重和易损物品来说，国际航空运输是最佳运输方式。

国际航空运输通常采用班机运输和包机运输两种方式。前者是指经由客、货班机定时、定点、定线进行的运输，适用于载运数量较少的货物；后者是指包租整架班机运输货物，它适用于载运数量较大、有急需或特殊要求的货物。

二、有关国际货物航空运输的国际公约

视频

华沙公约的航空货运单的证据效力

国际货物航空运输在很大程度上要受有关国际公约的制约。目前，调整国际货物航空运输的国际公约主要有：

(一)1929年《华沙公约》

1929年《华沙公约》全称为《统一国际航空运输某些规则的公约》，共41条和1项附加议定书。该公约明确规定了航空运输承运人和旅客或货物托运人、收货人的权利和义务关

系，运输单证、索赔与诉讼等基本规则和制度。该公约目前仍是国际货物航空运输的最重要的国际公约。该公约于1933年2月13日生效，目前已有多个国家和地区参加该公约，中国已于1958年加入。

(二)1955年《海牙议定书》

1955年《海牙议定书》全称为《修订1929年10月12日在华沙签订的统一国际航空运输某些规则的公约的议定书》，共27条，1963年8月1日生效。其对《华沙公约》进行了修改，主要是简化了运输凭证的内容，提高了责任限额，删去了航行过失负责条款。目前已有90多个国家和地区参加了该议定书，中国已于1975年加入。

(三)1961年《瓜达拉哈拉公约》

1961年《瓜达拉哈拉公约》全称是《统一非缔约承运人所办国际航空运输某些规则以补充华沙公约的公约》，该公约共18条，1964年5月1日生效。根据该公约的规定，在国际航空运输中，承运人有两种：

(1)和托运人缔约运输合同的承运人。

(2)根据缔约承运人的授权具体履行运输事宜的实际承运人。

该公约补充了前两个公约的不足，明确了非缔约承运人经缔约承运人授权而办理运输时的权利和义务。目前已有66个国家加入该公约，中国尚未加入。

上述三个公约，《华沙公约》是基础，另外两个公约是对它的补充和修改，但是，每个公约又是各自独立的。

三、国际货物航空运输合同的主要内容

依据上述三个公约的规定，国际货物航空运输合同的主要内容有：

(一)航空货运单

航空货运单是订立契约、接受货物和承运条件的证明，实际上就是双方当事人所订立的国际货物航空运输合同。这种合同的当事人一方为托运人和收货人，另一方为承运人。航空货运单的正本一式三份：第一份由托运人签字后交承运人；第二份附在托运的货物上，由托运人和承运人签字后交收货人；第三份在货物收到后由承运人签字后交托运人。这三份正本合在一起构成一个完整的合同。

《华沙公约》规定，航空货运单必须包括以下内容：

(1)填单地点和日期。

(2)启运地和目的地。

(3)约定的经停地点。

(4)托运人的名称和地址。

(5)第一承运人的名称和地址。

(6)必要时应写明收货人的名称和地址。

(7)货物的性质。

(8)包装件数、方式、特殊标志或号数。

(9)货物的重量、数量、体积或尺寸。

(10)声明运输应受《华沙公约》所规定的责任制度的约束。

《海牙议定书》简化了航空货运单的内容，规定必载内容为三项：即上述第(2)项、第(3)项、第(10)项，其中，第(10)项要注明该货运单受《华沙公约》及《海牙议定书》的约束。

知识拓展

航空货运单不同于海运提单，它不是货物所有权的凭证，也不是提货凭证。因为空运速度快，通常在托运人把航空货运单交收货人之前，货物就已运到目的地，收货人只凭承运人的到货通知及有关证据提货，并在随货运到的那份航空货运单上签收即可。此外，《华沙公约》和《海牙议定书》虽然没有限制航空货运单的流通，但在实际业务中，一般都印有“不可转让”字样。

(二)承运人的权利

承运人的权利是向托运人、收货人收取费用。

(三)托运人和收货人的权利

托运人的权利为：

(1)在启运地或目的地的航空站将货物提回。

(2)在中途站要求停止运输。

(3)要求承运人在中途站或目的站把货物交付给非航空货运单上所指定的收货人，或将货物运回启运的航空站。

收货人的权利为：

(1)对货物的控制权。

(2)提货请求权。

(3)承运人无单放货时的索赔权。

(4)对货损货差的索赔权。

(四)索赔和诉讼

(1)异议的提出。《华沙公约》规定，收货人如果发现货物有损坏，最迟应在收到货物之日起 7 日内向承运人提出书面异议。如果延迟交货，最迟应在收货后 14 日内提出异议，异议必须是书面形式。只有已向承运人提出异议，方可提出诉讼。

《海牙议定书》延长了异议提出期间，分别为 14 日和 21 日。

(2)诉讼时效为 2 年。自航空器到达目的地之日，或应到达之日，或运输终止之日起算。

(3)诉讼管辖权。《华沙公约》规定原告可选择在缔约国的下列法院起诉：

①承运人住所地。

②承运人主要营业所在地。

③签订合同的机构所在地。

④目的地。

国际货物航空运输合同的条例或任何特别协议，均不得变更公约关于管辖权的规定，但当事人可在上述有协议管辖权的法院所在地进行仲裁。

第四节　国际货物铁路运输法

一、国际货物铁路运输概述

国际货物铁路运输是指两个或两个以上国家的铁路按照共同签订的公约或协定，联合完成国际贸易货物的全程运输。国际货物铁路运输是现代化的运输方式之一，已有100多年的历史。它具有运输速度较快、运载量较大、边疆性强、不易受气候条件影响、可能遇到的风险较小等特点，因此，在国际贸易货物运输中占有重要地位。

二、有关国际货物铁路运输的国际公约

国际货物铁路运输要穿越不同国家的领土，使用不同国家的铁路和运输设备，而各国铁路系统多是国有性质，这使国际货物铁路运输不可避免地带有浓重的国家参与色彩。为了加强各国的合作，简化手续，加速货物流转，降低费用，国际间通过双边或多边联运条约，规范铁路联运的规章制度。关于国际货物铁路运输的国际公约主要有《国际货物铁路联运公约》(以下简称《国际货约》)、《国际货物铁路联运协定》(以下简称《国际货协》)。

《国际货协》于1951年由苏联、阿尔巴尼亚、保加利亚和民主德国等八国在华沙签订，中国、朝鲜、蒙古和越南先后加入。《国际货协》经过7次修改，现行有效的是1974年7月1日生效的修订本。苏联解体后，其地位由俄罗斯继承，白俄罗斯、乌克兰、拉脱维亚和立陶宛等独联体国家也参加了该协定。

三、《国际货物铁路联运协定》的主要内容

《国际货协》共有5章40条，主要内容如下：

(一)运输合同的订立

《国际货协》第六条、第七条规定，收货人在托运货物的同时，应对每批货物按规定的格式填写运单和运单副本，由发货人签字后向发站提出。从始发站承运货物(连同运单一起)时起，即认为运输合同业已订立。在发货人提交全部货物和付清其所负担的一切费用后，发站在运单和运单副本上加盖发站日期戳记，证明货物业已承运。运单一经加盖戳记后，就成为运输合同的凭证。

(二)运费的计算和支付

《国际货协》第十三条、第十五条规定：

(1)发送路的费用。发送路指发站国境内所属的一段铁路。其运送费用按发送国的国内运价计算，由发货人向始发站支付。

(2)到达路的费用。到达路指到达国境内所属的一段铁路。其运送费用按到达国的国内运价计算，由收货人向终点站支付。

如果始发站和终点站属于两个相邻的国家，无须经第三国过境运输，且这两国的铁路间订有直通运价规程时，则按运输合同订立当天有效的直通运价规程计算。

(3)过境路的费用。过境路指货物需经第三国过境运输时，所经过的第三国的铁路。过境铁路的运输费用，应按运输合同订立当天有效的国际货协统一运价规程(简称“统一货价”)的规定计算，可由始发站向收货人核收，也可由到达站向收货人核收。但如果按统一货价的规定，各过境铁路的运输费用必须由发货人支付时，则不准将该项费用转由收货人支付。

《国际货协》第三十一条还规定各国铁路之间的结算办法：每一铁路部门在承运或交付货物时间，发货人或收货人按合同规定核收运费和其他费用之后，必须向参加本次运输业务的各铁路部门支付其应得部分的运输费用。

(三)运输合同的变更

《国际货协》第十九条规定，发货人和收货人都有权对运输合同做必要的修改，但各自都只能变更一次，而且在变更合同时，不准将一批货物分开办理。

1. 发货人的变更

(1)在发站将货物领回；

(2)变更到达站；

(3)变更收货人；

(4)将货物运还发站。

2. 收货人的变更

(1)在到达国范围内变更货物的到达站；

(2)变更收货人。

(四)货物的交付、拒收和留置

货物运抵到达，在收货人付清运单所载的一切应付的运费后，铁路部门必须将货物连同运单一起交给收货人；收货人则应付清运输费用并领取货物。只有在货物因毁损或腐坏，以致部分或全部货物不能按原用途使用时，收货人才可以拒绝领取货物。假如运单中所载的货物部分短少，也应按运单向铁路部门支付应付的全部款额；然后可根据《国际货协》第二十八条的规定要求铁路部门退还对未付部分的货物所付的款额。

如果铁路部门在货物运到期限届满后 30 日内，未将货物交付收货人或未交由收货人处理，收货人可不提出证据，即认为货物已经灭失。但货物如果在上述期限届满后运抵到达站，则到达站应将此事通知收货人。如果货物在运到期限届满后 4 个月内到达，收货人应予领取，并将铁路部门所付的货物灭失赔款和运输费用退还给铁路。

导入案例分析

(1)途中烧毁的化肥属于单独海损，首先应由受损方纯京公司承担损失。因为依 CFR

术语，风险由纯京公司即买方承担，而纯京公司购买了水渍险，保险人承保范围包括失火造成的货损，因此最终由保险公司承担。

(2)湿毁的化肥属于共同海损，首先应由纯京公司与船运公司分别承担。由于共同海损属于保险人承保范围，所以，最终由保险公司承担。

(3)可以。因为承运人迟延装船，又倒签提单，须对迟延交付负责。

本章小结

本章主要讲解了国际货物运输法的相关知识，并对国际货物海上运输法、国际货物航空运输法以及国际货物铁路运输法做了具体介绍，帮助读者了解国际货物运输中的规则和相关法律。

拓展阅读

国际货物运输的要求

一、选择最佳的运输路线和最优的运输方案

各种运输方式有着各自的适用范围和不同的技术经济特征，选择时必须进行比较和综合分析。首先要考虑商品的性质、数量的大小、运输距离的远近、市场需求的缓急、风险的程度等因素。比如鲜活商品、季节性商品，要求运输速度快、交货及时，以免贻误销售时机；贵重货物因商品价值高，要求严格地保证运输质量；等等。另外，要考虑运输成本的高低和运输速度的快慢。比如，货价较低的大宗商品要求低廉的运输费用，以降低商品成本，增加竞争能力。同一运输方式，可根据不同商品选择不同类型的车辆，如海运可选择班轮或不定期船，以及充分利用运输工具回空来运输货物等。

正确选择运输路线和装卸、中转港口。一般来说，应尽量安排直达运输，以减少运输装卸、转运环节，缩短运输时间，节省运输费用。必须中转的进出口货物，也应选择适当的中转港、中转站。进出口货物的装卸港，一般应尽量选择班轮航线经常停靠的自然条件和装卸设备较好、费用较低的港口。进口货物的卸港，还应根据货物流向和大宗货物用货地来考虑；出口货物的装港，则还应考虑靠近出口货物产地或供货地点，以减少国内运输里程，节约运力。

按照货物的特点和合理流向以及运输条件，走最少的里程，经最少的环节，用最少的运力，花最少的费用，以最短的时间，即使用最合理的运输方式，把货物运到目的地。所以，国际货物运输就是要根据所运商品的特定要求，综合考虑速度、价格、质量等因素，求得其最佳效益。

二、树立系统观念，加强与有关部门配合协作，努力实现系统效益和社会效益

在国际货物运输的过程中，要切实加强货主、运输企业、商检、海关、银行金融、港口、船代和货代等部门与企业之间的联系，相互配合、密切协作，充分调动各方面的积极性，形成全局系统观念，共同完成国际货物运输任务。特别是作为货运代理企业，还要综

合运用各方面的运力，从综合运输系统和国际贸易整体的系统利益出发，除了努力争取本企业的经济利益以外，更重要的是考虑系统效益和社会效益，在完善企业自身的同时，要考虑企业的社会责任。

三、树立为货主服务的观点，达到“安全、迅速、准确、节省、方便”的要求

根据国际货物运输的性质和特点，经过多年的实践，中国外运集团提出的国际货物运输“安全、迅速、准确、节省、方便”的“十字方针”，已被广大货运代理企业和有关部门所认可。所以，对国际货运企业特别是货运代理企业提出这“十字方针”的具体要求如下：

（一）安全。就是要求在运输过程中做到货物完好无损和各种运输工具的安全。如果在运输过程中不能维护货物的质量，甚至造成大量货物的残次、破损和丢失，就不能保质保量地完成货物的运输；如果在运输中发生重大事故，车毁船沉，不仅不能完成任务，而且会造成生命和财产的重大损失。所以，国际货物运输要把安全放在首位。

（二）迅速。就是要严格按照贸易合同的要求，把进出口货物及时地运进来或运出去。不仅国际市场有争时间抢速度的问题，国内市场也同样面临这一问题，时间就是效益。只有不失时机地把出口货物运到国外市场，才有利于巩固产品的市场地位。

（三）准确。就是要把进出口货物准确无误地运到交货地点，包括准确地办理各种货运单证手续，使单货相符；准确地计收、计付各项运杂费，避免错收、错付和漏收、漏付；只有准确才能说得上又好又省，发生任何差错事故，必然会造成损失，这是显而易见的。

（四）节省。就是要求通过加强经营管理，精打细算，降低运输成本，节省运杂费用和管理费用，减少外汇费用支出，用较少的钱办较多的事，为国家和社会创造更大的效益。

（五）方便。就是要简化手续，减少层次，为货主和客户着想，为客户服务。竭尽全力为客户排忧解难，使客户感到在办事手续、办事时间、办事地点、采用的运输方式以及配套服务等方面十分便利。

总之，“安全、迅速、准确、节省、方便”是相互制约、相辅相成的，要想成为有竞争力的、一流的货运代理，必须按照这一方针的要求去做。这“十字方针”是一个有机联系的整体，可以根据市场供求的缓急、商品特性以及运输路线与运力的不同情况，全面考虑，适当安排，必要时可以有所侧重。

本章习题

一、选择题

1. 交通运输部门是货物运输工作中的（　　）。

A. 托运人　　B. 收货人

C. 中间人　　D. 承运人

2. 国际贸易中最重要的运输方式是（　　）。

A. 国际公路运输　　B. 国际海洋运输

C. 国际管道运输　　D. 国际铁路运输

3. 货运代理人是货物运输工作中的（　　）。

A. 托运人　　　　　　　　　　　　B. 承运人

C. 中间人　　　　　　　　　　　　D. 收货人

二、填空题

1. ＿＿＿＿＿一般不受气候条件的影响，可保障全年的正常运输，而且运量较大，速度较快。

2. 国际货物＿＿＿＿＿具有运量大、成本低的优点，目前正承担着国际贸易总量80%以上的货物运输。

3. ＿＿＿＿＿具有不受地面条件限制、运送便利、运输速度快、航行时间短、货物在运输途中受损率小、费用开支项目少、手续简便等优点。

三、简答题

1. 什么是国际货物运输？

2. 国际货物海上运输的主要方式是什么？

3.《国际货物铁路联运协定》的主要内容是什么？

四、案例题

1. 国外一家贸易公司与我国某进出口公司订立合同，购买小麦500吨。合同规定，2014年1月30日前开出信用证，2月5日前装船。1月28日买方开来信用证，有效期至2月10日。由于卖方按期装船发生困难，故电请买方将装船期延至2月17日并将信用证有效期延长至2月20日，买方回电表示同意，但未通知开证银行。2月17日货物装船后，卖方到银行议付时，遭到拒绝。

请问：

(1)银行是否有权拒付货款？为什么？

(2)作为卖方，应当如何处理此事？

2. 某货代公司接受货主委托，安排一批茶叶海运出口。货代公司在提取了船运公司提供的集装箱并将货物装箱后，将整箱货交给船运公司。同时，货主自行办理了货物运输保险。收货人在目的港拆箱提货时发现集装箱内异味浓重。经查明，该集装箱前一航次所载货物为精萘，致使茶叶受精萘污染。

请问：

(1)收货人可以向谁索赔？为什么？

(2)最终应由谁对茶叶受污染事故承担赔偿责任？

测试题　　　　测试题

选择题　　　　判断题

第七章

票据法

知识要点

1. 了解票据法的概念；
2. 掌握票据法的立法情况；
3. 熟悉票据的功能和种类。

核心概念

票据的特征　票据的功能　汇票　本票

情境导入

阳光公司向某工商银行申请一张银行承兑汇票，该银行做了必要的审查后受理了这份申请，并依法在票据上签章。阳光公司得到这张票据后没有在票据上签章便将该票据直接交付给光明公司作为购货款。光明公司又将此票据背书转让给新星公司以偿债。到了票据上记载的付款日期，新星公司持票向承兑银行请求付款时，该工商银行以票据无效为理由拒绝付款。

案例思考：

(1)从以上案情显示的情况看，这张汇票有效吗？

(2)根据《中华人民共和国票据法》关于汇票出票行为的规定，记载了哪些事项的汇票才是有效票据？

(3)银行既然在票据上依法签章，它可以拒绝付款吗？为什么？

第一节 票据概述

★ 视频

票据的定义

一、票据的概念

票据一词的含义十分广泛，股票、货单、发票、债券等，在日常生活中都可称为票据。法律层面上的票据概念范围要小得多，只是有价证券的一个种类。票据作为最先产生的有价证券，它将由其所表现的权利彻底证券化，并先于其他有价证券获得长足的发展，成为一种最重要的有价证券，被誉为“有价证券之父”。

各国票据制度产生的政治、经济、文化背景不同，对票据一词的理解不一，立法上也有差异。大陆法系采用“分离主义”的立法方法，分别制定《汇票本票法》与《支票法》，如德国、法国等。英美法系国家的票据立法大多将汇票、本票、支票规定在一起，学者们称之为“概括主义”的立法方法。《中华人民共和国票据法》(以下简称《票据法》)也采取了概括主义的立法方法，规定本法所称票据，是指汇票、本票、支票。

按照我国票据立法模式，票据是由出票人依照《票据法》的规定签发的，约定自己或委托第三人于一定日期无条件支付一定金额的流通性有价证券。它包括以下三层含义：

第一，票据是依照《票据法》的规定做成和发行的。出票人签发的票据从形式到记载事项均需符合《票据法》，否则导致票据不符合形式要求而无效。

第二，票据系约定出票人自己或委托第三人无条件地于一定日期支付一定金额的有价证券，包括已付票据和委付票据。

第三，票据是流通证券，票据权利可以依背书转让等方式来进行流通，流通性是票据的最基本的特征。

二、票据的特征

作为典型的有价证券，票据具有以下特征。

1. 票据为设权证券

票据被视作设权证券是指票据上所记载的票据权利，即持票人可凭票据要求票据债务人给付票据记载金额的权利，完全依出票行为而创设。通过做成票据而创设的票据权利，是一种独立的权利。尽管票据发行原则上要求具有对价关系，但对新创设的票据权利义务关系而言，对价关系只是一种基础关系、原因关系，原因关系和新创设的关系各自独立存在。

2. 票据为无因证券

无因证券是指持票人只要持有该票据，而不必证明自己因何种原因取得该票据即可完全地主张票据权利。除票据发行上仍要求票据的原因关系或基础关系的存在(绝对无因的票据立法除外)外，票据流通过程中，票据关系与票据原因关系、基础关系相分离，成为独立的票据法律关系，票据持有人的权利一般不因前手与票据其他债务人之间原因关系的瑕疵而受影响。

3. 票据为要式证券

票据作为要式证券，要求票据的做成，包括票据的记载事项、记载方式，要严格依票据法律的规定进行。它有以下三层含义：

第一，票据欠缺《票据法》规定的绝对应记载事项一部分或全部的，票据无效。

第二，票据记载非《票据法》规定的记载事项，不发生票据效力。

第三，票据从做成到承兑、背书、保证、参加，都要求依《票据法》规定的方式表示。

4. 票据为文义证券

票据是一种设权证券，其权利的内容即由票据做成时的记载为限，故票据上的权利只能依票据上记载的文字为准，而不允许以票据记载以外的证据来变更或推翻票据上的权利，即使票据上的记载事项有错误，也不得以票据以外的事项来证明或加以修正。

5. 票据为金钱债权证券

票据记载的内容即为一定数额的金钱在一定日期的无条件给付，故票据为金钱证券。出票人在票据上记载的金钱给付内容，使自己成为债务人，允诺持票人在一定日期可依票据金额向出票人本人或出票人委托的人收取款项，反映债权凭证性质，持票人可依票据向特定的债务人(出票人或承兑人等)行使金钱给付请求权。

6. 票据为流通证券

票据的产生，在于金钱的支付、转移的需要。票据作为文义证券、无因证券、设权证券、要式证券等的目的在于发挥其流通的功能。票据作为流通证券，与民法上的债权转让相异，只要依法转让票据本身，就发生票据权利转让的效果。

7. 票据为提示证券

票据作为提示证券是指持票人在行使票据上的权利时，必须做出请求票据债务人付款的提示，票据债务人在票据持有人依法定方式提示自己的票据义务后履行票据义务。票据持有人未提示付款，票据债务人不因票据到期未履行而负迟延责任。票据为提示证券还表明，在依《票据法》规定行使票据追索权时，也必须提示背书连续的票据给票据债务人，包括票据的出票人、背书人、保证人等，否则不得行使追索权。因此，票据提示是票据债务人履行票据义务、承担票据责任的前提，也是票据权利人主张权利的一种方式。

8. 票据为缴回证券

票据作为完全有价证券，持票人有权主张票据权利，也可转让该票据权利，因此债权人受领票据上所记载的给付金额后，票据债权人必须将票据缴回债务人，使票据上的权利义务消灭，以免票据落入第三人后导致票据债务人再履行票据债务。

三、票据的种类

票据是对商业交易中形成的习惯的法律肯定，基于其在商业交易中的重要性，票据立法具有严格的要求。各国立法明文规定票据的种类，且不允许商品交易者自行创设新的票据种类，但票据仍可依立法和学理上多种方法进行分类。

(一)《票据法》规定的票据种类

各国票据立法的差异，致使各国票据法规定的票据的分类方法各有差异。大陆法系国家大多将汇票、本票汇合成《票据法》，而另行规定《支票法》，支票为一种独立的证券形式，如德国、法国、瑞士、日本等。因在法、德等国家先行发展起来的是汇票、本票制度，而支票制度产生较晚，从而形成分别立法的结果。英、美票据法体系中，支票制度同汇票、本票制度均产生较早，至制定专门的票据法时，均已成为较成熟的商业制度。故英国在1882年制定《票据法》时，收集整理了历来的票据习惯、特别法令、判例等，将支票作为特别汇票加以规定。

知识链接

美国作为殖民地则长期使用英国的票据制度，至1896年，美国统一州法委员会制定了统一的流通证券(Negotiable Instruments)法，包括汇票、本票、支票三种票据。1952年，该委员会在制定美国统一的商法典时，曾将《统一流通证券法》及其他法律中规定的流通证券汇合而成统一商法典的第三编“Commerical Paper”。到20世纪90年代，第三编重新定名为“Negotiable Instruments”，内容包括汇票、本票、支票、存款单(Certificate of Deposit)。我国《票据法》规定了汇票、本票、支票三种票据。

(二)学理上的分类

理论上，对法律层面上的票据可做不同的分类。

(1)根据票据出票人和付款人的关系不同，可分为委付证券和己付证券。

凡出票人同时是付款人的，为己付证券，如本票。因在票据关系中仅有出票人(付款人)和收款人，故又被称作双方证券。凡出票人本身不是票据付款人，而是委托他人支付一定金额的票据，则为委付证券，如汇票、支票。付款人是出票人以外的第三人时，如承兑人、代办支票业务的银行等，票据关系人有三人，此时的票据又被称为三方证券。

(2)根据票据的性能，分为支付证券和信用证券。

凡付款人仅限于银行等金融机构的票据为支付证券；凡限定日期、指定一定日期受款的票据为信用证券。本票、汇票就是基于出票人的信用发行的信用证券(即期汇票和即期本票为见票即付证券，故为支付证券)。部分国家允许发行远期支票，使远期支票也具有信用证券的意义。

(3)根据票据出票人的不同，可分为银行票据和商业票据。

出票人为银行的，为银行票据，如银行汇票、银行本票，银行票据以银行信用保证票据的信用。出票人为银行以外的人，如公司、企业等，则为商业票据，如商业汇票。

(4)根据票据记载付款期限的不同，分为即期票据和远期票据。

即期票据是指见票即付的商业汇票，如支票及见票即付的本票、汇票。远期票据是指出票后定期付款、见票后定期付款、定日付款的票据，如远期汇票、远期本票。

(5)根据票据格式完成与否进行划分，分为空白票据、完成票据、不完全票据。

空白票据，即空白授权票据，指出票人在票据上签章后将票据的其余全部或一部分应记载事项授权他人补记完成的票据，他人补记后的效力及于出票人。将票据应记载事项记载完成并签章后再予发行的票据，为完成票据。出票人出票时因疏忽或错误等而致票据应记载事项未做记载而发行的，为不完全票据。

四、票据的功能

票据、公司、合同并称市场经济运行的三大支柱。被马克思称为“商业货币”的票据在资本主义经济发展中发挥了任何制度都无可替代的作用，有人称之为“商品交易的血管中流动的血液”。从票据的起源看，无论是汇票还是本票，都有汇兑、支付的功能。汇兑、支付功能包含的对金银等货币形式的替代效能促进了商业的繁荣。而票据的流通、融资功能则是从票据本身所拥有的基础功能逐渐发展而来的。

票据在市场经济条件下具有无与伦比的功能，具体有如下六个功能。

1. 汇兑功能

票据的汇兑功能是汇票的基础功能之一。在因商业交易或因其他原因，需将一笔货币从甲地送至乙地时，大可不必将现钞随身携带，否则既不方便，也不安全。票据可以消除货币异地输送障碍，降低异地支付的人力成本和安全风险。中国古代的“飞钱”“交子”与国外的“汇兑证书”等的出现正是显示了这一功能的需要。我国票据异地汇兑的作用主要是通过银行汇票与银行承兑汇票实现的。

2. 支付功能

票据支付功能也被视为票据的基础功能之一。票据中先行发展起来的汇票、本票作为汇兑工具，还可以流通转让，在商业交易中以支付票据代替现金支付的方式便形成和流行起来。由于用票据替代现钞作为支付工具，可以避免点钞时可能发生的错误，又可节约点钞时间，体现了便利支付、简化支付、安全支付的要求，促使人们在经济交易中广泛使用票据作为支付工具。支票制度产生后，票据支付的方式得到了更广泛的认同。其中，使用支票代替付款，只需在银行缴存现金、签订支票合同后即可使用，颇为便利。汇票、本票、支票体现了不同的商业交易中对于支付工具的不同要求。

3. 货币替代功能

票据的货币替代功能是票据赖以存在的最基本的理由。“商业货币”对货币的替代充分体现了经济原则。货币有金银、纸币，发行与流通成本均很高。犹如在支付功能中所体现的票据替代现金的作用，在商业领域，本需大量的现钞来完成的支付，只要通过一张票据即可完成，国家可减少货币的发行，节约通货，降低货币的发行成本。

4. 信用功能

票据的汇兑功能、支付功能、货币替代功能都可以被视作票据的基础功能。票据制度发生之始，就在于要通过货币替代进而实现汇兑便捷、支付安全的目标，而票据之所以能被接受，很重要的原因是通过惯例、法律的约束，使票据的信用得到保证。票据信用是货币信用的自然延伸和发展，信用功能被视为票据的核心功能。

票据的信用功能主要是指以偿付为条件，一方先期交付商品或货币，接受商品或货币的一方按约定在未来的时日以货币形式偿还资金，体现了票据具有使出票人将未来取得资金的信用能力转变为当前支付能力的功能。票据法理论认为，出票人的信用能力包括其未来的经营性资金能力与筹资性资金能力。

知识链接

多数国家票据法律有主张，作为票据关系基础的资金关系是出票人与付款人之间的个别信用关系，票据法不要求出票人在签发远期票据时即具有对付款人现实的支付能力。票据作为信用工具，是商业交换及信用制度发展的产物。

5. 结算功能

票据的结算功能又称债务抵销功能，是票据支付功能、汇兑功能、货币替代功能、信用功能发展的必然结果，主要指对经济交往中的货币支付和收受业务进行清算时，可以以票据作为给付手段来完成相互收付任务。简单的结算功能反映在两个当事人之间以债务抵销方式偿清账目。而在复杂的市场关系中，产生当事人支付的交叉，如果各种支付都需每一位当事人亲力亲为去完成，货款结算就会成为十分复杂的难题。以票据清算机构为平台、以银行作为中介、以票据交换的方式进行划转冲抵完成货币收付的清算系统就发挥了票据结算功能。目前，票据交换不仅在国内，在国际上也十分普遍，大大方便了经济往来中的结算。

6. 融资功能

票据的融资功能主要是指票据持有人通过对未到期的票据进行买卖，以融通资金的票据贴现行为。票据持有人通过出卖票据而从他人手中获取现款，将远期票据的信用能力贴现为现实的资金能力，完成融资目标。当然，票据收购业务一般只能由商业银行经营，因为它实际上是由银行向持有票据而急用资金的人提供银行信用、融通资金。商业银行贴现票据后尚可向中央银行申请再贴现，或向其他银行进行转贴现。

第二节 票据法概述

★ 视频

票据法的涵义

一、票据法的概念和特征

（一）票据法的概念

所谓票据法，就是规定票据的发生、转让及其行使关系的法律规范的总和。它有广义和狭义之分。

广义的票据法，是指一切关于票据适用的法规的总称，其中包括票据公法和票据私法。所谓票据公法，是指关于票据在公法上的规定。例如，《中华人民共和国刑法》中有关伪造有价证券罪的规定；《中华人民共和国民事诉讼法》中关于票据诉讼程序的规定；《中华人民共和国破产法》中关于票据出票人或背书人受破产宣告的规定等。所谓票据私法，是指关于票据在私法上的规定。例如，在我国民法中或商法中有关票据的各项规定。

狭义的票据法，是指以票据的发生、转让及其行使关系为对象而规定的特别的法律规范。本章论述的票据法是狭义的票据法，它包括汇票、本票和支票这三种有价证券在发生、转让和行使过程中的有关法律规范。

(二)票据法的特征

★视频

票据法的特征

根据票据制度本身的规律，各国票据法坚持采取既要保障票据流通的灵活迅捷，又要确保票据权利人的利益的指导思想。基于票据法规则的共同作用，票据法具有以下特征：

1. 票据法具有强行性

票据法对票据种类的限制、对票据行为的规则和对票据制度的设定等，除了在有限的方面允许当事人依自由意志另行约定外，一般不允许当事人以自己的意志随意变更和任意适用。票据法强行要求当事人必须遵守的规则，与一般民事关系中主要实行意思自治原则有显著不同。

票据法具有强行性，但也表现出一定的相对性：一是票据法规定了一些可以由当事人依法决定的事项，如汇票的付款日期记载，可由当事人在“见票即付”“定日付款”“出票后定期付款”“见票后定期付款”中选择，从而发生不同的票据效力；票据出票人也可记载“禁止背书转让”以禁止票据的流通。二是直接当事人对票据所做的约定，虽无票据法效力，对第三人无约束力，一般也不承认这种约定的优先效力，但可以作为双方当事人之间票据抗辩的理由。

2. 票据法具有技术性

票据是商业发展过程中用以替代货币支付、货币汇兑、资金信用而创造出来的一种商业工具，票据法是对这种精巧的商业工具的法律化。票据作为一种复杂的特殊的制度，具有很强的专业性。如果没有严密和精巧的制度设计，就可能发生冲突、矛盾而使票据这一工具缺乏生命力。从票据形式的严格要式性规定，到票据行为的无因性、文义性规定，以及关于票据背书制度等，无不体现出票据法区别于一般法律中强调道德理念、道德判断的价值取向，具有技术性特点。票据规范犹如交通规则一样，目的是维护交通秩序。作为技术性法律的票据法，是由一系列经由严格设计的票据法律具体制度构成的体系完整、结构合理的法律规范。

票据的技术性在德国票据法中体现得最为明显，依其规定，票据为绝对无因证券。这使票据这一商业工具免因任何其他法律关系或道德评判而受到影响。就中国等多数国家而言，票据法仍受一些道德评判的影响。

知识链接

我国《票据法》第十二条规定：“以欺诈、偷盗或者胁迫等手段取得票据的，或者明知有前列情形，出于恶意取得票据的，不得享有票据权利。”这类规范被用以弥补技术性法律与道德规范的冲突。

3. 票据法具有统一性

票据法的统一性首先体现在各国票据法内容的相似性上。对于票据种类、票据行为及具体运作制度，各国规定大同小异。其原因主要有三个方面：

一是票据从其产生而言，本是各国商业交易过程中因原有的支付、汇兑手段的不便而创设的一种工具，为各国商人所接受而成为商业惯例，最后经各国立法而成为成文法。

二是票据本身为商业贸易服务。在国际市场上，货物买卖、服务贸易历来就没有封闭的疆界，各国放宽对贸易的限制，使国与国之间的经济往来日趋自由化，因而担当国际支付、结算、汇兑职能的票据也要求相互间的互适性，这种商业要求会迫使立法者放弃个性化的主张而向一致性方向发展，否则将损害本国经济同国际经济的交流。

三是票据作为商业工具，具有很强的技术性。在关于道德评判、政治评判影响各国立法方向和具体内容时，票据法都可以避免因这些因素而导致的国与国之间立法的差异。

二、中国票据的立法情况

中国票据的萌芽可以追溯至唐宪宗时期(公元806年至820年)的“飞钱”，甚至可以追溯到隋末唐初的“帖子”。宋代的“交子”和明末的“票号”作为商业工具则较成气候。至清末，随着西方银行制度的引入，我国传统票据制度逐渐被取代。

中国票据的立法过程如下：

(1)我国票据立法始于清末。1907年，清政府请日本法学家志田钾太郎起草票据法草案，但因清政府不久即被推翻，该草案未及公布。民国政府则参照海牙统一票据规则草案，并参照德国、日本票据法及英、美票据成文法几经草拟、修订，于1929年通过《票据法》，同年10月30日公布施行，次年7月1日又公布《票据实行法》，成为我国历史上第一部正式颁布施行的票据法。为了与经济发展相协调，我国台湾地区当局在1954年、1960年、1973年、1977年、1986年先后五次对其进行修订，台湾地区现行《票据法》是1986年6月第五次修正公布实施的。该法采用三票合一的立法体例，票据要式则实行严格的形式主义。我国香港地区则依照英国法律传统制定了《香港票据条例》，该条例在香港回归后继续施行。澳门回归后则依据《澳门商法典》第四卷第二编《特别债权证券》规范票据制度。

(2)中华人民共和国成立以后，包括票据法在内的“六法全书”被彻底废除。随着资本主义工商业的社会主义改造的完成，国民经济转为计划经济体制。国家实行严格的经济管理，信用集中到国家，由银行作为国家信用体现的工具来完成。由于取消了商业信用，票据仅仅作为支付的手段，汇票、本票被禁止使用，支票使用也受到严格限制，根据当时苏联结算制度的经验，形成了托收承付、托收无承付、付款委托书等八大结算制度。票据只是完成行政经济管理的一种工具。

(3)中共十一届三中全会后，随着对内搞活、对外开放政策的实行，经济体制从计划经济逐步走向市场经济，自然产生了对于票据制度的需要，从国家信用一花独放向“国家信用、商业信用、社会信用”并重模式的发展更使票据制度的重建成为必然，中国人民银行先后颁布了有关票据适用的规定。1985年，中国人民银行主持起草票据法，但未能进入正式立法程序。1988年6月8日，上海市人民政府参照国际立法经验，制定发布了《上海市票据暂行规定》，共5章86条，规定了汇票、本票和支票制度，成为新中国第一部较完整的票据规章。1988年，中国人民银行改革银行结算制度，经国务院批准，于1988年12月19日颁布《银行结算办法》，并自次年4月1日起施行。该办法全面推行银行汇票、商业汇票、银行本票、支票(包括个人支票)，成为全国性的票据行政规章。但是，《银行结算办法》及其他有关文件都只是银行制度和结算规定，而不能认为是完整的票据法规范。从内容而言，也不能满足现实生活中商业信用发展的需要，对票据的无因性、票据的背书制度、票据的对价制度、票据的追索权制度、票据的抗辩制度等都缺乏明确的规定，从而制约了票据的流通。1990年，全国人民代表大会再次强调要完善票据立法。1995年5月10日，第八届全国人民代表大会常务委员会第十三次会议通过《中华人民共和国票据法》(以下简称《票据法》)，并且于1996年1月1日正式施行。2000年11月，最高人民法院发布了《关于审理票据纠纷案件若干问题的规定》。为了适应新的需要，2004年8月，对《票据法》进行了修改。

我国《票据法》从1990年正式起草至1995年由全国人民代表大会常务委员会审议通过，历时达6年。其间，深入调查研究、总结实践经验、广泛征求意见，数易其稿。这部法律遵循票据当事人平等的原则，着重调整票据当事人之间的权利义务关系，充分借鉴国外、国际票据立法经验，采用国际通行规则优先，与国际惯例接轨，从我国国情出发，尤其是总结了我国改革后的银行结算制度运作经验及我国地方票据法实施成果；采取汇票、本票、支票“三票合一”的立法体例，并以票据种类的主体框架，以票据行为为主线、寓权利义务于其中的法律结构。依据上述立法指导思想、立法宗旨、立法体例结构，我国票据法在票据行为、票据权利的行使、票据义务的履行等方面做了全面、系统的规定，确立了调整票据关系、规范票据活动的各项规则和制度。

我国《票据法》的立法宗旨是“规范票据行为，保障票据活动中当事人的合法权益，维护社会经济秩序，促进社会主义市场经济的发展”。根据此宗旨可以看出，立法者既考虑到我国市场经济发展对票据制度的迫切要求，故借立法之机，促进票据制度的发展，但又充分考虑到在从计划经济体制向社会主义市场经济转轨阶段的特殊情况，如经济信用尚不发达，市场信誉、企业商誉等的重要性也未充分体现出来，经济秩序尚待整顿，作为信用载体之一的票据的关键在于保证经济活动正常、有效、有序、安全地开展，立法规定的各项票据制度和票据规则在体现安全性的宗旨之下表现出严格主义的立法倾向。在立法宗旨上强调规范票据行为，维护社会经济秩序，在具体制度中特别强调要式性，专章规定法律责任，从刑事责任、行政责任、民事责任多方面加以保障，体现出充分考虑我国国情，以票据安全为核心作为制定票据制度的立法思路。

知识链接

票据法作为促进票据流通的手段，应当使票据流通简便、灵活、迅速。就促进票据的流通而言，票据法需要通过更有效的强行法与推定法来使票据行为遵循严格的要式规则，对于票据受让人采取善意取得制度与限制抗辩规则，维护交易安全。一旦市场经济体制较为成熟，已形成一种诚实信用的交易环境时，则应更进一步将其修订为与国际票据法发展趋势相一致的票据法律制度。

三、票据行为

视频

票据行为的概念

(一)票据行为的概念

票据行为是引起票据关系的法律行为。我国《票据法》的立法宗旨就是规范票据行为，但未对票据行为明确定义。

票据法理论采用广义和狭义两种表达方式来界定票据行为。

视频

票据行为种类

1. 广义的票据行为

广义的票据行为，是指可以引起票据法律关系发生、变更、消灭的一切行为，包括出票、背书、承兑、参加承兑、保证、保付、禁止转让背书、见票、提示、画线、变更、伪造、变造、涂销等。

广义的票据行为中，有的是票据权利人的行为，有的是票据义务人的行为，有的则可能是任何人的行为，如画线、伪造、变造、涂销等；有的是基于当事人的意思表示而发生的相应法律效力，有的则是基于法律规定而发生的相应法律效力，前者如出票、背书、保证、承兑、参加承兑、保付，后者则指上述六种行为以外的其他票据上的行为。由于画线、提示、见票、伪造、变造、涂销、付款等更多是基于法律规定而发生相应效力的，故常被称为准票据行为。

2. 狭义的票据行为

一般票据法上使用狭义的票据行为概念，包括出票、背书、承兑、保证、参加、保付六种，我国《票据法》未规定参加和保付制度，故为四种。这些行为是以行为人在票据上进行必要事项的记载、完成签章并予以交付为要件，以发生或转移票据上的权利、承担票据上债务为目的的要式法律行为。

票据为文义证券、无因证券，故票据行为有其形式上的要求，非此，不足以让他人笃信该票据上承担债务目的的意思表示的真实性和方式的合法性。其形式上的要求包括三个方面：

(1)票据必须记载的事项，具体由法律加以规定。

(2)行为人需在票据上完成签章。

(3)行为人向相对人交付票据。

视频

票据行为的法律特征

(二)票据行为的特征

票据行为是一种民事法律行为，因此，具有一般民事法律行为的特点。但在票据制度中对票据的流通性、安全性、可靠性的要求，使票据行为制度区别于一般民事法律行为规则，其意思表示的方式、意思表示的内容、意思表示之间的关系等都有自己的特点。

1. 票据行为的要式性

对于一般民事法律行为，法律强调当事人意思自由，包括当事人表达自己意思方式的自由。在当事人进行意思表示时，法律所重视的是当事人意思表示的“真实”，在发生错误时允许当事人撤销自己的行为。但在票据制度中，票据债权人、债务人之间关系的流动性和不特定性，使这一法律关系的一方主体难以从票据外去发现票据行为人“真实”的意思。票据关系的相对人只能以票据形式本身去识别法律关系的主体、内容、客体。因此，票据行为者的意思表示要明确无误地到达相对人，就要求票据行为方式的表面化、简单化、统一化，这就是票据行为的要式性。

2. 票据行为的无因性

票据行为的无因性与票据作为无因证券的特点相一致。其内涵主要有：

(1)票据行为的法律效力独立于原因关系存在。票据行为人虽因原因关系而授受票据，但一旦票据行为完成，所形成的票据债权债务关系独立于原因关系而存在，不受原因关系的影响。

(2)持票人不负证明给付原因的举证责任。在票据制度中，持有票据的人首先应被视作票据权利人，其主张票据权利时，无须证明自己与前手之间原因关系的有无、原因关系的种类和内容。

(3)票据债务人在抗辩时，不得以原因关系对抗善意持票人。在票据流通过程中，票据债权人与票据主债务人之间经常不是直接前、后手之间的关系，相互间并不存在原因关系。为了保证受让票据的人获取的权利享有充分的法律保障，票据法明确规定票据债务人不得以原因关系对抗善意持票人，强化了票据债务的绝对性。

3. 票据行为的文义性

票据行为的文义性是指票据行为的内容必须在票据上以文字形式做出，票据行为完成后判断其内容也只能以票据上已记载的文字为依据。即使发生票据上的记载与实际不相符合的情形，法律依然禁止以票据行为以外的其他证明方法来加以变更或补充。其目的在于保护善意持票人的利益，促进票据的安全和流通。票据行为的文义性主要指：

(1)票据债权人不得超越票据记载向票据债务人主张权利，债务人也不得以票据上未记载事项进行抗辩。

(2)票据行为需以文字记载方式予以表示，非票据文字记载的意思表示不产生票据效力。

(3)对票据行为的理解仅限于根据票据行为的文字记载内容进行解释，解释者既不能以票据记载内容以外的信息去推断票据行为人的意思，也不能以票据记载内容以外的信息去任意补充、变更票据行为人的意思。

但在票据实践中，会发生票据记载内容不明确或记载内容冲突问题，需要票据法对有关问题做出相应的规定，如美国《统一商法典》第三条至第二十八条关于含义不明条款的解释原则的规定。理论上，对票据文字记载不明和记载冲突提出了一些解释规则：根据票据商事权利外观理论而提出的票据外观解释原则；根据票据行为应尽可能做有效解释观点提出的有效倾向解释原则；票据文义确定与实际情形冲突时的纯文义解释原则；等等。

4. 票据行为的独立性

票据上有数个票据行为时，每一票据行为人都以其记载及其记载时票据内容为依据承担责任，各票据当事人的票据行为效力不影响其他票据当事人的票据行为效力。独立性原则体现在：

(1)票据上无行为能力人的签章或限制行为能力人的签章不影响其他签章的效力。

(2)无代理权的人以代理人的名义在票据上签章的，应当由签章者自己承担票据责任，代理人逾越代理权限而有票据行为时，其超越权限部分的责任由代理人承担(表见代理例外)。

(3)票据上有伪造、变造的签章的，不影响票据上其他真实签章的效力。各票据行为人对票据的责任限于其做记载时的票据已有的记载内容及本人的记载内容，对票据行为完成后的变造、伪造内容不承担责任。

(4)票据上被保证人的债务即使无效，保证人仍须对票据债务承担保证责任。

知识链接

关于票据行为的独立性需要补充两点：一是尽管票据行为各具独立性，但各行为的标的却均为票据债务，且各票据行为均记载于同一票据文本上，故各票据行为之间，就责任而言存在连带性、协同性、团体性；二是票据行为的独立有效须以票据形式具备生效要件为前提，如一份出票行为形式违反规定而无效的票据，如票据金额未填写(允许补记的除外)，出票人未签章、票据已做记载“作废”“样张”等，则后续的各票据行为不再生效。

(三)票据行为的构成要件

所谓法律行为的构成要件，是指法律行为必须具备一定的要求才能有效成立。票据行为作为一种特殊的民事法律行为，除必须具备一般民事法律行为构成要件以外，还必须具备票据法特别规定的构成要件。一般而言，其构成要件可分成实质要件和形式要件两个方面。

1. 票据行为的实质要件

票据行为的实质要件，即票据行为有效成立的实质要求。作为一种特殊的民事法律行为，票据法通常并不做特殊的规定，而是适用民法的有关规定。票据行为的实质要件主要讨论当事人的票据能力与意思表示，其中票据能力包括票据权利能力和票据行为能力。

(1)票据权利能力。票据权利能力指票据行为人进行票据行为，参加票据关系，享有票据权利和承担票据义务的资格。根据票据行为主体差异，从自然人、法人、非法人团体三个类别加以讨论。

①自然人的票据权利能力。依各国民法一般规定，自然人的权利能力始于出生，终于死亡。票据法也认为，自然人的票据权利能力平等，自出生时即享有票据权利能力，至死亡时宣告消灭，不受年龄、职业、性别的限制。但在票据法律发展史上，因票据行为作为商事行为、票据制度的商事制度，非经登记为商人的自然人因无商事主体资格而不享有票据权利能力。

②法人的票据权利能力。首先，法人存续期间具有相应的票据权利能力，其票据权利能力始于成立，终于终止；其次，法人的民事权利能力一般认为受法人章程及营业登记的核准范围的限制。但票据为流通证券，其所记载的内容当然不能包括票据行为人的章程和

营业登记范围，在一般商业活动中，也逐步形成新的倾向：法人的票据权利能力不受章程和营业登记范围的限制，以保护合法持票人的权利。这与其他商事法的发展倾向相一致。

③非法人团体的票据权利能力。非法人团体十分复杂，有的非法人团体本身也有机关设置，有相对独立的团体财产，在诉讼法上也赋予其诉讼当事人的资格，在法人授权范围内也开展经营和其他业务活动，也需使用票据这一重要工具，因此也需赋予票据权利能力。我国《票据法》第七条就规定了非法人团体和组织的票据权利主体资格。

(2)票据行为能力。票据行为能力是指当事人以独立的意思进行有效的票据行为的资格。

①自然人的票据行为能力。依民法规定，自然人的民事行为能力分完全民事行为能力、限制民事行为能力、无民事行为能力三种。在票据法上，由于票据行为不仅涉及行为人的利益和行为相对人的利益，且涉及不特定人的利益和社会交易的安全和秩序，故仅赋予完全民事行为能力人票据行为能力。

知识链接

有人认为，限制行为能力者在事先征得法定代理人同意，并在同意范围内的行为应与完全行为能力者一样，其因年龄等因素而存在的风险、瑕疵已经由法定代理人的同意行为补救。因此，限制行为能力者经法定代理人同意后可具有票据行为能力。我国票据立法采取的是否定观点。

②法人的票据行为能力。根据法人的民事权利能力和行为能力的一致性原则，法人的票据行为能力被视为与票据权利能力一样，始于成立，终于终止。与票据权利能力不受法人章程限制相一致，票据行为能力也不应受法人章程的限制。不过，法人的票据行为能力实际上是由法人的机关，即法定代表人来完成的。法定代表人的行为只要是依法人的名义做出，根据票据行为的文义性原理，法律也就认为不必问其票据行为的背景、目的，一律视为该法人的票据行为，由法人承担票据责任。

③非法人团体和组织的票据行为能力。根据我国《票据法》的规定，非法人团体和组织的票据行为能力与法人的票据行为能力一致。

2. 票据行为的形式要件

票据行为是要式法律行为，判断票据行为的意思和票据权利的内容的信息均来自形式、外观，故票据行为的有效要件尤其应注意形式要件要求。我国《票据法》分别规定了出票、背书、保证、承兑等的形式要件。票据行为的形式要件包括书面记载票据事项、票据签章、票据交付三个方面。

(1)书面记载票据事项。根据票据行为外观主义理论，票据行为成立在形式上要求行为人以书面方式将记载事项在纸上用票据格式表示。考虑到对票据的管理，票据所采用的纸张都由金融机构依规定专门加以印制，其格式相对统一。我国《票据法》第一百零八条规定，“汇票、本票、支票的格式应当统一”。票据凭证的格式和印制管理办法，由中国人民银行规定。

知识拓展

根据我国《票据管理实施办法》第三十五条规定，票据的格式、联次、颜色、规格及防伪技术要求和印制，由中国人民银行规定。中国人民银行在确定票据格式时，可以根据少数民族地区和外国驻华使馆的实际需要，在票据格式中增加少数民族文字或者外国文字。

票据记载的具体内容称为票据记载事项；每一记载的内容则称为票据记载文句。不同的票据种类、不同的票据行为，其票据记载事项与票据记载文句也就互有差异。就票据记载事项而言，依其不同性质，分成必要记载事项、任意记载事项、无益记载事项三类。

(2)票据签章。票据行为本身表现为票据签章行为，票据签章与票据记载共同构成票据意思表示。票据记载与票据签章的差别在于：记载表明行为内容，签章表明行为主体；票据记载可以授权他人进行，也可以在事后补记，票据签章本身就是行为的象征，不能在事后补记。

票据签章具有特殊的法律意义：签章表明行为人的主观谨慎性，表明当事人本人进行该行为；表明行为人的真实意思，即参加票据关系，愿意受该票据意思表示的约束；确认票据记载的行为人与实际行为人的同一性；可以帮助当事人识别其权利义务关系的相对人。各国票据法均规定，在票据上签名的，负票据责任，未在票据上签名的，不负票据责任。

票据签章是所有票据行为有效成立的最基本的条件，尽管各票据行为的意思表示方式不同，但只要签章就可能发生票据行为效力。票据法明确票据行为人以其签章承担票据责任。例如，行为人在票据的格式纸张上或在已发行的票据上进行票据记载但未签章，所有记载都不发生票据行为效力。又如，行为人如伪造签章，伪造人和被伪造人均不负票据责任。

知识拓展

由于票据签章所表示的价值在行为人为表明其承担票据债务、参加票据关系，在相对人为确认票据行为人，故票据法学上主张凡足以表现并确认票据行为人的签章，就可为票据法所接受。不少国家的票据法，一般也不规定行为人必须使用何种名称签章，可以是经正式登记的名称或姓名，也可以是简称、通称、笔名、艺名等。

(3)票据交付。依据我国《票据法》，票据行为的成立条件为票据行为人具有意思表示并完成交付行为。在票据记载完毕、签章，并实现交付以后，票据权利义务方才发生。所以，对票据占有的转移被视为票据行为成立的有效要件。

第三节 汇票

视频
汇票的概念

一、汇票的概念和特征

(一)汇票的概念

我国《票据法》第十九条规定："汇票是出票人签发的，委托付款人在见票时或者在指定日期无条件支付确定的金额给收款人或持票人的票据。"

(二)汇票的特征

根据各国票据法对汇票制度的具体规定，汇票具有以下特征：

1. 汇票是票据的一种

汇票作为票据，具有作为完全有价证券的文义性、要式性、无因性、流通性等特点。

2. 汇票是委付证券

作为委付证券，汇票的出票人本人并不直接向收款人承担付款责任，在经背书转让时，也不向持票人直接付款，而是委托付款人进行支付。这就使汇票和作为自付证券的本票区别开来。支票也有委托付款的性质，但支票的出票人仅能委托与自己有支票账户关系的银行进行付款，付款人付款仅以出票人所存资金为限，属代理付款。而汇票委托的对象既可以是银行，也可以是一般工商企业等。

3. 汇票是信用证券

汇票除见票即付外，多数记载为将来某个日期付款。票据记载期限越长，越能体现出汇票的信用功能。

视频
汇票的种类

二、汇票的种类

为了更好地掌握汇票的特征，有效地使用汇票这种信用工具，票据立法和票据理论都对汇票做了一些分类。

(一)银行汇票和商业汇票

这是我国特有的以出票人个体差异为标准所做的分类。我国《票据法》规定："汇票分为银行汇票和商业汇票。"

1. 银行汇票

根据我国《支付结算办法》第五十三条规定，银行汇票是出票银行签发的，由其在见票时按照实际结算金额无条件支付给收款人或持票人的票据。银行汇票的出票和付款，全国范围限于中国人民银行和各商业银行参加"全国联行往来"的银行机构办理。跨系统银行签发的转账银行汇票的付款，应通过同城票据交换将银行汇票和解讫通知提交给同城的有关银行审核支付后抵用。代理本系统出票银行或跨系统签约银行审核支付汇票款项的代理付款人只能受理在本行开立存款账户的持票人为单位直接提交的银行汇票(个人为收款人时例外)。

2. 商业汇票

商业汇票是银行以外的人作为出票人签发的,委托付款人在指定日期无条件支付确定的金额给收款人或者持票人的票据。商业汇票又分商业承兑汇票和银行承兑汇票,由银行以外的付款人承兑的为商业承兑汇票,由银行承兑的为银行承兑汇票。

知识拓展

针对我国票据实践,我国《票据法》及《支付结算办法》对商业汇票的出票做了一定的限制:在银行开立存款账户的法人以及其他组织之间,必须具有真实的交易关系或债权债务关系,才能使用商业汇票。其中商业承兑汇票的出票人,为在银行开立存款账户的法人以及其他组织,与付款人具有真实的委托付款关系,具有支付汇票金额的可靠资金来源;银行承兑汇票的出票人,为在承兑银行开立存款账户的法人以及其他组织,与承兑银行具有真实的委托付款关系,资信状况良好,具有支付汇票金额的可靠资金来源。这种对汇票出票人资格的限制的立法,与其他各国票据法的规定相距甚远。

(二)一般汇票和变式汇票

根据汇票当事人中出票人、收款人、付款人三方是否由一人兼任为标准,汇票分为一般汇票和变式汇票。其中,三种基本当事人身份分别由不同的人充任的,为一般汇票;有一人同时兼具两种身份的汇票为变式汇票。根据变式汇票中兼具身份的情形不同,变式汇票又可分为指己汇票、对己汇票、付受汇票、己受己付汇票。

1. 指己汇票

指己汇票又称己受汇票,是指出票人以自己为收款人签发的汇票。我国《票据法》未做明文规定。我国《支付结算办法》规定,商业承兑汇票可以由收款人签发交由付款人承兑。

2. 对己汇票

对己汇票又称己付汇票,是由出票人兼付款人的一种汇票,类似于本票。我国《支付结算办法》规定,商业承兑汇票可以由付款人签发并承兑。

3. 付受汇票

付受汇票是由付款人兼收款人的汇票,在付款人内部结算时可以采用。我国未做规定。

4. 己受己付汇票

己受己付汇票即三方当事人资格均由一人兼任的汇票。

(三)即期汇票和远期汇票

汇票根据到期的确定方式不同分为即期汇票和远期汇票。

1. 即期汇票

即期汇票,即见票即付的汇票,具体有载明“见票即付”字样的汇票、没有记载到期日的汇票、记载的到期日与签发日相同的汇票。即期汇票实际上是履行支付职能，可代替现金流通。

2. 远期汇票

远期汇票，即在汇票上明确记载付款日期，在该日期到来之前，收款人或持票人不得请求付款的汇票。根据付款日期记载方式的不同，又可分为定日汇票、出票后定期付款的汇票、见票后定期付款的汇票以及分期付款汇票。远期汇票真正体现了汇票的信用证券的特点。

（四）记名汇票、无记名汇票和指示汇票

根据收款人记载方式不同分为记名汇票、无记名汇票和指示汇票。

1. 记名汇票

记名汇票，即出票人明确记载收款人姓名或商号的汇票，又称抬头汇票。记名汇票因其已记载收款人，故须交付给特定的收款人方为出票完成，在转让票据权利时，需通过背书方式完成。

2. 无记名汇票

无记名汇票，即出票人不记载收款人姓名或商号，或仅记载“本人”或“指定人”字样的汇票。无记名汇票可依交付方式转让，也可记载收款人名称后变为记名汇票。

3. 指示汇票

指示汇票，即出票人在记载收款人的姓名或商号的同时又附加记载“或其指定人”字样的汇票。出票人不得禁止持票人以背书方式进行转让。

（五）光票和跟单汇票

根据票据承兑、付款是否需附有关单据分为光票和跟单汇票。

1. 光票

光票指不需附具任何单据，仅以汇票本身到期承兑、付款的汇票。

2. 跟单汇票

跟单汇票指必须附具与商务有关的单据才能获得承兑、付款的汇票，又称押汇汇票、信用汇票。跟单汇票的单据包括提单、仓单、保险单、商业发票、重量证明单、产地证明书、卫生证明文件等。

三、汇票的出票

出票是指出票人签发票据并将其交付给收款人的票据行为。汇票出票的特点是出票时所记载的内容是委托他人到期无条件付款。汇票做成后须经交付才算完成出票。

汇票作为票据的一种，需要严格依据票据法的规定制作，完成出票时的应记载事项。汇票记载事项对汇票的效力各有不同，或影响汇票出票是否有效，或导致汇票的债权的内容差异。

1. 绝对必要记载事项

各国票据法对汇票绝对必要记载事项的规定并不相同。日内瓦《统一汇票本票法》第一条规定的汇票应记载事项包括：

(1)表明票据为汇票的文句。

(2)无条件支付一定金额的委托。

(3)付款人姓名。

(4)付款日期。

(5)付款地。

(6)收款人姓名。

(7)出票日期及出票地。

(8)出票人签名。

案例

票据法

我国《票据法》第二十二条规定的汇票必须记载事项有：

(1)表明“汇票”的字样。

(2)无条件支付的委托。

(3)确定的金额。

(4)付款人名称。

(5)收款人名称。

(6)出票日期。

(7)出票人签章。

2. 相对必要记载事项

与绝对必要记载事项一样，各国票据法对此规定也不一致。根据我国《票据法》的规定，汇票的相对必要记载事项包括付款日期、付款地、出票地。

(1)付款日期。付款日期又称到期日，是依照票据记载票据权利人行使权利和票据义务人履行义务的日期。一般而言，付款日期应载明于票据。汇票上未记载付款日期的，为见票即付。持票人在法定提示付款期限内，可以随时请求付款。

(2)付款地。付款地是票据权利行使和保全的地点，也是确定法院管辖的依据，国际汇票在付款时如发生法律冲突，还是确定准据法的依据。为了避免纠纷，我国《票据法》规定，票据上未记载付款地的，付款人的营业场所、住所或者经常居住地为付款地。

(3)出票地。出票地是出票人在汇票上记载的出票地点，与实际出票地不一致时，以票据记载的为准。出票时未记载出票地的，以出票人的营业场所、住所或者经常居住地为出票地。

3. 汇票出票时其他可能记载事项

除上述必要记载事项外，还有一些出票时可能记载的事项，如出票人自由选择记载并发生票据上效力的任意记载事项。担当付款人、预备付款人、付款处所、利息及利率等为任意记载事项，我国《票据法》规定：“付款人委托的付款银行的责任，限于按照汇票上记载事项从付款人账户支付汇票金额。”付款银行具有担当付款人身份，虽不是票据债务人，但有权作为付款人的代理人付款；虽不是票据当事人，但持票人应向其提示付款；担当付款人的拒绝付款与付款人自己拒绝有相同的效力。

知识拓展

出票人记载的事项还可能是在票据上不产生效力，但在其他法律上产生效力的事项。如当事人在票据上约定票据纠纷的管辖法院，在汇票记载违约责任，记载票据的原因关系或资金关系等，也可记载绝对有害事项发生时可使汇票归于无效。

第四节 本票

一、本票的概念和特征

视频

本票概念

(一)本票的概念

本票，即“本人付款票据”，是出票人签发的、承诺自己在见票时无条件支付确定的金额给收款人或者持票人的票据。

视频

本票的特征

(二)本票的特征

本票具有以下特征：

1. 本票是自付证券

本票出票人将本人设定为票据的主债务人，承担绝对的付款责任。作为自付证券，出票人给持票人设定的权利不是追索权，而是付款请求权；作为自付证券，不像汇票一样设计承兑制度，法律关系只涉及出票人和收款人，也简单得多。持票人只需向出票人提示付款，不必像汇票持票人那样担心付款人是否同意支付。

本票系出票人无条件支付的预约证券。本票付款源于出票人的支付承诺。出票作为单方付款承诺，事实上是预先做出的支付一定金额的约定，对出票人有绝对的约束力，因而被称为无条件支付的预约证券。

2. 本票系信用证券

在票据制度中，本票常作为信用证券使用。在多数国家票据法中，本票是出票人在到期日无条件支付票据金额的票据，故不以见票即付为限。我国《票据法》规定本票限于银行签发，又限于见票即付票据，因而极大地限制了本票作为信用证券的功能。因此，本票应定义为出票人签发的、承诺自己在确定的到期日或见票时无条件支付确定的金额给收款人或持票人的票据。

二、本票的种类

基于我国《票据法》对本票种类有较大的限制，我们先从票据理论上对本票进行分类。

(一)记名本票、指示本票和无记名本票

这是依本票上记载权利人方式为标准所做的分类。我国《票据法》仅规定了记名本票一种，但我国台湾地区和香港地区的票据法则承认无记名本票，英美国家的票据法均承认三种本票。

★ 视频

本票的种类

(二)即期本票和远期本票

这是依本票到期日记载方式为标准所做的分类。我国仅规定了即期本票，远期本票又分为见票后定期付款的注期本票、定日付款的定期本票、出票后定期付款的计期本票和分期付款的本票。

(三)银行本票和商业本票

企业、事业、机关、团体等单位签发的本票称为商业本票；银行签发的本票称为银行本票。我国未规定商业本票。

三、本票的出票

(一)本票出票的格式

本票的出票是指出票人签发承诺由自己无条件向持票人或收款人支付一定金额的票据款的票据行为。与汇票出票行为一样，本票的出票也属单方法律行为、要式行为、无因行为等。

从理论上说，本票的出票格式仅指根据票据法规定的应记载事项记载完毕。但是，如支票、汇票一样，实务中的票据既不允许任意选用纸张做成票据，也不允许出票人自己印刷票据格式签发票据。在我国，由于仅由中国人民银行批准的银行才能签发本票，故本票实际上由各银行根据中国人民银行规定的统一样式印制。各银行为了便于票据发行，在印制票据时将本票的必备事项栏目印好，包括本票文句、支付文句、支付地点、背书文句等，甚至出票银行都已印就，出票人只要在相应栏目记载即可。

(二)绝对必要记载事项

我国《票据法》第七十五条规定，本票必须记载下列事项：

(1)表明“本票”的字样。

(2)无条件支付的承诺。

(3)确定的金额。

(4)收款人名称。

(5)出票日期。

(6)出票人签章。

该六项记载事项的一项或数项欠缺的，则本票无效。

(三)相对必要记载事项

根据《票据法》第七十六条规定，本票相对必要记载事项包括付款地和出票地。

1. 付款地

出票人在签发本票时，应当明确记载付款地，本票上未记载付款地的，推定出票人的

营业场所为付款地。我国票据实务中因商业银行实行总分行制而常不记载付款地，一般也无代理付款人的记载，故票据上记载的是出票银行分支行的本票专用章。依《支付结算办法》规定，持票人应向开户银行提示付款。但在本票被拒绝付款场合，如何由支付地法院管辖规则确定管辖地需要讨论。我们认为，由于商业银行的各分支行所在地都是签发本票银行的营业场所，故持票人可依“付款被拒绝地”确定管辖法院而提起诉讼。

2. 出票地

根据《票据法》规定，出票地记载应清楚、明确，本票上未记载出票地的，出票人的营业场所为出票地。由于出票银行是确定的，故应依出票银行(具体的分支行)营业场所决定出票地。

此外，付款日期在日内瓦《统一汇票本票法》等法律中为相对必要记载事项，在定期付款、出票后定期付款、见票后定期付款、分期付款本票中，付款日期的记载对于票据权利义务关系的确定具有很大的意义。我国《票据法》规定本票为见票即付票据，故不用记载付款日期。

导入案例分析

(1)无效。

(2)根据我国《票据法》关于汇票出票行为的规定，出票人必须在票据上记载的事项包括：“汇票”字样；无条件支付的委托；确定的金额；付款人名称；收款人名称；出票日期；出票人签章。以上事项欠缺之一者，票据无效。

(3)本案中，承兑银行可以拒绝付款。因为根据票据行为的一般原理，出票行为属于基本的票据行为，承兑行为属于附属的票据行为。如果基本的票据行为无效，附属的票据行为也随之无效。

本章小结

通过对本章的学习，可以帮助读者了解票据法的基本概念，掌握票据法的种类、功能以及汇票和本票的相关知识。

拓展阅读

汇票与本票的异同

一、汇票与本票的相同点

(一)具有同一性质

1. 都是设权有价证券

即票据持票人凭票据上所记载的权利内容，来证明其票据权利以取得财产。

2. 都是格式证券

票据的格式(其形式和记载事项)都是由法律(即票据法)严格规定的，不遵守格式对票据的效力有一定的影响。

3. 都是文义证券

票据权利的内容以及票据有关的一切事项都以票据上记载的文字为准，不受票据上文字以外事项的影响。

4. 都是可以流通转让的证券

一般债务契约的债权，如果要进行转让时，必须征得债务人的同意；而作为流通证券的票据，可以经过背书或不做背书仅交付票据的简易程序就可自由转让与流通。

5. 都是无因证券

即票据上权利的存在只依票据本身的文字确定，权利人享有票据权利只以持有票据为必要，至于权利人取得票据的原因，票据权利发生的原因均可不问。这些原因存在与否，有效与否，与票据权利原则上互不影响。由于我国的票据还不是完全票据法意义上的票据，只是银行结算的方式，因此这种无因性不是绝对的。

(二)具有相同的票据功能

1. 汇兑功能

凭借汇票和本票的这一功能，解决两地之间现金支付在空间上的障碍。

2. 信用功能

汇票和本票的使用均可以解决现金支付在时间上的障碍。汇票和本票本身不是商品，它是建立在信用基础上的书面支付凭证。

3. 支付功能

汇票和本票的使用均可以解决现金支付在手续上的麻烦。汇票和本票通过背书可做多次转让，在市场上成为一种流通、支付工具，减少现金的使用。而且由于票据交换制度的发展，汇票和本票都可以通过票据交换中心集中清算，简化结算手续，加速资金周转，提高社会资金使用效益。

二、汇票与本票的不同点

汇票与本票的不同点有以下几点：

(1)本票是自付(约定本人付款)证券，汇票是委付(委托他人付款)证券。

(2)我国的票据在使用区域上有区别。本票只用于同一票据交换地区，汇票在同城和异地都可以使用。

(3)付款期限不同。本票付款期为 2 个月，逾期兑付银行不予受理；汇票必须承兑，因此承兑到期，持票人方能兑付。商业承兑汇票到期日付款人账户不足支付时，其开户银行应将商业承兑汇票退给收款人或被背书人，由其自行处理。银行承兑汇票到期日付款，但承兑到期日已过，持票人没有要求兑付的如何处理，银行结算办法没有规定，各商业银行都自行做了一些补充规定。如中国工商银行规定：超过承兑期日 1 个月持票人没有要求兑付的，承兑失效。

本章习题

一、选择题

1. 依票据法原理，票据被称为无因证券，其含义是指(　　)。

A. 取得票据无须合法原因，即使是盗窃而得的票据，持票人也享有票据权利

B. 票据权利以票面记载为准，即使票据上记载的文义与记载人的真实意思有出入，也要以该记载为准

C. 占有票据即能行使票据权利，不问占有该票据的原因和资金关系

D. 当事人签发、转让、承兑等票据行为须依法定形式进行

2. 下列有关票据权利的表述，不正确的是(　　)。

A. 持票人行使票据权利，应当按照法定程序在票据上签章并出示票据

B. 票据权利是专指持票人向票据债务人请求支付票据金额的权利，包括付款请求权和追索权

C. 持票人对汇票承兑人的票据权利，自票据到期日起 2 年内不行使即消灭

D. 持票人对汇票出票人的票据权利，自出票日起 6 个月内不行使即消灭

3. 一张汇票的出票人甲、乙、丙、丁、戊依次是背书人，己是持票人。现查出这张汇票的金额被变造，且确定丁、戊是在变造之后签章，乙是在变造之前签章，但不能确定丙是在变造之前或变造之后签章的。则下列说法中正确的是(　　)。

A. 汇票中的金额被变造导致这张汇票无效

B. 甲、乙、丙、丁、戊均只就变造前的票据金额对己负责

C. 甲、乙就变造之前的票据金额对己负责，丙、丁、戊就变造后的金额对己负责

D. 甲、乙、丙就变造之前的票据金额对己负责，丁、戊就变造后的金额对己负责

二、填空题

1. 票据作为最先产生的有价证券，它使由其所表现的权利彻底证券化，并先于其他有价证券获得长足的发展，成为一种最重要的有价证券，被誉为“__________”。

2. 根据票据出票人和付款人的关系不同，可分为__________和__________。

3. __________是银行以外的人作为出票人签发的，委托付款人在指定日期无条件支付确定的金额给收款人或者持票人的票据。

三、简答题

1. 票据的主要特征有哪些？

2. 票据的主要功能是什么？

3. 票据法的主要特征是什么？

四、案例题

某科研所因转让专利技术得到一张 380 万元的银行承兑汇票，离到期日还有 3 个月的时间，该科研所遂派人持该汇票到某银行办理质押贷款，但在途中遭抢劫。有人给他们出主意说，最好去申请公示催告。请问：

(1)应当去哪里申请公示，催告哪些机关？

(2)失票人依照法律的规定向有权受理公示催告的机关提出了合乎法律要求的申请，该机关决定受理。受理后，该机关应当进行哪些事项？

(3)法定机关依法做了一定的工作后，如果有人持票来申报权利，依法申报后将会产生怎样的结果？

(4)如果在一定的期限内无人来申报权利或者申报被驳回，又将会产生怎样的结果？

测试题

选择题

测试题

判断题

第八章

破产法

知识要点

1. 了解破产制度及其法律特征；
2. 熟悉我国破产法的发展历程；
3. 掌握破产的主要程序及破产的申请和受理。

核心概念

破产　破产制度　破产法

情境导入

2007 年 7 月 30 日，人民法院受理了华美公司的破产申请，并同时指定了管理人。管理人接管华美公司后，在清理其债权债务过程中，有如下事项：

(1)2006 年 4 月，华美公司向天宇公司采购原材料而欠天宇公司 80 万元货款未付。2007 年 3 月，华美、天宇双方签订一份还款协议，该协议约定：华美公司于 2007 年 9 月 10 日前偿还所欠天宇公司货款及利息共计 87 万元，并以华美公司所属一间厂房做抵押。还款协议签订后，双方办理了抵押登记。天宇公司在债权申报期内就上述债项申报了债权。

(2)2006 年 6 月，华创公司向工商银行借款 120 万元，借款期限为 1 年。华美公司以所属部分设备为华创公司提供抵押担保，并办理了抵押登记。借款到期后，华创公司未能偿还该工商银行贷款本息。经华美公司、华创公司和工商银行协商，华美公司用于抵押的设备被依法变现，所得价款全部用于偿还工商银行，但尚有 20 万元借款本息未能得到清偿。

(3)2006 年 7 月，华美公司与金富公司签订了一份广告代理合同，该合同约定：金富公司代理发布华美公司产品广告，期限 2 年。一方违约，应当向另一方承担违约金 20 万元。至华美公司破产申请被受理时，双方均各自履行了部分合同义务。

(4)2006 年 8 月，华美公司向李某购买一项专利，尚欠李某 19 万元专利转让费。李某之子小李创办的天利公司曾于 2006 年 11 月向华美公司采购一批电子产品，尚欠华美公司货款 21 万元。

人民法院受理华美公司破产申请后，李某与天利公司协商一致，天利公司在向李某支付 19 万元后，取得李某对华美公司的 19 万元债权。天利公司向管理人主张以 19 万元债权抵销其所欠华美公司相应债务。

(5)华美公司共欠本公司职工工资和应当划入职工个人账户的基本养老保险、基本医疗保险费用 37.9 万元，其中，在 2006 年 8 月 27 日新的《中华人民共和国企业破产法》公布之前，所欠本公司职工工资和应当划入职工个人账户的基本养老保险、基本医疗保险费用为 20 万元。华美公司的全部财产在清偿破产费用和共益债务后，仅剩余价值 1 500 万元的厂房及土地使用权，但该厂房及土地使用权已于 2006 年 6 月被华美公司抵押给 B 银行，用于担保一笔 2 000 万元的借款。

案例思考：

(1)管理人是否有权请求人民法院对华美公司将厂房抵押给天宇公司的行为予以撤销？并说明理由。

(2)某工商银行能否将尚未得到清偿的 20 万元欠款向管理人申报普通债权，由华美公司继续偿还？并说明理由。

(3)如果管理人决定解除华美公司与金富公司之间的广告代理合同，并由此给金富公司造成实际损失 5 万元，则金富公司可以向管理人申报的债权额应为多少？并说明理由。

(4)天利公司向管理人提出以 19 万元债权抵销其所欠华美公司相应债务的主张是否成立？并说明理由。

(5)华美公司所欠本公司职工工资和应当划入职工个人账户的基本养老保险、基本医疗保险费用共计 37.9 万元应当如何受偿？

第一节 破产和破产制度

一、破产的概念和法律特征

(一)破产的概念

破产通常是指因为经营失败而不能偿还债务的一种事实状态。从经济学角度来看，破产是指经营失败导致经济主体解体的一种客观状态，是经济主体消亡的一种方式。从法律角度来看，破产一词具有特定的含义。英国《牛津法律大辞典》将破产定义为“政府通过法定程序取得债务人的财产，从而将其变卖，并且通过优先请求及优先顺序把债务人的财产按一定比例分配给债权人”的一种程序。日本《法律学小辞典》将破产定义为：“当债务人出现不能清偿到期债务的场合，以将债务人的全部破产财产公平分配给所有债权人为目的的审判上的程序。”我国的《法学大辞典》将破产定义为：“债务人不能清偿到期债务或负债超过资产时，由法院强制执行其全部财产，公平清偿全体债权人，或者在法院的主持下，由债务人与债权人会议达成和解协议，避免倒闭清算的法律制度。”

我国破产法的“破产”作为法律上的用语，含有实体和程序两重意义。前者指债务人不能清偿到期债务时所处的财务状态。该状态既可指资不抵债即“债务超过”，也可指虽然资产大于负债，但因资金周转不灵，以致陷于停止支付的境地。后者是指债务人不能清偿到期债务时，为满足债权人正当合理的要求，就债务人总财产进行的以清算分配为目的的审判程序。

知识拓展

有学者认为，破产作为一种法律制度，既具有程序法的性质，也具有实体法的性质，是二者兼具的一种特殊的法律制度。所以，破产的含义应该是：债务人不能清偿到期债务，法院根据有关当事人的申请，将债务人的破产财产依法分配给债权人的特定的法律程序。

（二）破产的法律特征

破产，是市场经济倡导优胜劣汰原则下的必然产物。根据破产的概念，其主要具有下列特征：

1. 破产是清偿债务的特殊手段

破产是债务人不能清偿到期债务时，依法将债务人的全部财产一次性分配给全体债权人，从而了结债权债务关系的一种程序。从这个意义上讲，破产与民事诉讼中的强制执行都是清偿债务的手段。但破产是一种特殊的偿债手段，与一般的强制执行相比较，其不同之处表现为：

(1)破产程序的开始，是以债务人不能清偿到期债务这一事实为前提，而一般强制执行不需要以此为前提，只要债务人依法应向债权人履行义务而未履行时，即可提起强制执行的请求。

(2)破产以债务人的全部财产作为清偿债务的基础，债务人以其全部资产一次性偿债，并因此而丧失其主体资格，这是破产最直观的特征。一般强制执行只以债务人的部分财产作为清偿对象，它不产生债务人主体资格的消灭这样的法律后果。

(3)破产的主要目的是公平地清偿债务，是一个自成体系的司法程序，而一般强制执行仅是民事诉讼程序中的一个环节。

2. 破产以不能清偿到期债务为前提

各国破产法都规定了破产条件或破产原因，有的以到期债务已超过债务人的全部资产为法定条件，有的以资不抵债为法定条件，有的以无力清偿到期债务为法定条件。尽管各国规定不同，但归根到底，破产程序的开始是源于债务人不能履行到期债务。因为在这种情况下，债务人的支付不仅严重损害了债权人的利益，而且阻碍了社会经济秩序的正常运行，只有通过破产程序，及时、公平地清偿债务，才能消除交易秩序中的障碍，从而保障社会经济的正常发展。

3. 破产是公平清偿债务的程序

在破产程序中，一般有两个或两个以上的债权人，并且债务人的全部资产不足以偿付已到期的债务，因此，公平清偿债务成为破产程序的主要目的和基本原则。公平清偿不同于平均清偿，其是指对不同类型的债务分别对待并且对相同类型的债务依照一定的比例进行清偿。公平清偿债务不仅体现为债权人与债权人之间的公平受偿，也体现为债权人与债务人之间的公平清偿，因为破产法作为一个协调利益的法律，在保护债权人利益的同时，兼有保护债务人合法利益的任务，进而实现维护社会利益的目的。

4. 破产是由法院实施的清偿程序

在整个破产程序中，从破产案件的受理到破产宣告、破产终结，自始至终都是由法院主持的。其原因在于：一方面，破产不是双方当事人自由意志选择的结果，而是依照法律规定进行的强制性程序；另一方面，破产直接导致债务人法律主体资格的消失，因此，法院的介入是必然的而且是必要的。破产这一特征使其区别于一般的债务清偿行为。

二、破产制度

(一)破产制度的概念与性质

破产制度是指债务人不能清偿到期债务时，法院根据当事人的申请通过破产程序使债权人获得公平清偿的法律制度。

关于破产制度的性质，即破产制度属于程序法、实体法还是综合性法律，有不同的学说和立法模式。从各国立法情况来看，大致有以下四种情况：

(1)归入民事诉讼法。葡萄牙即属此例。

(2)归入民法或商法。在民商法分立的国家中，实行商人破产主义的国家将破产法纳入商法，如法国、意大利的商法典中规定有“破产编”。而有的国家将破产法分别纳入民法、商法中，如西班牙 1885 年的《商法》第四编中规定了商业破产的实体内容，1889 年的《民法》规定了破产债务免除的内容。在民商合一的国家，多将破产法作为民事特别法。

(3)单独立法。英国、美国、日本及德国都把破产法列为不属于其他法律的独立部门。

(4)归类为综合性法律。即认为破产制度既属实体法又属程序法。

(二)破产制度的三种目标模式

纵观世界破产制度的发展历史可以知道，破产制度的每一次变革、每一次飞跃都顺应了社会发展的客观需要，反映着立法者的价值取向，这种价值取向就是破产法律制度的目标模式。破产法律制度的目标模式，是立法者通过破产法律制度的实施所期待达到的一种理想状态。目标模式与具体制度之间是内容与形式的关系。

目标模式是具体制度的内容，通过具体制度的安排而得以体现；具体制度是目标模式的形式，通过体现目标模式而存在。

对于破产法律制度的目标模式，我国学者认为可以划分为以下三类。

1. 债权保护模式

对债权人实行充分的保护，是破产法得以产生的最初原因。破产法的全部原则、制度和程序，均围绕债权人利益这一主轴而设计安排，债权人的利益高于一切。与此相对，债务人的利益则被置于次要的、从属的地位。

2. 债务救济模式

债务救济模式实行破产有罪主义、破产免责主义、自由财产制度、破产和解主义、复权主义。这种目标模式认为，破产法完全是债务人的救济手段，因为在破产案件中的大多数，都是启动于寻求司法救济的债务人的自愿行为。概言之，破产法就是债务人的救济法。

3. 社会本位模式

社会本位模式是在债务救济模式的基础上发展起来的，前者是后者的合理延伸，后者包含在前者当中，二者相辅相成，并不绝对排斥。其标志因素有：一是国家极力全面渗透和干预破产过程，法院在破产程序中的能动地位空前强化；二是破产职工的善后安置被纳于破产程序的制度构造当中；三是破产重整制度的创设和运用。其中，以第三点最富意义。

以上三大模式的变化和更迭，构成了破产法历史发展的主要轨迹。不同的国家，根据本国的政治、经济、文化特点以及民主科学和文明程度的不同，对三大模式做出不同的选择。

第二节 破产法

一、破产法的概念

概言之，破产法是规范破产程序中法院、债权人、债务人和其他参与人的行为和权利义务关系的法律规范的总称。破产法主要由破产程序法和破产实体法组成。破产程序法主要包括破产申请与受理、破产宣告、债权人会议、破产和解、破产整顿、破产清算等内容；破产实体法主要包括破产原因、破产财产、破产债权、撤销权、取回权、抵销权、别除权等内容。破产法有广义和狭义之分。狭义的破产法仅指直接以破产法命名的法律文件。广义的破产法指包括狭义破产法在内的、有关破产程序和破产实体的一切法律规范的总称。

知识拓展

我国破产法主要包括2006年《中华人民共和国企业破产法》和国务院制定的与破产相关的行政法规。如国务院分别在1994年和1997年发布的《关于在若干城市试行国有企业破产有关问题的通知》《关于在若干城市试行国有企业兼并和职工再就业有关问题的补充通知》。此外，还有一些省、市、自治区制定的地方条例，如1993年《广东省公司破产条例》，1993年《深圳经济特区企业破产条例》。

二、破产法的发展

回顾外国破产法的发展历史，可以从大陆法系国家和英美法系国家分别予以考察。

(一)大陆法系国家的破产法

破产制度发源于古罗马的财产执行制度。罗马的财产执行制度经历了对人执行到对物执行、私力救济到公力救济的不同阶段。最早当债务人不能清偿债务时，根据《十二铜表法》的规定，债权人可以拘禁债务人迫使其清偿债务，甚至可以出卖或杀死债务人以代替债务的履行。随着社会的发展，债权人认识到将债务人处死于己不利，因此便强制债务人以终身或定期劳役代替债务清偿。罗马帝国时期，随着商品经济的快速发展，罗马私法得到了空前的繁荣，成为反映简单商品生产者社会较完备的法律形式。与此相适应，原来债权法中对债务人实行人身执行的制度也为财产管理制度所取代。

知识拓展

债务执行从对人的执行转变为对物的强制执行，财产执行制度便是在对物强制执行的基础上产生的，这种制度的核心内容就是财产扣押制度，即当债务人不能履行债务时，债权人可以将其财产扣押以清偿债务。这种私力救济的扣押制度后来又演变为法院介入的诉讼上的假扣押制度。虽然罗马时期的这种财产执行制度不同于现代破产制度，但在这种制度下，债务人不能偿还债务时将其全部财产强制用于清偿债务，清偿过程由法院主持进行，并且可由债权人选出一定的管理人参与分配过程，在债权人为多人的情况下，变卖的财产所得按比例清偿。因此可以说，罗马法下的财产执行制度是现代破产制度的雏形。

13世纪后，意大利商业中心城市蓬勃发展，繁荣的商业贸易以及古罗马的法律文化传统，促使了破产制度的形成。具体而言，由于商业的发达，必然产生大量的商业借贷关系和债权债务关系，那么调整债权债务关系的破产制度也就应运而生。为此，地中海的商业中心威尼斯于1244年制定了第一部比较详细的规定商人破产处理措施的《威尼斯条例》，1341年米兰制定了类似的《米兰条例》，1415年佛罗伦萨也以《威尼斯条例》为蓝本制定了《佛罗伦萨条例》。这些条例都比较详细地规定了商人破产问题的处理。这些破产条例制定的意义在于，奠定了破产制度的基础，并成为世界各国破产制度的先驱。

不过，在制定破产法方面做出了巨大贡献的国家当数法国和德国。自19世纪中叶后，欧洲大陆各国均以法国、德国破产法为蓝本制定了具有本国特色的破产法，并且法、德破产法也随着法、德两国殖民地的扩张漂洋过海，进一步影响到欧洲以外的很多国家，最终形成了庞大的大陆法系破产法。如果对大陆法系破产法进行梳理，可以归纳出以下主要特点：

(1)各项具体制度以民商法典为基础，并且使用抽象的法律术语。

(2)债权人本位主义色彩浓厚，对债务人保护不充分。

(3)法院过多地干预破产程序，债权人自治地位相对较弱。

(4)破产法的适用范围因各国历史传统的差异而有一般破产主义与商人破产主义之别。

(二)英美法系国家的破产法

英美法系国家破产法的诞生，略晚于欧洲大陆国家的破产法。可是需要强调的是，英美法系国家的破产法是以英国破产法为基础发展、演变而来的。有趣的是，虽然英美法系具有不成文的传统，但破产法却从其产生之日即以成文法的形式存在。

知识链接

与欧洲大陆国家的破产法相同，最初的英国破产法也同样没能摆脱“债权人利益优先”这一主旋律的影响，并表现出与欧洲大陆各国大致相似的发展轨迹。英国在亨利八世统治时代制定了第一部破产法。其主要内容在于保障债权人利益的实现。当一个商人不能全额清偿其债务时，债权人可以占有其全部财产。法律不但允许债权人对债务人的财产进行清算，而且允许债权人将债务人投入监狱直到其将剩余债务还清为止。18世纪早期，免除债务人刑事责任，并免除其对剩余债务的清偿责任的理念逐步体现到英国成文法中。

由于英国奉行殖民扩张主义，所以其破产法还对加拿大、澳大利亚等国家的破产法产生了深远的影响，并形成了英美法系破产法。概括英美法系国家破产法的特点，主要表现在：

(1)破产法为程序法，破产实体规范则主要散见于其他法律或判例中。

(2)实行破产程序受理开始主义，破产程序开始于法院受理破产申请之时。

(3)保障债权人的自治地位。

(4)普遍推行破产免责主义。

不论是英美法系还是大陆法系，破产法在发展中呈现出以下共同趋势：

(1)从商人破产到一般破产。最初的破产立法只适用于商人，因为当时商人是市场经济中最活跃的主体。随着资本主义工业革命的发生，工业企业迅速崛起，并不可避免地出现倒闭现象，因此，迫使立法者将破产人的范围扩大到非商人，如英国、法国、德国、日本均采取了一般破产主义。但从商人破产到一般破产仅代表了一般趋势，至今仍有不少国家采用商人破产主义，如意大利、比利时等国。

(2)从有罪破产到无罪破产。早期破产立法大多采取有罪破产原则，随着社会文明的进步，多数国家现在实行无罪破产，但仍有少数国家如玻利维亚、哥伦比亚仍然采取破产有罪推定的立法态度。

(3)从保护债权人利益到公平保护债权人和债务人利益。破产制度的产生根源是对于债权人利益的保护，因此早期立法主要侧重于债权人利益的保护。近现代的破产立法者充分意识到法律的利益平衡功能，创设了和解、免责、重整等制度，从而更加公平地保护债权人和债务人的利益。

三、我国破产法的发展

(一)中华人民共和国成立前的破产法律制度

在我国法律传统上奉行“父债子还”这种伦理观念，所以中国的封建社会根本不可能产生破产制度，也不可能产生债权人平等的自然法观念。随着资本主义萌芽的产生，国内外商务贸易活动增加，清末光绪年间，修订法律的大臣沈家本于1906年起草了我国历史上第一部破产法——《破产律》，计9节共69条，该法只适用于商人。当时的户部和商界对“债权人平等原则”的意见不一致，因该法违反和打破了当时“先洋款、后官款、后华商分摊”的债务清偿程序和惯例而遭到强烈反对，最终于1908年11月被明令废止。

1911年辛亥革命以后，国民党政府重新制定各种法律。1915年由北京法律修订馆起草了破产法草案，内容分为实体法、程序法、罚则三编，共337条。由于该法完全参照德国和日本的破产法，脱离了中国的实际情况，存有不少错误之处，故一直未能成为一部真正意义上的法律得以公布。1935年4月，国民政府立法院民法委员会起草破产法。当时农村经济面临衰落的危机，工商业倒闭事件频频发生，个人无力偿债者比比皆是。为了适应社会对破产清算程序的需求，破产法采用一般破产主义，并将破产清算程序与破产和解程序同时规定，对破产人实行非惩戒主义和免责主义。该法由总则、和解、破产、罚则4章共计159条组成，于1935年10月1日施行。从该破产法的内容来看，其突出特点表现为与当时的世界立法趋势相吻合。该法不仅规定了当时世界各国流行的和解制度，还规定了债务人或破产人财产采用属地主义、破产宣告的申请主义原则。该法较之以前各部破产法，在借鉴、比较、吸收国外先进、成熟制度方面跨出了非常成功的一步。

(二)中华人民共和国成立后的破产法律制度

中华人民共和国成立后，废除了包括破产法在内的国民党制定的所有法律。在中华人民共和国成立初期，由于存在一部分私营企业、公私合营、合作社、摊贩、小作坊的破产问题，最高人民法院对这些私营企业的破产还债程序曾做出了一系列的司法解释，如1956年1月26日最高人民法院《关于私营企业破产还债中的问题的批复》、1957年1月最高人民法院《关于破产清偿的几个问题的复函》等。

随着社会主义改造的完成，中国推行公有制下的高度集中的计划经济政策。在这种背景下，破产制度只能淡出中国的历史舞台，因为在公有制计划经济制度下既没有破产的必要，也没有实施破产的可能。

我国实行经济体制改革后，在法学理论界开始着手研究和筹划建立破产制度这项工作。我国学者普遍认为，推行商品经济后，企业的盈利和亏损是无法避免的，那么将一些经营不良、严重亏损的企业纳入破产队伍，建立一套亏损企业离开市场的退出机制就很有必要，因此制定一部中华人民共和国成立以来的新破产法已成为一种客观必要。

1983年9月，国务院经济技术社会发展研究中心率先起草了《关于"企业破产整顿法"的方案设想》。同时沈阳、广东、重庆、武汉等部分地区先后进行地方性破产个案的尝试。1985年，经济改革的试点城市沈阳市颁布了《沈阳市关于城市集体所有制工业企业破产倒闭处理的试行规定》，该法规是中华人民共和国第一个地方性破产法规，是一种积极探索的结果，在中华人民共和国成立以后的破产制度发展史上具有里程碑的意义。该法规的制定、先行试验所积累的经验以及实施后产生的积极的社会效果，对于下一步的全国性破产立法具有重要的借鉴意义。

经过20世纪80年代初的理论讨论和初步实践，1986年12月2日，第六届全国人民代表大会常务委员会第十八次会议通过了中华人民共和国第一部破产法——《中华人民共和国企业破产法(试行)》，以下简称《破产法(试行)》。《破产法(试行)》调整的对象限定为全民所有制企业。对于非全民所有制法人型企业破产的适用，则通过补充立法归入1991年《中华人民共和国民事诉讼法》第十九章的"企业法人破产还债程序"之中。

2006年8月27日，《中华人民共和国企业破产法》(以下简称新《破产法》)在第十届全国人民代表大会常务委员第二十三次会议上审议通过，这是中国转型时期的标志性事件。这部我国市场经济体制改革进程中备受关注的法律，从1994年起草，历经12年多次修改，终于"破茧而出"，从立法上确立了真正意义上的企业破产制度。该法由总则、申请和受理、管理人、债务人财产、破产费用和共益债务、债权申报、债权人会议、重整、和解、破产清算、法律责任、附则12章共计136条组成，自2007年6月1日起施行。

新《破产法》是中国一部新的经济宪法，对于市场经济主体而言，它是关乎"死"与再生的法律，解决的是市场退出与重整的问题。新《破产法》填补了市场经济规则体系中关于退出法和再生法的一大缺口，是一个历史性的进步。另外，该法在理念与制度方面有诸多的突破。如适用范围的扩大、管理人制度和重整制度的引入、对债权人自治的重视、破产不当行为的控制以及破产责任的强化等。

四、破产法的基本原则

破产法应遵循以下两个基本原则：一是公平原则，二是效率原则。

(一)公平原则

公平原则是破产法的一项基本原则。破产制度的主要目的有两个：一是使债权人在企业现有破产财产范围内平等地按比例受偿；二是使债务人摆脱沉重的债务负担。这就决定了破产法的公平原则的具体内容和要求。

1. 债权人之间的法律地位平等

债权人在破产过程中，不论其是国有企业、集体企业还是私营企业，不论其是大型企业、小型企业、中央企业还是地方企业，不论其债权数额大小，都应享有平等的程序权利和实体权利。

2. 债权人和债务人的法律地位平等

这一点是现代法制文明的要求。在早期的破产立法中，不论是将债务人杀死作为债务偿还的对人执行方式，还是将债务人沦为债权人奴隶的债务奴役制度或判处债务人一定刑罚的以刑代偿制度，都是遵循“破产有罪”的观念，在这种观念上债务人很难获得诉讼上的权利。随着现代文明的进步，对破产人的立法态度逐步趋于宽松、宽容，大多数国家立法采取了“破产无罪”的原则，并保证债权人与债务人在诉讼中的平等地位，债务人享有提起破产请求权、答辩权、异议权，并可通过重整、和解、免责等制度维护其合法权益。公平原则既是破产法的立法出发点，也是破产立法的归宿。

（二）效率原则

每一部法律都要追求效率，破产法也不能除外。对于破产法而言，效率原则意味着破产法应是一部着眼于企业复兴的法律，同时破产程序的设计也应简易可行。

破产法律制度的设计应符合经济效益的原则。破产法最初是为了保障债权人利益而分配破产企业财产、结束破产企业的一种清算制度。但这种清算破产制度的缺陷是，造成大量的工人失业，并且企业财产在单独出售时的价值可能远远低于其作为整体的运营价值。另外，由于企业的破产还会影响到国家的税收收入、社区经济发展，而且债权人并不能从破产财产中获得全部的债务清偿，因此，传统的清算破产制度从经济的角度看是低效率的。

五、破产法的作用

（一）保护债权人利益

破产制度的产生源于保护债权人利益这一动机与目的。破产法对债权人的保护虽然在不同的历史时期采取了不同的手段，如从杀戮、奴役债务人到分配债务人财产，但目的是不变的，即保护债权人利益。这个作用主要体现为：

(1)破产结束了债务的拖延，使债务得到了现实的清偿。如果债务人已经深陷于财务危机，不能偿还到期债务而继续苟延残喘下去，只会导致债务人的财务状况进一步恶化，资产进一步亏损直至耗尽。在这种情况下，债权人将一无所获，而且这种久而不决的债务将导致债务链的形成，从而影响到整个社会交易秩序的安全。所以，在债务人不能偿还到期债务时及时地宣告破产，是保护债权人的一个必要的途径。

(2)破产保证了债务人以其最大偿债能力公平地满足债权人的债权。破产不同于一般的债务清偿，从其开始到结束都受法律的干预与监督，并且法律上也做出了详细的规定，例如，债务人不能任意处分破产财产，不能将财产私自赠送、转移或擅自向部分债权人进行清偿，从而使得有限的财产能够在债权人之间，依债权人性质的不同依照法定程序清偿。

（二）保护债务人的合法权益

以保护债务人的合法权益为目的，这是随着经济的发展、人类文明的进步而从破产法中逐渐衍生出来的。在早期破产立法中，债务人若不能清偿债务，则被杀戮、奴役或投入监牢，债务人连自己基本的人身权利都不能保障，更不用奢望其他权益的保护了。随着近代破产立法观念的变化，人们渐渐认识到前述做法不仅野蛮且于事无补，因此改为用分配债务人财产、宣告其法律实体结束作为偿还债务的方式。另一方面，法律对于债务人的态度也日趋宽容，从破产有罪主义发展到破产无罪主义，并且将对债务人合法权益的保护明文规定在法律中。其中，破产免责就是一种最为典型的保护制度，即破产程序终结后，对于债务人未能清偿的债务，在法定范围内免除其继续清偿的责任。这样，通过破产程序，债务人可以走出债台高筑的阴影，也为诚实的债务人提供一个再生的机会，体现了现代破产法新的价值取向。

(三)促进市场经济的正常运行

竞争是市场经济的一个重要特征。众所周知，竞争有利于促进资源的优化配置，并且有助于加强企业及其职工的责任感，而实现这一目标的有效途径之一便是破产。破产制度对市场经济的作用主要体现在以下几方面：

1. 扫除经济运行的障碍

作为市场主体，每一个企业都是市场的一分子，而企业经营不善濒临破产时，不能进行正常的生产和交易，不能清理其债务关系，势必影响到企业的供货商、贷款人及其他关联企业，从而影响到社会经济秩序的正常运行。

依照法定的破产程序结束此类企业，有利于理顺企业之间的债权债务关系，从而扫除经济运行的障碍。

2. 促进资源的优化配置

竞争的结果是优胜劣汰，劣汰的极端表现即企业破产。从资源配置这个角度看，企业破产即资源(包括人力资源、资本资源)从破产的企业转移到其他正常运营的企业，从而发挥资源的最大效用。如果没有破产制度，企业经营亏损却继续维持现状，则意味着投入的人力资源、资本资源没有相应的产出，从而造成资源的浪费。

3. 加强企业及其职工的责任感

破产是任何正常经营的企业都会力图避免的一种结局，而法律上规定了这样一种制度，恰好可以对企业管理层以及职工起到鞭策作用，促使其更加兢兢业业地经营企业，从而提高企业的效率，促进经济的发展。

第三节　破产的程序

一、破产要件概述

破产程序是债务人不能清偿到期债务，法院根据债权人或债务人的申请，将债务人的破产财产依法分配给债权人的特定程序。破产程序实际上是在法院主持、监督下，由全体债权人参加的，对债务人财产进行分配的一种特别程序。

破产程序开始的要件，是开始破产程序所应当具备的条件，可以分为程序性要件和实体性要件。程序性要件，指开始破产程序必须满足的程序上的条件，如提出破产申请、缴纳费用、法院的管辖权等。程序性要件不具备或不完全具备时，法院可以要求申请人补救，补救后符合程序性要件的仍可开始破产程序。理论上，一般将破产程序的程序要件和实体要件看作是广义上的破产程序开始要件。狭义上的破产程序开始要件，仅指破产程序的实体要件。

破产程序开始的实体要件，即开始破产程序的根本原因，不具备这些条件就不能开始破产程序。

关于破产程序开始的实体要件，国内外理论界有不同的看法：

第一种，两要件说。该学说认为，破产开始的实体要件只有两个，即破产能力和破产原因。只要具备这两个要件，破产程序即可开始。

第二种，三要件说。该学说认为，除破产能力和破产原因外，破产开始的要件还应包括“无破产障碍”。

第三种，四要件说。该学说认为，除了前述三要件外，还应满足“复数债权人”的条件，即只有在债权人人数超过两人时才可以开始破产程序。

除此之外，还有五要件说。该学说认为破产程序开始的要件在满足四要件说的条件基础上，还应满足“经济能力”这个条件，即要求被宣告破产的人应拥有一定的积极财产以供债权人之间来分配，否则破产程序没有开始的必要。

二、破产能力

破产能力是指民事主体能够被宣告破产成为破产者的资格。破产能力是法院宣告破产的必要条件，没有破产能力的债务人，法院不得宣告其破产。至于哪一类民事主体具有破产能力，由法律加以规定。民事主体主要分为自然人和法人两种，各国法律对这两种主体的破产能力的规定有所不同。

(一)自然人

各国立法例对自然人的破产能力，大致采取以下两种态度：

(1)一般破产主义立法例，即自然人一律具有破产能力，而不论其是商人或者非商人，有行为能力还是无行为能力。

英国、美国、德国、日本等国家属于这种立法例。一般破产主义还适用于这些国家的外国人的破产。例如，《英国破产法》规定，在英国从事贸易或者居住于英国的外国自然人或者其代理人，受英国法院的管辖，应被宣告破产，但享有外交豁免权者除外。日本破产法虽未直接规定外国自然人具有破产能力，但根据《日本破产法》第二条的对等主义条款，如果某国采用商人破产主义，则该国的国民在日本也不能申请破产宣告。这种对等主义的立法规定在实际操作中给日本国民带来了不利后果，因此大多数日本学者主张不应采用对等主义原则，即使是非商人的外国人，也应赋予其破产能力。

(2)商人破产主义立法例，即只有依据商法规定从事商事行为的自然人才具有破产能力。

1807年《法国商法典》是这一立法例的代表。商人破产主义立法例在20世纪后发生了很大的变化，破产法的适用开始向非商人扩展，如1967年法国对破产制度进行了全面的修改，由商人破产主义改为一般破产主义，破产人可以是商人，也可以是非商人。

一般而言，自然人具有民事行为能力时即可获得破产能力。自然人死亡后，破产能力终结。但是，为了保证债权人的债权获得公平的受偿，在破产申请后或破产宣告后破产者死亡的情况下，破产程序继续进行，不因破产者的死亡而终止。

知识链接

《日本破产法》第一百三十条规定："在破产申请后或破产宣告后破产者死亡之场合，破产程序作为对继承财产而继续进行。"此外，法律还承认自然人死亡后对继承财产的破产申请。《英国破产法》规定，死亡债务人的任何债权人，于债务人生前足以对其提出破产申请的，得依破产法的规定申请破产法院对遗产适用破产程序。

(二)法人

法人是具有民事权利能力和民事行为能力，依法独立享有民事权利和承担民事义务的组织。法人的一个重要特征是独立承担民事责任，因此，当事人资不抵债时，只能宣告破产。

关于法人的破产能力，许多国家立法对不同的法人有不同的规定。根据法人设立所依据法律的不同，法人可分为私法人和公法人。依法人成立的基础可以将私法人分为社团法人和财团法人。依法人设立目的为标准，可将私法人分为公益法人和营利法人。

对于私法人，原则上不管是公益法人还是营利法人，都具有破产能力。根据一些国家的法律，如《日本破产法》第一百二十八条规定："即使是解散了的法人，在其残余财产交付或分配尚未完结期间，仍可提出破产申请。"但是，私法人的破产能力不是绝对的。各国通过立法，在不同程度上限制或排除公益法人和特种行业企业法人破产能力。公益法人属非营利性的社会组织，其宗旨多与社会公共福利有关，因此，一些国家法律对其破产能力加以限制。如政治党团、工会、消费者协会、慈善组织等不以营利为目的的公益法人，一般不通过破产程序而适用自愿解散原则，这是由这些公益法人本身的性质决定的。不过，随着我国社会经济的发展，原来不以营利为目的活动的公益法人也出现了分化，以营利为目的设立的私立学校、医院以及社会中介机构等非企业社会组织日益增多，我国的部分学者认为，这些社会组织也应被纳入破产法的调整范围。

在营利法人中，有一些特别行业，如银行、信托、公用事业、铁路交通、邮政通信等，与国计民生乃至整个国家的经济秩序有重大关系，为此，一些国家，如美国，虽承认上述特种行业企业法人的破产能力，但是限制上述企业法人自行提出破产申请。还有一些国家，如加拿大则否认上述企业具有破产能力，只能依据特别法的规定清理债务而不能宣告破产。

公法人是实现公共福利和行使社会管理职能的公共团体，如国家、地方政府机关，其特征是在全国或某一范围内担负管理职责的特别部门，如果允许其破产，则会产生社会管理主体缺位的危机，导致社会管理职能的瘫痪、社会秩序的混乱，严重时还有可能引发政治危机和社会动荡。因此，各国破产法一般都排除了破产程序对公法人的适用。不过也有个别国家，如美国，由于一些地方如市、县一级的政府是按照公司法的有关规定设定的，因此，法律也赋予它们破产能力。在日本，一些公共性弱的公法人，如公共组合中的农业协同组合、森林组合以及土地改良区组织，也具有破产能力，这是日本学界的一般观点。

知识链接

《中华人民共和国民法通则》(以下简称我国《民法通则》)将法人分为企业法人、机关法人、事业单位法人和社会团体法人。根据新《破产法》第二条的规定，所有的企业法人都具有破产能力，除此之外的法人不具有破产能力。

三、破产原因

破产原因，又称破产界限，是指法院宣告债务人破产依据的事实和理由。破产原因是来源于德国破产法理论的一个概念，是破产开始和破产宣告的必备要件之一。各国关于破产原因的规定，主要有两种立法体例。

(一)列举主义模式

这一立法模式主要为英美法系国家所采纳。在这种立法体例下，并未直接使用破产原因这一术语，而是在立法上详细列举“破产行为”(Acts of Bankruptcy)，凡实施这些破产行为之一者便认定为破产原因。如1914年《英国破产法》第一条规定了以下八种破产行为：

(1)债务人为债权人的一般利益而向其转让全部财产的行为。

(2)债务人欺诈性转让财产的行为。

(3)债务人偏颇转让财产的行为。

(4)债务人隐匿躲债的行为。

(5)债务人的财产被强制执行。

(6)债务人向债权人明确表示无力清偿债务或向法院申请破产。

(7)债务人有破产犯罪行为。

(8)债务人的其他足以构成无力清偿债务的行为。

在债务人具有上述行为时，债权人可以据此向法院申请宣告债务人破产。但是，上述破产行为并不绝对导致法院宣告债务人破产。因此，破产行为是申请破产的原因，而不是宣告破产的原因，这与大陆法系的破产原因有所区别。

(二)概括主义立法体例

1. 概括主义立法体例的特点

这一立法模式主要为大陆法系国家所采取。在这种立法体例下，法律对破产原因只做原则性的规定，对破产宣告的事实进行抽象的概括。这种立法例的优点在于适用范围广，法院的自由裁量权较大，比较灵活，但由于比较原则、抽象，在实践中又会带来难以操作的问题。因此，在大陆法系国家，大多以“不能清偿”“停止支付”和“债务超过”等术语来明确界定破产宣告的原因。

有些大陆法系国家将破产原因概括为不能清偿债务，并对何谓“不能清偿债务”做了进一步的解释。比利时将“停止支付”作为唯一的破产原因。停止支付，即债务人向债权人表示已不再清偿到期债务的行为，具体指：

(1)债务须是已到期的，并不存在争议的。

(2)债务人表示对所有债务不予支付。

(3)债务人做出不予支付的明示或默示的意思表示。

(4)停止支付的客观状态已持续一段时间。

知识链接

日本、德国等国家将“支付不能”作为破产原因，同时将支付停止推定为支付不能。另外，有些国家的破产法把“资不抵债”作为法人的破产原因。资不抵债，又称债务超过，指全部资产少于负债总额的财产状况。虽然资不抵债并不绝对意味着不能偿付债务，一旦各国法律考虑到若资不抵债的法人只能依靠信用维持，必然导致债务的进一步增加，危害债权人的利益，因此，将资不抵债作为法人的破产原因。由于资不抵债只适用于法人破产，又称之为特殊破产原因。与此相对，支付停止或支付不能既适用于自然人，又适用于法人，则被称为一般破产原因。

2. 我国现行立法规定

关于破产原因，目前我国破产法律制度的主要规定有：

(1)1991 年《中华人民共和国民事诉讼法》第一百九十九条规定，“企业法人因严重亏损，无力清偿到期债务的，债权人可以向法院申请宣告债务人破产还债”。

(2)2013 年 12 月 28 日修改的《中华人民共和国公司法》第一百八十八条规定：“清算组在清理公司财产、编制资产负债表和财产清单后，发现公司财产不足清偿债务的，应当依法向人民法院申请宣告破产。公司经人民法院裁定宣告破产后，清算组应当将清算事务移交给人民法院。”

(3)2006 年新《破产法》第二条第一款规定：“企业法人不能清偿到期债务，并且资产不足以清偿全部债务或者明显缺乏清偿能力的，依照本法规定清理债务。”

从现行破产法律制度对破产原因的规定，可知我国基本上采用了概括主义立法模式。1986 年的《破产法(试行)》对破产原因的规定是：“经营管理不善造成严重亏损，不能清偿到期债务。”这一规定在司法实践中很难认定和操作，暴露出很多问题，故有学者建议在破产原因中增加“资不抵债”的内容。为此，新《破产法》第二条将“不能清偿到期债务”和“资产不足以清偿全部债务或者明显缺乏清偿能力”并列作为破产原因。

第四节 破产的申请与受理

一、破产的申请

破产申请是申请人依法向法院提出宣告债务人破产的请求。破产申请是破产程序开始的一项形式条件，但是否为必要条件，各国立法规定并不一致，主要有两种不同的立法例，即申请主义和职权主义。所谓职权主义，是指法院在没有利害关系人申请的情况下，主动依照职权开始破产程序。在早期破产制度中，破产被视为一种犯罪行为，因此多采用职权主义。

（一）破产申请人

破产申请人是指有权向法院提出破产申请的人。哪些主体可以成为破产申请人，各国的立法规定不尽一致。部分国家规定只有债务人和债权人才能成为破产申请人。例如，在美国，法院无权应债务人和债权人以外的第三人要求进入破产程序。也有部分国家规定，除了债务人和债权人之外，某些国家公职人员、某些政府部门、债务人公司的股东可以成为破产申请人。例如，1942 年意大利《破产法》规定，检察官有权申请破产。

根据破产申请人的不同，可以将破产分为自愿破产和强制破产。自愿破产，是指由债务人主动提出的破产；强制破产，是指由债权人提出的破产，又称非自愿破产。在立法上，自愿破产和强制破产的程序略有不同，以下分别阐述。

（二）债权人提出的破产申请

保护债权人利益虽然不是破产法的唯一宗旨，但却是自破产制度产生以来各国破产法遵循的一项基本原则，因此，债权人自然有权提出破产申请，作为维护自身利益的一种救济方法。债权人提出破产申请，应当向法院提供下列材料：债权发生事实及有关证据；债权性质、数额；债权有无财产担保，有财产担保的，应当提供证据；债务人不能清偿到期债务的有关证据。

（三）债务人提出的破产申请

在民事诉讼程序中，债务人不能对自己提起诉讼，而在破产程序中，债务人可以对自己提起破产申请，这是破产程序的特别之处，体现了破产法在保护债权人利益的同时，保护债务人利益的宗旨。当债务人债台高筑无力偿还时，可以选择提出破产申请来结束企业的失败经营。而一旦宣告破产，债务人可以获得破产清偿后的免责利益，由此从沉重的债务负担中解脱出来。

债务人的破产申请，受债务人破产能力的限制。也就是说，并非所有的债务人均有权提出破产申请，只有法律赋予有破产能力的债务人才能在出现破产原因后提起破产申请。例如，我国的新《破产法》规定，只有企业法人才可以提起破产申请，而非法人和非企业法人尚无法律依据可以提起破产申请。

知识链接

根据新《破产法》第八条第二款规定，债务人提出申请的，除应当向人民法院提交破产申请书和有关证据以外，还应当向法院提交财产状况说明、债权清册和债务清册、有关财务会计报告、职工安置预案以及职工工资的支付和社会保险费用的缴纳情况。

二、破产申请的提出

在债务人出现破产原因的情况下，依法享有破产申请权的人即可向法院提起破产申请。在一般民事诉讼程序中，当事人提起诉讼须受诉讼时效的限制。在破产程序中，利害关系人提起破产申请是否受诉讼时效的限制，我国的新《破产法》对此没有做出明确规定。只要债务人存在破产原因，破产申请人随时可以向人民法院提出破产申请。但在理论上，有学者主张应对破产申请加以时效限制，其理由是：破产申请权是实现债权的一种方式，且以债务人到期不能偿还债务为前提，故应遵守我国《民法通则》关于诉讼时效的规定。所以，对于没有在诉讼时效内提出破产申请的，债权人就丧失了依法取得司法救济的胜诉权，法院可以驳回其申请。如果是债务人提出破产请求的，也应加以诉讼时效的限制，因为放任债务人财产持续恶化而不申请破产，势必危害债权人利益和社会的利益。

三、破产的受理

破产受理即破产案件的受理，又称立案，是指人民法院在收到破产案件申请后，认为申请符合法定条件而予以接受，并由此开始破产程序的司法行为。人民法院裁定受理破产申请，是破产程序开始的标志。

(一)破产受理的意义

由于破产程序开始具有一系列的法律效果，有关破产案件受理的规则在破产法上具有重要的意义。当债权人或者债务人向人民法院提出债务人破产的申请时，破产程序并未开始。人民法院收到破产申请后，应当在法定时限内对破产申请进行审查，经审查，人民法院认为破产申请符合法定条件的，应当裁定受理破产申请；人民法院认为破产申请不符合法定条件或者申请理由不成立的，则应裁定驳回破产申请。

(二)破产受理审查

案例

破产法

新《破产法》第十条规定的受理裁定时间，实际上就是人民法院在受理前的审查期间。我国的破产程序开始制度，实行的是对破产申请的审查受理制，而不是当然受理制。因此，对破产申请的审查是案件受理程序的必要环节。

人民法院对破产申请的审查，包括形式审查和实质审查两方面。

1. 形式审查

形式审查旨在判定破产申请是否具备法律规定的申请形式。其内容主要包括：

(1)申请人是否具备破产申请资格，即是否为新《破产法》第七条规定的债权人、债务人或者清算责任人。

(2)债务人是否为依法可适用企业破产程序的主体，即是否为新《破产法》第二条规定的企业法人或者新《破产法》第一百三十五条规定的其他组织。

(3)受案人民法院对本案是否有管辖权，这要依据新《破产法》第三条及相关司法解释确定。

(4)申请文件是否符合新《破产法》第八条的要求，即申请书内容完整、相关证据齐备、法定文件齐全。形式审查中，发现有可补正的形式缺陷的，人民法院可以在本条规定的时限内，责令申请补正。

2. 实质审查

实质审查旨在判定破产申请是否具有法律规定的破产申请的实质条件，即债务人是否存在破产原因。破产原因的存在是一个事实问题。对这种事实的确定，通常需要一个调查和证明的过程，而这个过程只能在破产程序开始以后才能进行。所以，在破产案件受理阶段的实质审查是一种表面事实的审查，即依据申请人提交的材料，对债务人是否具有新《破产法》第二条或者第七条第二款(在债权人申请的情况下)规定的事由进行调查。

(三)破产申请的驳回

破产申请的驳回主要有以下两种情况：

1. 裁定不受理破产申请

人民法院在收到破产申请书以及相关的证据材料后，通过形式审查和实质审查，认为不符合破产条件的，应该依法做出不受理的裁定。人民法院通过对破产申请的不受理，可以有效地防止债权人滥用破产申请损害债务人的商业信誉等合法权益，也可以防止债务人假借破产之名逃废债务，损害债权人的合法权益。根据新《破产法》第十二条的规定，人民法院不受理破产申请的裁定应当自做出之日起 5 日内送达申请人，并说明不受理的理由。申请人对裁定不服的，可以自裁定送达之日起 10 日内向上一级人民法院提起上诉。申请人因相关证据不足被裁定不受理的，可以在补足证据后重新提出破产申请。

2. 受理后驳回破产申请

由于破产案件受理时的实质审查是表面事实的审查，实践中可能存在债务人实际上不存在破产原因的情形。因此，人民法院在受理以后，有机会通过进一步审查证据和了解情况，确定表面事实的真实性。新《破产法》第十二条第二款规定，在受理破产申请后，裁定破产宣告前，人民法院发现债务人不具备新《破产法》第二条或者第七条第二款(债权人申请时)规定的破产原因时，可以驳回该申请，终结破产程序。破产申请人对驳回破产申请的裁定不服的，可以自裁定送达之日起 10 日内向上一级人民法院提起上诉。

导入案例分析

(1)管理人有权请求人民法院予以撤销。根据规定，人民法院受理破产申请前 1 年内，债务人对没有财产担保的债务提供财产担保的，管理人有权请求人民法院予以撤销。在本案例中，2007年3月华美公司将厂房抵押给天宇公司的行为发生在人民法院受理破产申请前1年内，因此，管理人有权请求人民法院予以撤销。

(2)某工商银行不能将尚未得到清偿的20万元欠款向管理人申报普通债权。根据规定，如果破产人仅作为担保人为他人债务提供物权担保，担保债权人的债权虽然在破产程序中可以构成别除权，但因破产人不是主债务人，在担保物价款不足以清偿担保债额时，余债不得作为破产债权向破产人要求清偿，只能向原主债务人求偿。

(3)金富公司可以向管理人申报的债权额为5万元。根据规定，管理人依照新《破产法》规定解除合同的，对方当事人以因合同解除所产生的损害赔偿请求权申报债权。可申报的债权以实际损失为限，违约金不作为破产债权。

(4)天利公司的主张不成立。根据规定，债务人的债务在破产申请受理后取得他人对债务人的债权的，不得抵销。

(5)华美公司所欠本公司职工工资和应当划入职工个人账户的基本养老保险、基本医疗保险费用，只有在新《破产法》公布之日前的20万元可以得到清偿。

本章小结

本章主要讲解了破产法的相关知识，具体介绍了破产的概念、制度及法律特征，可以帮助读者了解破产的相关法律规定和知识。

拓展阅读

个人破产

个人破产制度发端于古罗马时期，在中世纪时的意大利与英国得到较大发展。

1978年，美国破产法将消费者破产纳入其中。如今，个人破产已成为现代破产法不可分割的一部分。

随着市场经济的快速发展，个人资产不断增长，个人和家庭参与炒股、炒房，利用信用卡和贷款消费的比例越来越高，因贷款炒股、炒房及信用卡大额透支造成个人资不抵债的情况时有发生。

实施个人破产法后，一旦出现个人欠债不还、逃债的情况，债权人可以依法申请宣判债务人破产。债务人如果资不抵债，也可以依法申请破产保护，在生活受到极大限制、个人声誉受损的条件下，债务可以得到一定免除，并得到重新做人的机会，防止出现背上沉重债务后四处逃债甚至自杀的现象。

在新的全球金融与经济环境下，中国市场经济已进入关键阶段，加快个人破产法(自然人破产、消费者破产)的起草进程具有重要性与必要性。原因有以下四个：

(1)个人破产法是公司企业破产法的基础。西方发达国家早期商业繁荣的一个重要原因是个人破产法的出现和发展，正是因为在现实商业活动中有了个人破产，才带动了西方早期和后期成熟市场经济的出现，先有个人破产，后有企业破产，企业破产不过是个人破产的放大和延伸。只有建构个人债权债务责任意识，才能建构企业债权债务的责任意识，进而建构个人信用、企业信用，然后扩展为全社会信用的责任体系，这是现代破产法的宗旨和目的之一。

(2)从各国破产法情况来看，个人破产法也是所有市场经济国家破产法的重要内容，美国的个人破产又称为消费者破产，规定在《美国破产法》第七章、第十三章等章节中。英国、澳大利亚、德国、法国、日本的破产法，个人破产法都是其重要内容。从破产实践角度来看，国际上个人破产案件的数量发展迅速，在整个破产案件数量比例上，个人破产占了绝大部分。根据美国破产协会数据显示，2017 年 1 月申请破产的美国消费者数量同比增长了 5.4%，达到 52 421 人。

(3)中国实施个人破产已初步具备条件。中国的金融体制正加速改革，住房、汽车以及家庭消费品信用贷款在快速发展。个人信用记录制度也在飞速发展。这为个人破产的实施提供了基础条件。2017 年 9 月，央行公布《2017 年第二季度支付体系运行总体情况》报告，其中显示，信用卡坏账风险依然存在。截至第二季度末，信用卡逾期半年未偿信贷总额 650.69 亿元，环比增长 7.6%。个人消费信贷的增长，意味着中国人长期信奉的量入为出的消费原则已被打破。随着生活水平的提高，超前消费作为一种时尚生活方式与理念，正被越来越多的中国都市居民所接受。依据上述报告，截至 2017 年第二季度末，信用卡和借贷合一卡在用发卡数量共计 5.2 亿张，我国信用卡人均持有量达 0.34 张。可见，中国已迈入负债消费时代，“房奴”“车奴”及“卡奴”相继出现，“负翁”正一跃成为这个时代的消费主力。

(4)中国市场经济体制已初步确立。社会更加开放、个人自由度更大、私人财富也增多，若无与这些新现象相匹配的制度，特别是个人破产制度，市场经济则会成为无源之水，个人和社会的信用将很难确定。

本章习题

一、选择题

1. 根据企业破产法律制度的规定，在破产程序中，有关当事人对人民法院做出的下列裁定，可以上诉的是(　　)。

A. 不予受理破产申请的裁定

B. 宣告企业破产的裁定

C. 认可破产财产分配方案的裁定

D. 终结破产程序的裁定

2. 人民法院受理破产申请后，管理人接管债务人的财产之前，对于已经开始而尚未终结的有关债务人的民事诉讼或者仲裁，下列说法正确的是(　　)。

A. 应当中止

B. 继续进行

C. 移交到受理破产案件的人民法院继续审理

D. 终结审理

3. 人民法院受理破产申请后，第一次债权人会议成立前，对破产申请受理前成立而未履行完毕的合同，正确的说法是(　　)。

A. 债权人有权决定解除或者继续履行合同

B. 管理人自破产申请受理之日起 3 个月内未通知对方当事人，视为解除合同

C. 管理人自收到对方当事人催告之日起 60 日内未答复的，视为解除合同

D. 管理人决定继续履行合同的，对方当事人有权要求管理人提供担保

二、填空题

1. 破产与民事诉讼中的强制执行都是__________的手段。

2. 破产制度发源于古罗马的__________。

3. 根据破产申请人的不同，可以将破产分为__________和__________。

三、简答题

1. 简述破产的概念和特征。

2. 什么是破产法？

3. 破产法的主要作用是什么？

四、案例题

2007 年 8 月 20 日，天美公司就自己不能支付到期债务向人民法院提出破产申请，人民法院于 2007 年 9 月 1 日裁定受理天美公司的破产申请，同时指定某会计师事务所为破产管理人。管理人接管天美公司后，对天美公司的资产、负债进行了清理，有关清理情况如下：

(1)人民法院受理破产申请时，天美公司的资产总额为 5 600 万元(全部财产的变现价值)。其中，全部厂房变现价值 520 万元，办公楼变现价值 650 万元；全部机器设备变现价值 480 万元。

(2)人民法院受理破产申请时，负债总额为 11 000 万元。其中，流动负债的情况为：

①应付职工工资 180 万元，未交税金 220 万元。

②短期借款 900 万元。其中，2007 年 3 月 5 日，以天美公司全部厂房作抵押，向中国工商银行贷款 500 万元；2007 年 6 月 1 日，以全部机器设备作抵押，向中国建设银行贷款 400 万元。

③应付账款 640 万元，其中包括但不限于：

A. 应付源美公司到期货款 380 万元。源美公司经多次催要无效后向人民法院提起诉讼，2007 年 8 月 10 日，人民法院终审判决天美公司支付源美公司欠款及违约金和赔偿金等共计 400 万元。源美公司申请强制执行，人民法院对天美公司办公楼予以查封。人民法院受理天美公司破产申请时，此判决尚未执行。

B. 应付优元公司 2005 年 9 月 18 日到期货款 180 万元。2006 年 8 月 18 日应优元公司的要求，天美公司与优元公司签订了一份担保合同，担保合同约定：以天美公司全部机器设备作抵押，若 2007 年 8 月 18 日前天美公司仍不能支付优元公司 180 万元的货款，则以天美公司机器设备变卖受偿。

C. 应付茂发公司 2007 年 8 月 1 日到期货款 200 万元。

(3)2006 年 7 月，天美公司为逃避债务而隐匿 230 万元的财产。

(4)2007 年 6 月，天美公司已经知道自己不能清偿到期债务、即将破产，仍向债权人丰汇公司清偿了 90 万元。

(5)天美公司的股东用于出资的房产在出资时作价 600 万元，而当时的实际价值仅为 520 万元。

(6)人民法院的诉讼费用 30 万元，管理人报酬 20 万元，为继续营业而支付的职工工资及社会保险费用 150 万元。

经查：天美公司用于抵押的厂房、机器设备于合同签订的当天全部办理了抵押登记手续。

要求：根据以上事实，在不考虑债权利息的情况下，分别回答下列问题：

(1)人民法院查封的天美公司的办公楼可否用于偿还所欠源美公司的货款？并说明理由。

(2)哪些属于破产费用？哪些属于共益债务？

(3)对于天美公司向优元公司设定的抵押担保，管理人能否向人民法院申请撤销？并说明理由。

(4)对于天美公司隐匿 230 万元财产的行为，管理人是否有权追回？并说明理由。根据《中华人民共和国刑法》的规定，其直接责任人员应承担何种刑事责任？

(5)对于天美公司向其债权人丰汇公司清偿债务的行为，管理人能否向人民法院申请撤销？并说明理由。

(6)天美公司的股东出资不实应如何处理？并说明理由。

(7)天美公司的破产财产额是多少？并说明如何分配。

(8)茂发公司可分配的财产具体数额为多少？并列出计算过程(金额保留至元)。

测试题

选择题

测试题

判断题

第九章

产品责任法

知识要点

1. 了解产品责任法的作用；
2. 熟悉产品责任法的特征；
3. 掌握产品责任法的赔偿和抗辩。

核心概念

产品责任法的特征　产品责任法的赔偿　产品责任法的国际公约

情境导入

北京的一名消费者在北京的一家医院接受了心脏起搏器的安装手术，术后发现心脏起搏器的导管存在裂痕，但无证据表明该情况对该名消费者的人身造成了伤害。经查，心脏起搏器的导管是医院从一个美国制造商处购买的，消费者即对该美国制造商提起有关产品质量的诉讼，要求美国制造商赔偿由于其产品缺陷给消费者造成的精神损害，要求其支付10多万美元的赔偿，后经北京市海淀区人民法院调解，美国制造商向该消费者支付了2万元人民币的赔偿。

案例思考：

该案例的解决方法合理吗？

第一节 产品责任法概述

一、产品责任法的相关概念

产品责任是指产品生产者、销售者因生产、销售有缺陷产品致使他人遭受人身伤害、财产损失所应承担的赔偿责任。产品责任法是确定生产者、销售者承担此种民事责任的法律规范的总称。

中国产品责任的主要规定是1993年颁布的《中华人民共和国产品质量法》(以下简称我国《产品质量法》)。该法采用产品质量责任的概念。产品质量是指国家有关法律法规、质量标准以及合同规定的对产品适用、安全和其他特性的要求。产品质量责任是指产品的生产者、销售者违反了上述要求，给用户、消费者造成损害而依法应承担的法律后果，包括民事、行政和刑事责任。其中，承担民事责任分别指承担产品瑕疵担保责任和产品侵权赔偿责任。

(一)产品

产品责任法中的产品是指由生产者生产并已投入流通领域而可供使用的有形物品，基于这一概念，作为产品责任法中的“产品”必须同时具备如下三个要件：

(1)产品责任法中的“产品”必须是由生产者生产的物品，即经过人类劳动而获得的加工过的“人工物品”和未加工过的“天然物品”。未经过人类劳动而获得的物品不属于产品责任法中“产品”的范畴。

(2)必须是已投入流通领域的物品。如果还处于“生产”过程中，则不能将其视为“产品”，如果生产者能证明其未将有关物品投入流通领域，即可以不必承担由于该物品瑕疵造成损害而引起的损害赔偿责任。

(3)必须是可供使用的有形物品。不论是可移动的物品，还是不可移动的物品，都必须是可供使用的。如果是不能使用的物品，就不属于产品责任法中的“产品”。

(二)产品责任

产品责任(Product Liability)是指由于产品存在瑕疵而导致消费者、使用者或其他第三者，遭受人身伤害或财产损失时，该产品的生产者和销售者依法应该承担的一种损害赔偿责任。根据这一概念，必须注意如下几个方面的问题：

1. 产品责任成立的要件

要使生产者和销售者承担产品责任，必须具备以下三个要件：

(1)产品存在瑕疵。

(2)必须使产品的消费者、使用者或其他第三者遭受人身伤害或财产损失。

(3)消费者、使用者或其他第三者所遭受的损害必须与产品的瑕疵之间存在因果关系，即其所遭受的损害完全是由于产品存在瑕疵所致。

2. 生产者和销售者的含义

这里的生产者是广义上的生产者，一般包括产品的生产制造者、加工者、装配者、修理者、运输者和仓储者等；而销售者则包括出口商和进口商，还包括批发商和零售商等经销产品的任何人。

3. 生产者和销售者的责任

生产者和销售者在此承担一种无限连带责任。每个人都得以其全部资产对有关瑕疵产品所造成的损害承担全部的损害赔偿责任。作为受害者的消费者或使用者或其他第三者，可以单独向众多的生产者和销售者中的某一个人或某几个人请求损害赔偿，也可以同时向所有的生产者和销售者提出赔偿要求。

二、产品责任法的作用

产品责任法的作用主要表现在如下四个方面：

1. 能迫使企业推行全面的质量管理，切实提高产品质量

产品责任法通过对产品生产者和销售者的产品责任的规定，迫使其不断改善产品的生产和销售方式，对产品从设计、试制、生产制造到售后服务整个过程进行全面的质量管理，以提高产品质量。

2. 能增强消费者对使用产品的信任感和安全感

产品责任法通过对产品生产者和销售者的严格责任规定，既迫使产品生产者和销售者全面、切实提高产品质量，也增强了消费者对使用产品的信任感和安全感。

3. 能切实保护消费者的合法权益

产品责任法在规定了产品生产者和销售者的严格责任的同时，也为消费者的损害赔偿请求提供了法律依据和法律保障。消费者，包括使用者和其他任何第三者，如果因为产品的瑕疵而遭受人身伤害或财产损失，就可以基于产品责任法或其他相关法律的规定，从产品的生产者和销售者那里得到切实、合理的补偿。

4. 能维护国际贸易的正常秩序，保证国际贸易的健康发展

国际社会通过共同努力签订国际条约来调整不同国家间产品生产者和销售者与消费者之间的产品责任法律关系，形成和发展了国际产品责任法，保护了各有关国家当事人的合法权益，使国际经济贸易交往和合作不至于因为产品责任问题而受到不必要的影响，从而保证了国际经济贸易的健康发展。

三、产品责任法的特征

产品责任法与其他法律规范相比较，主要具有以下三个方面的特征：

(1)产品责任法所调整的是因为产品存在瑕疵而引起他人人身或财产损害时所发生的权利义务关系。这种损害是指因为所使用的产品存在瑕疵而致使有关的消费者、使用者或其他第三者遭受的人身伤害或财产方面的损失，而不包括单纯的产品本身的损失。因单纯的产品本身所发生的损失而产生的权利义务关系，不属于产品责任法所调整的内容。

(2)产品责任法调整的主要是没有任何合同关系的产品存在瑕疵而引起的产品责任，

即完全的侵权行为责任。有合同关系的产品责任问题还由货物买卖法和合同法来调整，而没有合同关系的产品责任则只能作为一种特殊的侵权行为责任而由产品责任法加以调整。

(3)产品责任法一般都主张严格责任理论，规定了极为严格的责任原则。而且，很多国家的产品责任立法和司法实践都加大了责任人的责任程度，为受害人规定了较高的损害赔偿金额。

第二节 产品责任案中的赔偿及抗辩

一、产品责任案中的赔偿

(一)赔偿范围

美国《统一产品责任示范法》规定，损害包括财产损害、人身肉体伤害、疾病和死亡以及由此引起的精神痛苦或情感伤害。财产损害的范围不包括直接或间接的经济损失，那是属于合同法的问题。在实践中，法院对人身损害赔偿判定的数额较大，精神损害赔偿占大部分。美国产品责任法的特色之一是规定了惩罚性赔偿。这对于惩罚在生产、销售中的恶意、轻率行为，预防类似行为发生，具有重要作用。

《欧共体产品责任指令》(以下简称《指令》)规定的损害赔偿包括人身损害和财产损害。同时，允许各成员国对非物质损害即精神损害予以规定。在财产损害方面，规定仅限于缺陷产品以外属于通常用于个人使用或消费的财产，排除了为商业目的使用的财产损害。

知识链接

我国《产品质量法》分别对产品瑕疵和产品缺陷的法律责任做出规定。该法第二十八条对产品瑕疵担保责任做出规定。第二十九条至第三十四条对产品缺陷赔偿责任做出规定，这几条规定“实际上相当于国外的一部产品责任法”。

根据中国法律规定，因产品缺陷造成受害人伤害和(或)财产损失的，损害赔偿包括人身和财产损害赔偿。造成人身伤害的，侵害人应当赔偿医疗费、因误工减少的收入以及残废者生活补助费用；造成死亡的，侵害人应当支付丧葬费、抚恤费、死者生前抚养的人必要的生活费等费用；造成财产损失的，侵害人应当恢复原状或折价赔偿；受害人因此遭受其他重大损失的，侵害人也应赔偿。但法律未对“其他重大损失”做出解释。“其他重大损失”是指其他经济方面的损失，包括可得到利益的损失。对于受害人由此受到的精神损害的赔偿问题，我国《产品质量法》未做规定，但司法实践中已出现了这类案例。

可见，对用于个人使用或消费的财产因缺陷产品致损，受害人可获得赔偿，但排除商业性损失的赔偿，这是各国立法以及国际产品责任立法的共同之处。对于人身损害赔偿，各国立法和国际产品责任立法均做出了规定。对于精神损害赔偿，各国的立法不尽一致。

(二)赔偿数额

★案例

产品责任法

美国《统一产品责任示范法》对产品责任的损害赔偿数额未设限制。实践中，产品责任案件的赔偿额逐年上升，法院判处高额赔偿金的现象相当普遍，以致部分生产者和产品责任人不堪重负。

目睹了美国产品责任诉讼出现的高额赔偿金所带来的种种问题后，各国开始规定损害赔偿的最高限额和最低限额。《指令》允许各成员国在立法中规定生产者对同类产品的同样缺陷造成的人身伤害或死亡的总赔偿额不得高于 7 000 万欧洲货币单位。该指令同时规定，损害是指财产损失，但其价值不得低于 500 欧洲货币单位。也就是说低于此数者，不认为是本指令所称的“损害”。

我国《产品质量法》未对赔偿限额做出规定。在中国的现实生活中，产品责任案件的赔偿数额比较少，因而暂不存在数额惊人以致影响经济发展的问题。

知识链接

规定赔偿最高限额是因为已对生产者、销售者采取了严格责任原则，如不规定损害赔偿限额，让企业承担过重的赔偿责任，将影响新产品的开发，不利于经济发展。

二、产品责任案中的抗辩

在产品责任案中，严格责任并非绝对责任，因此，各国产品责任法对生产者都规定了一定的抗辩事由。

美国《统一产品责任示范法》规定，甘冒风险为抗辩事由，即消费者发现了产品缺陷而愿意承受的，生产者不承担责任。同时规定，产品的误用可以成为抗辩的理由。至于“发展风险”，即将产品投入流通时的科学技术水平尚不能发现其缺陷是否为抗辩理由，美国多数州将其作为免责条件。

而《指令》规定生产者不承担责任的情形有以下几种：

(1)未将产品投入流通。

(2)缺陷在产品投入流通时并不存在。

(3)产品非生产者为销售或经济目的而制造或分销。

(4)为使产品符合强制性法规而导致缺陷。

(5)产品投入流通时的科技水平不能发现缺陷存在。

(6)零部件制造者能证明缺陷是由于装有该零部件的产品设计或制造者的指示造成。《指令》同时规定，成员国可对发展风险作为抗辩事由做出保留。

中国立足自己的国情，借鉴国外经验，规定了生产者对产品缺陷的免责事由：

(1)未将产品投入流通。产品未进入流通，不可能对消费者产生损害。

(2)产品投入流通时缺陷尚不存在。缺陷是在产品脱离生产者控制后，由其他人造成的。

(3)产品投入流通时的科学技术尚不能发现缺陷存在。这是对发展风险免除责任的规定。在判定是否属于发展风险时，应以当时社会具有的科技水平为依据，不是依据生产者掌握的科技水平。

如此规定，有助于鼓励科技进步，激励生产者开发新产品，使用新技术，将科技成果转化为现实生产力。

第三节 关于产品责任的国际公约

一、《斯特拉斯堡公约》

（一）《斯特拉斯堡公约》的订立

《斯特拉斯堡公约》是《关于造成人身伤害与死亡的产品责任的欧洲公约》的简称，由欧洲理事会各成员国于1977年1月27日在斯特拉斯堡签订。欧洲理事会各成员国为了给社会公众提供更为有效的保护，同时兼顾生产者的合法权益，为统一各成员国有关产品责任问题的各项规则，于1970年成立了一个专家委员会，委托其提出协调各成员国有关产品责任立法的方案。该专家委员会通过几年的调查研究，于1975年向欧洲理事会提交了《关于造成人身伤害与死亡的产品责任的欧洲公约草案》。根据公约第十三条第二款的规定，该公约在奥地利、比利时、法国三个国家批准后生效。

（二）《斯特拉斯堡公约》的主要内容

《斯特拉斯堡公约》共有19条正文和1个附件，包括以下几个方面的主要内容。

1.《斯特拉斯堡公约》的适用范围

根据《斯特拉斯堡公约》的规定，公约适用于因生产者提供的产品存在瑕疵而造成消费者人身伤害或死亡的赔偿责任问题。在这里，公约所指的产品是所有动产，包括天然动产和工业动产，无论是未加工的，还是加工过的。公约所指的生产者主要是指成品或零配件的制造商以及天然产品的生产者。此外，产品的进口商和任何使自己的名字、商标或其他识别特征出现在产品上，而将其作为自己的产品出示的人，以及在产品没有标明任何生产者身份时，每个提供产品的人都被视为公约所指的生产者，都必须承担同样的产品责任。公约所指的消费者即社会大众，也就是广义上的消费者，包括产品的购买者、使用者和任何受到损害的第三者及其利害关系人。

知识链接

生产者所应承担的责任范围则以其瑕疵产品给消费者造成死亡或人身伤害的赔偿责任为限。也就是说，只有当其瑕疵产品给消费者造成人身伤害或死亡时，才有责任给予损害赔偿。不过，生产者在这里所承担的是一种无限连带责任，即当存在《斯特拉斯堡公约》所规定的数个生产者时，每一个生产者作为责任人都应以其所有全部财产承担赔偿责任，消费者可以向其中的任何一人或同时向所有责任人提出全部的损害赔偿请求。

2.《斯特拉斯堡公约》所规定的产品责任原则

根据《斯特拉斯堡公约》的规定，生产者依本公约所承担的产品责任是一种严格责任。只要是产品存在瑕疵，而这种瑕疵使消费者受到了人身伤害或死亡，该瑕疵产品的生产者就应承担损害赔偿责任。而且，即使有关损害是由产品的瑕疵和第三人的作为或不作为造成的，也不能减轻生产者的责任。此外，本公约所规定的这种产品责任不得以任何免责或解除义务条款予以排除或加以限制。

3. 免责条款

为兼顾生产者的合法权益，《斯特拉斯堡公约》在为生产者规定了严格责任的同时，也规定了一些减免生产者责任的条款。

如果生产者能举证证明以下事实，则不承担损害赔偿责任：第一，其并没有将产品投入流通领域；第二，其将产品投入流通领域时并不存在瑕疵，或产品的瑕疵是在投入流通领域以后才产生的；第三，有关产品并非为销售、出租或其他经济目的而制造，也不是按惯常商业做法制造或分销。

如果是受害人或有权索赔的人由于自己的过失造成了损害事故的发生，在考虑了所有其他情况后，可以减免生产者的责任。

4. 诉讼时效

《斯特拉斯堡公约》规定的诉讼时效一般为 3 年，即受害人及其利害关系人应该自知道或理应知道损害、瑕疵及生产者身份之日起 3 年内提起损害赔偿的诉讼。而且，这种诉讼无论如何应自生产者将造成损害的产品投入流通领域之日起 10 年内提起，否则，将丧失本公约所规定的损害赔偿请求权。

二、《产品责任法律冲突规则公约》

(一)《产品责任法律冲突规则公约》的订立

《产品责任法律冲突规则公约》是由 1964 年第十届海牙国际私法会议后组织成立的一个特别委员会主持起草，1972 年第十二届海牙国际私法会议制定通过的。于 1973 年 10 月 2 日由海牙国际私法会议各成员国签署，1977 年 10 月 1 日开始生效。《产品责任法律冲突规则公约》目前对第十二届海牙国际私法会议后加入海牙国际私法会议组织的各成员国，或联合国各专门机构的成员国，或《国际法院规约》的参加国开放。

(二)《产品责任法律冲突规则公约》的主要内容

1.《产品责任法律冲突规则公约》的适用范围

《产品责任法律冲突规则公约》以对国际产品责任案件的审理、制定共同的法律适用规则为宗旨。首先明确规定了《产品责任法律冲突规则公约》所应适用的范围。

从案件的性质来说，根据《产品责任法律冲突规则公约》的规定，凡因瑕疵产品造成损害而引起的生产者和销售者产品责任纠纷案件都应适用《产品责任法律冲突规则公约》。其中的“产品”一词是指一切可供使用或消费的物品，包括天然产品和工业产品，而不论是加工过的还是未加工过的，不论是动产还是不动产。

知识链接

“损害”一词是指因产品本身存在瑕疵，或因对产品的质量、特性或使用方法等未做适当的说明或做了错误说明而造成的人身伤害或财产损害以及其他经济损失。不过，一般不包括产品本身的损害和间接损失。生产者和销售者则包括成品和零配件的制造者，天然产品的生产者，产品的供应者、修理人和仓储保管人等产品制造或商业分配环节上的其他人员，以及这些人的代理人或雇用人。

就地域范围来看，《产品责任法律冲突规则公约》应在准据法的适用方面适用于任何国家，不管是公约的缔约国还是非缔约国。也就是说，如果基于《产品责任法律冲突规则公约》的规定应适用某一非缔约国的法律，同样应因此而用该非缔约国的产品责任法作为准据法来处理有关的产品责任纠纷。

2. 准据法的确定

在根据准据法的确定，即当有关产品责任纠纷同时涉及几个国家的法律，而各国法律的规定又不尽相同时，应依据哪个国家的法律来审理判决有关纠纷案件的问题上，《产品责任法律冲突规则公约》规定了比较特别的法律适用原则，主张依据两个以上的联结因素来确定应予适用的准据法。如根据《产品责任法律冲突规则公约》第四条的规定，当损害发生地国家同时又是直接遭受损害者的惯常居所地国家，或被指控为责任人的主要营业地国家，或直接遭受损害者取得产品所在地国家时，应适用该损害发生地国家的法律。同时，根据《产品责任法律冲突规则公约》第五条的规定，当直接遭受损害者的惯常居所地国家同时又是被指控为责任人的主要营业地国家，或遭受损害者取得产品所在地国家时，也可以适用该直接受损害者惯常居所地国家的法律。

3. 准据法的效力范围

准据法的效力范围即依法律适用原则所确定的准据法所能确定的法律问题，根据《产品责任法律冲突规则公约》的规定，主要涉及以下几个方面：

(1)产品责任的依据和范围。

(2)免责的原因以及责任的限制和分担。

(3)损害的性质。

(4)赔偿的方式及范围。

(5)索赔权利的移转。

(6)直接有权要求损害赔偿的人。

(7)委托人对其代理人或雇主对其雇用人的行为所应承担的责任。

(8)举证责任。

(9)诉讼时效等。

三、《产品责任指令》

(一)《产品责任指令》的订立

《产品责任指令》是《关于对有缺陷的产品的责任的指令》的简称，是欧洲共同体国家间签订的一个有关产品责任的国际公约。欧洲共同体(以下简称“欧共体”)为协调统一各成员国之间有关产品责任的法律，组织成立了一个专家委员会。该委员会经过几年的努力，于1976年9月向欧共体理事会提交了一个公约草案。后来几经修改，最后于1985年6月获得欧共体各国主管部长的批准，同年7月25日经欧共体理事会全体通过，并于1988年起在各成员国正式开始实施。

(二)《产品责任指令》的主要内容

《产品责任指令》与前述《斯特拉斯堡公约》都是在欧共体主持下制定通过的，彼此之间的主要内容不无联系。下面主要与《斯特拉斯堡公约》相比较，对《产品责任指令》的主要内容做些简单的介绍。

1.《产品责任指令》的适用范围

《产品责任指令》在其适用范围上与《斯特拉斯堡公约》相比较，主要有以下不同：首先，《产品责任指令》所指的产品不包括未加工过的天然动产；其次，与产品的定义相联系，有关天然动产的生产者不属于《产品责任指令》所指的生产者的范畴；最后，生产者所应承担的责任范围除其瑕疵产品所造成的消费者人身伤亡损害以外，还应包括一定范围的财产损害。

2.《产品责任指令》所规定的产品责任原则

《产品责任指令》规定了与《斯特拉斯堡公约》基本上相同的产品责任原则。其强调遭受损害的消费者只需证明有关产品存在瑕疵，而且该瑕疵的存在与其所遭受的损害之间有因果关系，就可以依法请求有关瑕疵产品的生产者给予损害赔偿。

3. 免责条款

《产品责任指令》在《斯特拉斯堡公约》的基础上还规定了一些减免生产者责任的事项。如根据《产品责任指令》的规定，如果有关瑕疵是遵守公共当局发布的有关强行性规定所致，或基于生产者将产品投入流通领域时的科学技术水平不能发现有关产品瑕疵的存在，该瑕疵产品的生产者可以不承担责任。

4. 诉讼时效

在诉讼时效问题上，《产品责任指令》做了与《斯特拉斯堡公约》完全相同的规定。

导入案例分析

中国实行的是类似于美国的“严格产品责任”的产品责任制度，相应的法规依据为：

(1)《中华人民共和国民法通则》(以下简称我国《民法通则》)第一百二十二条规定，“因产品质量不合格造成他人财产、人身损害的，产品制造者、销售者应当依法承担民事责任”。

(2)《最高人民法院关于贯彻执行〈中华人民共和国民法通则〉若干问题的意见(试行)》第一百五十三条，“消费者、用户因为使用质量不合格的产品造成本人或者第三人人身伤害、财产损失的，受害人可以向产品制造者或者销售者要求赔偿”。

(3)我国《产品质量法》和《中华人民共和国消费者权益保护法》(以下简称《消费者权益

保护法》)对此都各有详尽的规定。

根据中国的有关法律，受害人可以直接向产品的制造者提起有关产品责任的诉讼。受害人的范围不仅包括产品的购买者，还包括产品的实际消费者，以及受到伤害的第三人。

对于产品制造者可提出的免责情形。根据我国《产品质量法》第二十九条规定，生产者能够证明有下列情形之一的，不承担赔偿责任：

(一)未将产品投入流通的。

(二)产品投入流通时，引起损害的缺陷尚不存在的。

(三)将产品投入流通时的科学技术水平尚不能发现缺陷的存在的。

根据我国《民法通则》、我国《产品质量法》和《消费者权益保护法》，生产者赔偿责任范围包括受害人的财产损失(不包括缺陷产品本身，因为产品由于其本身缺陷而造成的价值的减少，应通过合同责任解决)，受害人的人身受到的伤害。根据《消费者权益保护法》第四十九条的规定，经营者提供商品或者服务，造成消费者或者其他受害人人身伤害的，应当赔偿医疗费、护理费、交通费等为治疗和康复支出的合理费用，以及因误工减少的收入。造成残疾的，还应当赔偿残疾生活辅助具费和残疾赔偿金。造成死亡的，还应当赔偿丧葬费和死亡赔偿金。

该案中受害人仅能证明导管有裂痕的事实，但无法提供证据证明其人身因此受到伤害。这对受害人向美国制造商提起有关产品质量的诉讼的主张是非常不利的，因为导管有裂痕属于缺陷产品自身损失，不能要求赔偿，而受害人又无法提供有说服力的人身伤害赔偿请求。所以，受害人转向要求精神损害赔偿。

精神损害赔偿在中国法律中并无明文规定，但在审判实践中受害人经常会提出精神赔偿的请求，而人民法院也往往会承认这种请求权的合法性。在一些著名的巨额产品责任赔偿案件中，精神损害赔偿金往往占了损害赔偿金的很大比例。可以预测，在今后的产品责任案件中，精神损害赔偿金会成为决定赔偿金高低的主要因素。

本章小结

通过对本章的学习，帮助读者了解产品责任法的基本概念，掌握产品责任法的特征、产品责任案中的赔偿及抗辩，熟悉产品责任法的国际公约。

拓展阅读

产品责任法的立法

世界上关于产品责任的立法模式，大体有三种：一是扩大解释、适用原合同法、侵权法中的有关规则，如法国、荷兰等；二是在相关的立法中，对产品责任做出若干规定，如英国、加拿大等国颁布的《消费者保护法》；三是制定专门的产品责任法，如原联邦德国、意大利、丹麦、挪威、日本等国。

美国的做法另有特点，其产品责任法包括判例法和制定法。美国商务部于 1979 年公布了专家建议文本《统一产品责任示范法》。此外，联邦政府还通过了《联邦食品、药品、化妆品法》《消费品安全法》等单行法。

在中国，由《民法通则》《产品质量法》和《消费者权益保护法》等构筑起产品责任法律制度的框架。另外，还制定了一系列相关的法律、法规，如《工业产品质量责任条例》《中华人民共和国药品管理法》《中华人民共和国食品安全法》等。最高人民法院的有关司法解释也是我国产品责任法律制度的内容之一。

伴随着世界经济一体化的进程，产品责任立法日益显示出国际化趋势。产品责任方面的区域性和国际性公约有：欧共体分别于 1977 年和 1985 年制定的《斯特拉斯堡公约》和《产品责任指令》；1972 年海牙国际私法会议制定的《关于产品责任的法律适用公约》，这是解决侵权性产品责任案件的一个国际性公约。

产品是构筑产品责任法体系和确立产品责任承担的基点。美国《统一产品责任示范法》指出："产品是具有真正价值的、为进入市场而生产的，能够作为组装整件或者作为部件、零售交付的物品，但人体组织、器官、血液组成成分除外。"该定义用概括的方式，界定了产品的内涵。出于保护产品使用者的基本公共政策的考虑，法官们的态度倾向于采用更广泛、更灵活的产品定义。例如，在兰赛姆诉威斯康星电力公司案中，法院确认电属于产品。1978 年哈雷斯诉西北天然气公司案，将天然品纳入产品范围。同年，科罗拉多州法院在一案中裁定，血液应视为产品。关于计算机软件是否属于产品，学者认为，普通软件批量销售，广泛运用于工业生产、服务领域和日常生活，与消费者利益息息相关，生产者处于控制危险较有利的地位，故有必要将普通软件列为产品。可见，美国产品责任法确定的产品范围相当广泛。

在《关于产品责任的法律适用公约》中，产品是指"天然产品和工业产品，无论是未加工的还是加工的，也无论是动产还是不动产"。《产品责任指令》规定，"产品是指初级农产品和狩猎物以外的所有动产，即使已被组合在另一动产或不动产之内。初级农产品是指种植业、畜牧业、渔业产品，不包括经过加工的这类产品。产品也包括电"。与美国相比，其所界定的产品范围略微狭窄。

我国《产品质量法》规定，"产品是指经过加工、制作，用于销售的产品。建设工程不适用本法规定"。我国采用的是概括式的规定，适应性较强。按照其规定，产品必须具备两个条件：首先，必须经过加工、制作。这就排除了未经过加工的天然品(如原煤、原矿、天然气、石油等)及初级农产品(如未经加工、制作的农、林、牧、渔业产品和猎物)。其次，用于销售。这是区分产品责任法意义上的产品与其他物品的又一重要特征。这样，非为销售而加工、制作的物品被排除在外。

可见，各国关于产品的规定有以下共同特点：

(1)产品一般指动产。

(2)多数国家立法未将初级农产品列入产品责任法范围。原因在于农产品易受自然环境因素影响，其产生的潜在缺陷难以确定缺陷来源，而且农产品没有明确的质量标准。

(3)产品一般指有形物品。

本章习题

一、选择题

1. 甲公司售与乙商场一批玻璃花瓶，称花瓶上有不规则的抽象花纹为新产品，乙商场接货后即行销售。后收到很多消费者投诉，消费者说花瓶上的花纹实际上是裂缝，花瓶漏水，要求乙商场退货并赔偿损失。乙商场与甲公司交涉，甲公司称此类花瓶是用于插装塑料花的，裂缝不影响使用，且有特殊的美学效果，拒绝承担责任。经查，消费者所述属实。下列答案中不正确的是哪项？（　　）

A. 乙商场应予退换并赔偿损失

B. 乙商场退换并赔偿损失后可向甲公司追偿

C. 消费者丙被花瓶裂缝划伤，可向甲公司直接索赔

D. 乙商场无过错，不应当对此负责

2. 某厂发运一批玻璃器皿，以印有“龙丰牌方便面”的纸箱包装，在运输过程中，由于装卸工未轻拿轻放而损坏若干件，该损失应由下列哪个部门承担？（　　）

A. 装卸工承担　　B. 装卸工的雇主承担

C. 运输部门承担　　D. 某厂承担

3. 某日，李女士在家中做饭时高压锅突然爆炸，李女士被炸飞的锅盖击中头部，抢救无效死亡。后经质量检测专家鉴定，高压锅发生爆炸的直接原因是设计不尽合理，使用时造成排气孔堵塞而发生爆炸。本案中，可以以下列何种依据判定生产者承担责任？（　　）

A. 产品存在的缺陷　　B. 产品买卖合同约定

C. 产品默示担保条件　　D. 产品明示担保条件

二、填空题

1. 产品责任法是确定生产者、销售者承担此种民事责任的________总称。

2. 产品责任法所调整的是因为其产品存在瑕疵而引起他人__________损害时所发生的权利义务关系。

3. 财产损害的范围不包括直接或间接的__________，那是属于合同法的问题。

三、简答题

1. 简述产品责任法的概念。

2. 产品责任法的特征是什么？

3. 关于产品责任法的国际公约有哪些？

四、案例题

原告贾某在家中吃饭，不慎将橱门旁边的一瓶珍珠牌啤酒碰倒，引起爆炸，玻璃瓶碎片将贾某的右眼球击伤。经鉴定为伤残六级。于是，贾某提起诉讼，要求被告珍珠啤酒厂赔偿经济损失 6 000 元。

第一种意见认为，在产品侵权责任构成要件中，须有缺陷产品、损害事实和因果关

系。因此，原告必须对被告的啤酒瓶存在缺陷承担举证责任，只有其证明被告的产品是缺陷产品，才能成立产品侵权责任，被告才会在没有免责事由的情况下承担侵权责任。

第二种意见认为，在产品侵权责任中，啤酒瓶爆炸本身就已经说明了该产品是缺陷产品，原告对此无须承担举证责任，必须由被告承担其产品不是缺陷产品的证明责任。

请问：上面两种说法中，哪一种是正确的？

测试题

选择题

测试题

判断题

第十章

国际商事争端解决机制

知识要点

1. 了解国际商事争端解决机制的作用；
2. 掌握国际商事争端的调解与和解的异同；
3. 熟悉国际商事仲裁的特点。

核心概念

国际商事的调解与和解　国际商事仲裁　国际商事诉讼

情境导入

申请人长胜私人有限公司和被申请人汇众有限公司分别于2014年2月24日及3月31日签订了14—BAX—24号、14—BAX—331A号、14—BAX—331B号和14—BAX—331C号合同。在上述四份合同中规定：凡因执行本合同所发生的或与本合同有关的一切争议，应由双方通过友好协商解决，如果协商不能解决，应提交中国国际经济贸易仲裁委员会根据仲裁程序暂行规定进行仲裁。仲裁裁决是终局的，对双方都有约束力。

申请人就此于2015年3月31日向中国国际经济贸易仲裁委员会提交仲裁申请书，请求裁决被申请人支付欠款。被申请人提出管辖异议，理由是：被申请人和申请人之间无贸易契约。申请人提交的合同中买方签名和盖章是被申请人的真实行为，但被申请人将买方为空白的要约传真给申请人后，申请人未就该要约回复被申请人。另外三份合同是被申请人将要约传真给申请人，同样没有得到申请人的回复。合同不是双方真实意思表示，其中的仲裁条款对双方没有约束力。另外，被申请人没有进出口权，依中国有关外贸法律规定，被申请人无主体资格签订合同，也无法操作和履行四份合同。

申请人随后又提交两份证据：被申请人于2014年12月9日致函申请人，声称资金周转困难，只能于2015年4月底向申请人支付欠款；2015年5月27日被申请人致函申请人，再次确认了欠款事实，并明确了欠款金额。仲裁委员会认为双方存在合同关系，被申请人有权签订仲裁协议，因此，合同中的仲裁条款有效，仲裁委员会有管辖权。

案例思考：

(1)仲裁协议的有效要件有哪些？

(2)本案中签署的仲裁条款的作用是什么？相关公约和我国的法律及司法解释对于这个问题是如何规定的？

(3)如果有一方不服仲裁的结果，能否提出诉讼？

(4)在国际商事仲裁中，"国际性"这一概念如何认定？

第一节 国际商事的和解与调解

一、国际商事和解与调解的概念

国际商事和解是指国际商事关系中的各方当事人在发生争议时，约定在自愿互谅的基础上，按照有关法律和合同条款的规定，通过直接的充分协商，自行达成协议，以解决有关争议的活动。基于其在诉讼法上的意义的不同，国际商事和解可分为诉讼中的和解和诉讼外的和解。诉讼中的和解是指有关当事人在诉讼过程中，基于法庭的建议或自行协商，达成协议，以解决其争议的活动。诉讼外的和解是指各方当事人在诉讼开始前，就某种争议进行协商，并自行达成解决协议的活动。在此所讲的国际商事和解就是指这种诉讼外的和解。

国际商事调解(International Commercial Mediation)则是指国际商事关系中的各方当事人之间发生商事争议，由当事人申请，或者有关法院、法庭、民间调解组织认为有和好的可能时，为了减少诉讼，经法庭或民间调解组织从中协调，排解疏导，使各方当事人在自愿协商的基础上，谅解让步，达成协议，从而使有关争议得以解决的活动。

知识拓展

国际商事调解作为解决商事争议的一种重要方式，有法庭调解与民间调解之分。在有关法庭参与或主持下进行的调解活动称为法庭调解，是一种诉讼活动，具有诉讼法律效力。在有关民间调解机构参与或主持下进行的调解活动称为民间调解，是一种非诉讼活动，不具有法律效力，所达成的协议只能依靠当事人的自觉履行，如果有关当事人反悔，可以向有管辖权的法院起诉，求得司法解决。

二、国际商事和解与调解的异同

国际商事和解与调解是国际社会处理国际商事争议、解决国际商事纠纷的重要方式。就其法律效果，即就其实体法和诉讼法上的效力而言，国际商事和解与调解并没有什么实质性的差别，二者都没有诉讼法律性质。但有关的国际商事和解或调解协议一经各有关当事人自觉履行，即可以确定各方当事人之间的实体权利和义务。纵观世界各国立法及司法实践的有关规定，国际商事和解与调解的主要不同点在于，国际商事调解程序是在第三者参加和主持下进行的，而国际商事和解程序一般是由当事人各方私下单独进行。

三、国际商事和解与调解的意义

采用国际商事和解与调解方式来解决国际商事争议的制度很早就为世界上多数国家所接受。各国立法和司法机关一致认为，基于契约自由原则，既然允许商事法律关系中的各方当事人就其具体的实体权利和义务做出自由安排，也就应该承认其自行解决商事争议的权利。同时，在国际商事中引进和解与调解制度，通过国际商事和解与调解来解决国际商事法律争议，也受有关的各方当事人欢迎，具有极为重要的意义。其意义主要表现在以下几个方面：

(1)国际商事和解与调解有利于国际商事纠纷的迅速、彻底解决。国际商事和解与调解是在各方当事人自愿协商、互相谅解、自觉让步、达成协议的基础上解决彼此之间的纠纷的。因此，各方当事人自愿协商，彼此沟通，可以省去诉讼程序中的很多中间环节。而且，各方当事人对于其自愿达成的和解或调解协议一般也会自动履行。这样，就能够迅速而又彻底地解决当事人之间的纠纷。国际商事案件中的仲裁裁决或法院判决的执行，常常需要有外国法院的协助，如果有关当事人不自动履行有关裁决所规定的义务，有关争议的解决就会困难重重，甚至在有关裁决得不到外国法院的承认与执行时，更无法实现。

(2)用国际商事和解与调解的方式解决国际商事纠纷比采用其他方式更加灵活、迅速，费用也更为低廉。由于采用这两种方式时各方当事人的自主权利更大，因此，更容易为其所接受。特别是在各国实体法和诉讼法制度存在很大差异时，国际商事法律关系中的各方当事人都对他国的法律制度和他国法院的司法公正存在不同程度的不信任感。因此，一般都希望能通过非诉讼程序来解决其国际商事交往中所发生的争议。

(3)通过国际商事和解或调解方式解决商事争议，有利于消除各方当事人之间的对立情绪，维护各方的友好关系，这对促进国际商事交往、加强国际合作有着极为重要的意义。

四、国际商事和解程序

国际商事和解以各方当事人自觉自愿、平等互利、协商一致为原则。任何一方当事人都有要求通过协商，以国际商事和解方式解决有关争议的权利；但与此同时，每一方当事人又都并不具有必须通过国际商事和解解决有关争议的义务。例如，虽然《中华人民共和国合同法》规定国际商事关系中的各方当事人可以通过协商和解解决争议，但必须以当事人自愿协商为前提。任何一方当事人都有权要求在平等互利、协商一致的基础上达成协议；每一方当事人都不得利用其某种优势，采用胁迫、欺诈或诱骗等手段，以使对方勉强接受其不合理的片面要求。

国际商事和解程序可以由各方当事人随时随地开始，一般没有第三者参与，不需要经过严格的法律程序，也不需要严格按照有关国家的相关具体立法做出决定，各有关当事人可以在不违反有关国家的基本法律原则，不损害国家、社会、集体和其他公民的合法权益的前提下，根据有关争议的具体情况具体解决。国际商事和解协议的法律效力同样依赖于各方当事人的自觉自愿，各有关当事人能自觉履行和解协议所规定的义务，即可获得有关争议的彻底解决。

知识拓展

如果有关当事人不愿履行有关和解协议，或有关和解程序根本就达不成和解协议，各有关当事人也可以依法寻求其他解决方法。不过，在以往的国际商事交往中，在双方当事人争议和分歧不大的情况下，一般都能够通过争议双方的充分协商，求得和解。

五、国际商事调解程序

国际商事调解同国际商事和解一样，也是以各方当事人自觉自愿、协商一致和公平合理为原则。国际商事调解程序的开始和进行，以及调解协议的达成和履行都必须在各方当事人自觉自愿、充分协商的基础上才能实现。任何一方当事人都有请求调解或拒绝进行调解的权利，任何一方当事人都不能强迫对方当事人参加调解。对于国际商事调解所达成的协议，有关当事人可以自觉履行，但不可以以有关当事人未充分参与调解程序，以有关调解协议违反公平合理原则或其他原因为理由而拒绝履行。如果有关当事人不愿意或不自觉履行有关调解协议，或有关调解程序根本就达不成调解协议，各有关当事人可以放弃调解程序，而寻求其他解决方法。

国际商事调解程序中应有第三者参加，应在有关调解机构或调解人的主持下进行。目前，世界各国的有关立法都对调解方式做了不同程度的规定，如联合国国际贸易法委员会还专门制定了调解规则。同时，国际社会也为此设立了许多调解机构。

知识拓展

中国为适应国际商事发展的需要，于1987年在北京正式设立了一个国际调解中心——北京调解中心，还在德国成立了一个北京-汉堡调解中心，以调解解决国际商事争议作为其主要的工作内容。在中国参与的国际商事关系中，也有很多国际商事争议是通过调解方式求得解决的。

第二节　国际商事仲裁

一、国际商事仲裁的概念

国际商事仲裁(International Commercial Arbitration)是指国际商事关系中的双方当事人通过协议自愿将彼此之间的有关争议提交某一临时仲裁庭或某一国际常设仲裁机构审理，由其根据有关法律或依公平原则做出裁决，并约定自觉履行该项裁决所确定的义务的一种制度。

二、国际商事仲裁的特点

★视频

仲裁原则

作为解决国际商事争议的一种有效方式，国际商事仲裁与国际商事和解与调解以及国际商事诉讼相比较，主要具有以下四个方面的特点：

1. 双方当事人可以自主地选择仲裁机构

国际商事仲裁最大的特点就是双方当事人可以自主地选择仲裁机构。其自主性主要表现为以下几个方面：

(1)国际商事关系中的双方当事人可以在有关国家法律所允许的范围内，自主地决定通过协议将彼此之间可能或已经发生的有关争议提交仲裁解决。而且，在这一有关国家法律所允许的范围内，双方当事人所签订的仲裁协议可以对抗有关国家法院的司法管辖权。

(2)双方当事人可以自主地选择仲裁地点。因为有关仲裁庭的管辖权完全依赖于双方当事人的仲裁协议，在双方当事人对仲裁庭做出选择之前，不存在任何具有管辖权的仲裁庭，所以，双方当事人可以选择任何地点作为仲裁地。

(3)双方当事人可以自主地选择仲裁机构。在这里，双方当事人既可以自主地决定将有关争议提交给常设仲裁机构处理或提交给临时的仲裁庭解决，也可以自主地决定将有关争议提交给任何国家的仲裁机构进行仲裁。

(4)双方当事人可以自主地选择仲裁员。在已选择由某一常设仲裁机构进行仲裁时，双方当事人可以在该常设仲裁机构的仲裁员名册中自主选择一名仲裁员单独成立独立仲裁庭审理有关争议，也可以自主地选择几名仲裁员组成合议仲裁庭来对有关争议进行审理。在决定由临时仲裁庭审理有关争议时，双方当事人选择仲裁员的自由更是毫无限制。

2. 双方当事人可以自主地选择仲裁程序

根据各国仲裁立法的规定，仲裁机构在进行仲裁审理的过程中，仲裁机构、当事人和其他参与人从事仲裁活动所必须遵循的程序，诸如仲裁申请的提出、仲裁员的指定、仲裁庭的组成、仲裁审理以及仲裁裁决的做出等，都可由双方当事人在其仲裁协议中自主确定。

双方当事人可以自主选择仲裁庭进行裁决时所适用的法律。而且，其既可以选择仲裁庭裁决有关争议时应该适用的实体法，也可以自主选择仲裁过程中所应适用的程序法。

3. 国际商事仲裁具有迅速及时、收费低廉的特点

国际商事仲裁具有解决有关争议迅速及时、收费低廉的特点，主要表现在以下几个方面：

(1)在国际商事法律关系中，一旦发生争议，双方当事人就可以按照事先的约定选定仲裁员，并由其按照仲裁协议的规定组成仲裁庭而立即开始仲裁，从而不需要像诉讼那样，必须遵循烦琐的诉讼程序和各种各样的诉讼时间。

(2)双方当事人所选定的仲裁员一般都是有关方面的知名人士和专家，对商事方面的业务都比较熟悉，对于许多问题通过一定的调查就可以直接予以认定，从而大大加快了做出裁决的速度。

(3)由于简化了解决有关争议的程序，缩短了诉讼时间，加快了裁决速度，从而也就大大降低了解决有关争议所花的费用。

4. 国际商事仲裁具有自治性

国际商事仲裁机构是一种民间机构，不属于国家司法机关的范畴，而且仲裁庭的管辖权依赖于争议双方当事人的协议，仲裁庭也大都是基于当事人的协议，按照当事人所约定的程序，依据当事人所选择的法律或依公平原则对有关争议进行审理，并做出裁决，所以国际商事仲裁具有与生俱来的自治性，在强制规范的适用上具有很大的灵活性。

知识链接

通过仲裁来解决国际商事关系中双方当事人之间所发生的争议，可以避免因国际商事诉讼程序的进行而引起的心理障碍，使双方当事人能够继续保持友好关系，从而真正实现维护和发展国际商事法律关系的最终目的。采用仲裁方式解决国际商事争议，可以调和不同法律制度之间的矛盾，可以避免当事人因不信任外国法院的公正性而产生的种种疑虑。而且，通过约定仲裁还可以克服在国境内执行外国法院判决的过程中所遇到的各种障碍。

三、国际商事仲裁的性质

国际商事仲裁的性质问题主要是指国际商事仲裁同国际仲裁和国内仲裁以及国际商事诉讼的关系问题。

1. 国际商事仲裁不同于国际仲裁

国际商事仲裁所要解决的争议是发生在私人(包括自然人和法人)之间以及私人与国家之间的商事争议，是国际商法所涉及的一种制度。国际商事仲裁中所做出的裁决基于一定的条件还可以得到有关国家法院的强制执行。

通常所说的国际仲裁则是指各主权国家间发生争议时，由各有关当事国选出一个或数个仲裁员组成仲裁庭，依据国际法或依公平原则处理该项争议的一种仲裁制度，是国际社会和平解决国际争端的一条重要途径，属于国际公法所要研究的范畴。国际仲裁中所做出

的裁决完全依赖于各有关当事国的自觉履行。

2. 国际商事仲裁不同于国内仲裁

国内仲裁是一种只适用于国内当事人之间的仲裁制度，一般只涉及国内商事方面的争议；国际商事仲裁却是一种含有国际因素的仲裁制度，其中的双方当事人具有不同的国籍，或在不同的国家设有住所，或有相同国籍的双方当事人在国籍国以外的仲裁机构进行仲裁，而且，国际商事仲裁裁决常常会遇到需要外国法院予以承认和执行的问题。

3. 国际商事仲裁不同于国际商事诉讼

国际商事仲裁具有任意的和民间的性质，充其量也不过是一种“准司法”程序。国际商事仲裁庭只具有民间团体的性质，其管辖权依赖于争议双方自愿达成的仲裁协议，没有任何强制的意义。虽然仲裁裁决的执行可以得到有关国家法院强制执行程序的支持，但这种支持也主要基于争议双方当事人的仲裁协议，如果该仲裁协议存在瑕疵，法院就可能驳回有关强制执行的申请。

国际商事诉讼是事先约定了受理法院，在约定的法院按照当地的诉讼程序由法官按当地的法律规定审理案件，具有强制性，并且具有上诉的救济途径。

四、国际商事仲裁机构

国际商事仲裁机构(International Commercial Arbitration Agency)是由国际商事关系中的双方当事人自主选择出来，用以解决其商事争议的民间机构，是国际商事仲裁的组织形式。其审理案件的管辖权限完全依赖于当事人双方的任意选择和授权。国际商事仲裁机构本身的民间性及其管辖权的任意性，使它明显地区别于同样也受理国际商事案件的商事法院或民事法院；处理国际商事争议这一特征同时又使它不同于国际社会以和平方式解决国际争端为目的的国际仲裁机构，也不同于专门审理裁决国内经济纠纷的国内仲裁机构。在国际商事仲裁实践中，基于其组织形式上的差异，国际商事仲裁机构有临时仲裁机构和常设仲裁机构之分。

(一)临时仲裁机构

临时仲裁机构(Temporary Arbitration Agency)是指根据双方当事人的仲裁协议，在争议发生后由双方当事人选定的仲裁员临时组成的，负责审理当事人之间的有关争议，并在审理终结做出裁决后即行解散的临时性仲裁机构。临时仲裁机构没有固定的组织、章程、规则和地点。组织临时仲裁机构来审理国际商事案件具有极大的灵活性。有关临时仲裁机构的组成及活动规则、仲裁程序、法律适用、仲裁地点、裁决方式以及仲裁费用等，可以由有关当事人双方协商确定。

知识链接

在19世纪中期常设仲裁机构出现以前，临时仲裁机构一直是唯一的国际商事仲裁机构，而且，即使在常设仲裁机构早已遍布全球的当今国际社会，临时仲裁机构在国际商事仲裁机构中仍占有极为重要的地位。特别是在国家作为当事人一方时，它们不愿意受常设仲裁机构权利的约束，从而更是经常地选择临时仲裁机构来处理有关的纠纷。

（二）常设仲裁机构

常设仲裁机构（Permanent Arbitration Agency）是指依据国际条约和一国国内立法所成立的，具有固定的组织、固定的地点和固定的仲裁程序规则的永久性机构，一般都备有仲裁员名册供当事人选择。

常设仲裁机构最早出现于19世纪中期，并且很快就在国际范围内得到了迅速的发展。时至今日，国际常设商事仲裁机构在地域范围上几乎遍及世界上所有国家，在业务范围方面也已涉及国际商事法律关系的各个领域。下面主要就目前国际社会影响较大的几个常设商事仲裁机构做些简单的介绍：

1. 国际商会仲裁院

国际商会仲裁院成立于1923年，是附属于国际商会的一个国际性常设仲裁机构，总部设在巴黎。其目的在于通过处理国际性商事争议，促进国际合作与发展。仲裁院在国际商会的主持下制定有一套完整的国际商事仲裁程序规则，该规则获得了多数国家的信任，现已为世界各国所广泛采用。

2. 瑞典斯德哥尔摩商事仲裁院

瑞典斯德哥尔摩商事仲裁院成立于1917年，是瑞典斯德哥尔摩商会下属的一个专门处理商事争议的独立机构，地址在瑞典首都斯德哥尔摩。由于瑞典在政治上处于中立地位，同时，仲裁院除有一整套适用于国际范围的完整规则外，还愿意根据《联合国国际贸易法委员会仲裁规则》等其他任何仲裁规则来审理裁决有关当事人提交的任何商事争议，其公正仲裁在国际社会享有很高的声誉，所以，现已发展成为国际社会一个很重要的商事仲裁中心。

知识链接

斯德哥尔摩商事仲裁院虽然是从属于瑞典斯德哥尔摩商会的一个国家性仲裁机构，但它受理世界上任何国家当事人所提交的商事争议。当事人在指定仲裁员时可以不受仲裁员名册的限制，也可以不受国籍的限制。具体的仲裁程序由当事人选定的仲裁员或仲裁院指定的仲裁员所组成的仲裁庭来进行。仲裁庭依法进行审理并做出具有终局效力的裁决。

3. 英国伦敦仲裁院

英国伦敦仲裁院成立于1892年，是国际社会成立最早、影响最大的常设仲裁机构之一，特别是它的海事仲裁在国际社会享有很高声望。世界各国的大多数海事案件都诉诸该院仲裁。

伦敦仲裁院可以受理提交给它的任何性质的国际争议。它备有供当事人选择的仲裁员名单。而且，为了适应国际性仲裁的需要，于1978年又设立了“伦敦国际仲裁员名单”，这个名单由来自30多个国家的具有丰富经验的仲裁员组成。有关商事争议的当事人决定将其争议提交伦敦仲裁院仲裁以后，有关的仲裁程序即由双方当事人合意选择的仲裁员组成的仲裁庭来主持进行。仲裁庭一般都是按照仲裁院的仲裁规则来进行仲裁，并适用英国法律作为有关契约的准据法，对有关争议进行实质性裁决。

4. 美国仲裁协会

美国仲裁协会成立于1926年，由全美工商界及各社会团体选举组成的理事会领导，并由一个常设机构进行管理，总部设在纽约，并在全美24个主要城市设有分支机构，雇佣了大约375名专职人员，拥有一份包含6万多人的仲裁员名册，其中包括处理发生于各种不同工商事务中的各种不同案件的专家。

美国仲裁协会制定有《商事仲裁规则》，受理全美各地以及外国的各种当事人提交的任何商事争议。仲裁协会受理有关案件后，即由依仲裁规则组成的仲裁庭来负责主持具体的仲裁程序，并依双方当事人合意选择的法律对有关案件做出实质性裁决。如果双方当事人没有就法律适用问题达成协议，根据仲裁规则的规定，仲裁庭可以推定适用法庭地法。美国仲裁协会的惯例是，每当协会指定审理案件的地点时，有关的仲裁庭在当事人双方没有合意选择法律的情况下，几乎都是自动地选择该地的法律作为仲裁所依据的法律。而且，如果双方当事人就仲裁地点的选择难以达成一致，通常都是由协会指定在纽约市进行仲裁，从而根据纽约市的现行法律对有关案件进行仲裁审理，并做出实质性裁决。

5. 苏黎世商会仲裁院

苏黎世商会仲裁院成立于1911年，是瑞士苏黎世商会下属的一个全属性的常设仲裁机构。

(三)中国的国际商事仲裁机构

1. 中国国际经济贸易仲裁委员会

中国国际经济贸易仲裁委员会最初成立于1956年，是中国国际贸易促进委员会下属的一个民间性的常设仲裁机构，总部设在北京，并在深圳和上海设有分会作为其分支机构。仲裁委员会的目的在于通过仲裁方式，独立、公正地解决产生于国际经济贸易中的争议，以保护当事人的正当权益，促进国际经济贸易的发展。

为适应国际经济贸易关系不断发展的需要，扩大中国商事仲裁机构的国际影响，中国国际经济贸易仲裁委员会于1980年、1988年和1995年先后做了三次大的调整，并同时修订了其适用的仲裁规则。而且，为了使中国的涉外仲裁制度更加切合国际经济贸易交往的实际需要，中国国际贸易促进委员会又分别于1994年、1995年、1998年对这一仲裁规则做了新的修订，从而使中国国际经济贸易仲裁委员会逐渐发展为今天这样一个国际性的商事仲裁机构。根据中国国际贸易仲裁委员会于1998年新修订的《中国国际经济贸易仲裁委员会仲裁规则》，仲裁委员会受理当事人根据其仲裁协议和一方当事人的书面申请而提交给它的产生于国际经济贸易中的争议案件，仲裁委员会有权就仲裁协议的有效性和仲裁案件的管辖权做出决定。

2. 中国海事仲裁委员会

中国海事仲裁委员会最初成立于1959年，1988年和1995年做了新的调整，总部设在北京，是中国国际贸易促进委员会下属的一个专业性的常设仲裁机构，主要负责审理关于海上船舶之间的救助报酬、海上船舶碰撞、海上船舶的租赁和代理业务、海上运输和保险，以及海洋环境污染损害等方面所发生的争议案件和双方当事人协议要求仲裁的其他海事争议案件。

第三节　国际商事诉讼

一、国际商事诉讼的概念

国际商事诉讼（International Commercial Litigation）是法院和其他诉讼参与人就国际商事争议依法进行的诉讼活动，商事诉讼的主体是法院和诉讼参加人及其他诉讼参与人，其中的诉讼参加人主要是从事国际商事活动的自然人和法人，包括本国人和外国人。国际商事诉讼的客体是商事行为，是由商事立法所调整的社会关系。国际商事诉讼的目的在于执行法律，对国际商事活动进行司法管理。从法律规范的角度来说，是为了维护法律的尊严；从法律关系中的主体方面来看，是为了保护国家、政府、社会组织、法人和公民个人在国际商事法律关系中的主权权利和合法权益。

二、国际商事诉讼的特点

国际商事诉讼作为解决国际商事争议的一种重要方式，其最大的特点就是有关当事人将其与对方当事人之间的国际商事争议诉诸有管辖权的法院以后，该有关法院就会严格按照有关国家的立法，即合同准据法的规定对争议进行审理，并做出裁决。而且，当事人双方可以合意选择诉讼方式和诉讼法院，但并不以此为必要条件，只要不存在有效的仲裁协议，任何一方当事人都可以向有管辖权的法院起诉，以求得争议的司法解决。虽然司法解决方式因法律程序严格、手续烦琐、法官不太熟悉国际商务规则、惯例和有关专业性、技术性的知识，以及当事人对外国法律的公正性存在不同程度的不信任感等原因而存在很大的局限性，但在当事人双方不能通过和解或调解方式解决争议，而又缺少或达不成仲裁协议的情况下，作为一种补救手段仍然具有极为重要的意义。事实上，在国际商事实务中仍然有相当数量的国际商事争议案件是通过国际商事诉讼这一方式来求得解决的。

三、诉讼管辖权

★ 案例

国际商事争端解决机制

（一）诉讼管辖权的概念

国际商事案件的诉讼管辖权是指一国法院或具有审判权的其他司法机关受理、审判具有国际因素或涉外因素的商事案件的权限。它所涉及和要解决的是就某一特定的国际商事案件究竟在哪个国家的法院具有管辖权的问题。

（二）诉讼管辖权的种类

在国际商事诉讼法领域，由于各国立法和司法实践的侧重点不同，对国际商事案件诉讼管辖权在理论上的分类标准各异，所以存在不同种类的国际商事案件的诉讼管辖权。

1. 根据诉讼目的不同，可分为对人诉讼的管辖权和对物诉讼的管辖权

这是英美法系中的分类。对人诉讼是指仅能对特定的债务人提起，以保护特定债权人的诉讼。对人诉讼的目的在于解决当事人对于所争执的标的物的权利和利益，法院判决的效力只及于诉讼中的双方当事人，法院对这种诉讼的管辖权以有关诉讼的传票是否送达给被告人为基础。对物诉讼是指以保护物权和身份权的诉讼。对物诉讼的目的在于通过法院的判决确定某一特定财产的权利和当事人的权利，这一判决的效力不仅及于有关双方当事人，而且还及于所有与当事人或该特定财产有法律关系的其他人。法院对这种诉讼的管辖权以有关当事人的住所或习惯居所在法院所属国境内或有关标的物在法院所属国境内为基础。

2. 根据确定管辖权的侧重点不同，可分为属地管辖权和属人管辖权

属地管辖权侧重于法律事实或法律行为的地域性质或属地性质，强调一国法院对于其所属国领域内的一切人和物以及法律事件和行为都具有管辖权，其管辖权的基础就是被告人在法院所属国境内设有住所或习惯居所，或者是物之所有地或法律事件和行为发生地位于该国境内。属人管辖权则侧重于诉讼当事人的国籍，强调一国法院对于其本国国民参与的诉讼具有管辖权，其管辖权的基础就是诉讼当事人中有一方是法院所属国的国民。

3. 根据诉讼案件的性质不同，可分为专属管辖权和任意管辖权

专属管辖权是指有关国家在特定范围内的商事案件中，无条件地保留其受理诉讼和做出判决的权利，从而排除其他国家法院对这类案件的管辖权。任意管辖权则是指允许当事人任意选择的管辖权，即双方当事人可以基于其各方面的考虑任意选择国内法院或外国法院管辖。

(三)诉讼管辖权的意义

国际商事诉讼管辖权在国际商事诉讼中具有十分重要的意义，主要表现在以下几个方面：

(1)国际商事诉讼管辖权的存在是一国法院审理有关案件的前提条件。如果一国法院对某一国际商事案件没有管辖权，它也无权受理这一案件，也就更不能有效地向国外的有关当事人送达诉讼文书，得不到外国法院的司法协助，特别是它基于这种不适当管辖所做出的判决无法得到有关国家法院的承认和执行。

(2)国际商事诉讼管辖权的确定常常关系到实体法的适用，从而直接影响到有关案件的审判结果。

(3)国际商事诉讼管辖权的确定直接影响到诉讼当事人合法权益的取得和保护。有关当事人要想获得或保护其合法权益，就必须向有管辖权的法院起诉，因为只有向有管辖权的国家的法院提起诉讼，其所获得的有利判决才能在其他有关国家得到承认和执行，从而最终达到获取和保护其合法权益的目的。

导入案例分析

(1)仲裁协议的有效要件包括以下内容：①当事人应具缔约能力；②意思表示真实(首先，要求仲裁协议必须是当事人自愿达成，故一方以欺诈、胁迫手段或乘人之危使对方在违背真实意思的情况下签订的仲裁协议，不具备法律效力；其次，当事人在协议中表示的意思，应为当事人的内心意思，即意思与表示应一致)；③不违反法律和社会公共利益；④具备法定形式。仲裁协议应以书面为之。

(2)仲裁条款有以下作用：当事人签订的仲裁条款或仲裁协议书；当事人虽未直接签署，但在往来函电中书面载明的仲裁条款或仲裁协议书。目前各国对书面含义的解释，越来越灵活和宽泛。本案中当事人双方的仲裁条款存在于合同中，但是对合同是否达成，双方存在分歧，直接影响到仲裁条款的存在与否。

《中国国际经济贸易仲裁委员会仲裁规则》规定：在本仲裁规则施行前仲裁委员会及其分会受理的案件，仍适用受理案件时适用的仲裁规则；双方当事人同意的，也可以适用本仲裁规则。

(3)不可以，因为仲裁裁决是终局的，对双方都有约束力。

(4)“国际性”的认定标准如下：①以单一的住所或惯常居所作为联结因素，当事人中至少一方的住所或惯常居所不在国内的，则为国际仲裁；②以单一的国籍作为联结因素，当事人中至少一方的国籍是非国内国籍的，则为国际仲裁；③以国籍、住所、合同履行地、标的物所在地等多种联结因素作为界定标准，只要上述联结因素之一不在国内，即为国际仲裁；④以仲裁地唯一双方营业地所在国之外，争议双方当事人营业地位于不同的国家为标准；⑤以争议性质为标准。

尽管存在标准上的差异，但总的发展是趋于广泛的，一般来说，满足上面标准之一，就认定具有国际性。

本章小结

本章主要讲解了国际商事争端的相关知识，并对国际商事和解与调解、国际商事仲裁、国际商事诉讼做了详细介绍。

拓展阅读

国际商事仲裁的分类

国际商事仲裁的种类很多，按照不同的分类标准，可做出不同的分类。但一般而言，主要有以下三种分类方法：

1. 按协议主体的法律地位不同分类

按照国际商事仲裁协议主体的法律地位的不同，可分为不同国家的国民之间的商事仲裁和国家与他国国民之间的商事仲裁。

(1)不同国家的国民之间的商事仲裁。此处的国民，不仅包括自然人、法人，也包括其他法律实体。其特点是：尽管当事人双方属于不同的国家，但他们在国际商事交易中所处的法律地位是平等的，因而具有对等的权利与义务。国际商事仲裁绝大多数属于此类仲裁。

(2)国家与他国国民之间的商事仲裁。此类仲裁的特点是一方当事人为主权国家或政府行政主管部门，另一方当事人为他国的国民，他们之间的争端一般是由于国家的管理行为而引起的。按照一些国家的法律，此类争端不能通过仲裁方式解决，只能诉诸法院。但也有一些国家的法律或国际公约规定对这类争端也可通过仲裁解决，如世界银行就主持制定了《解决国家与他国国民间投资争端公约》，主张以仲裁方式解决国家与他国国民之间的投资争端。一些双边投资保护协议中，也有通过仲裁解决东道国与对方国家的投资者之间的争端的规定。

2. 按利害关系人人数不同分类

在一般的国际商事案件中，根据参与仲裁程序的利害关系人人数的不同，可以分为争端双方当事人之间的仲裁和争端多方当事人之间的仲裁。

(1)争端双方当事人之间的仲裁。仲裁庭的管辖权来源于双方当事人之间的协议，一般情况下，均为双方当事人之间的争端。由订立仲裁协议的双方当事人在协议项下的争端发生后将其提交约定的仲裁庭解决。而仲裁庭所解决的争端也仅限于该双方当事人之间的争端，对第三人则无管辖权，即使该第三人对争端的标的具有独立的请求权或者与该仲裁案件审理的结果有着直接的利害关系。

(2)争端多方当事人之间的仲裁。在国际商事合同中，如果争端涉及两个以上的公司，或个人之间就同一合同或与该合同有关的含有相同仲裁条款的合同争端，就可能会涉及多方为同一仲裁程序当事人的情况。多方当事人仲裁的出现有两个原因：第一，由三方或多方当事人共同签署了一项含有仲裁条款的合同。如由买卖双方、卖方或买方的担保人共同签署的合同，或者由代理人、被代理人和另一方当事人签订的自后者进口设备的合同，或者由若干合伙人共同经营一个企业等。所有各方均在合同上签了字。如果合同在履行中发生争端，在合同上签字的各方均有合法的理由作为仲裁的一方当事人。第二，由含有相同仲裁条款的连环合同引起的争端。这种情况一般发生在总承包合同和分承包合同中，合同中含有相同的仲裁条款，由于前一个合同未能按期交工，进而直接影响了后一合同的按期履行。买卖合同中也有这样的情况，第一个合同的买方为第二个合同的卖方，且两个合同的条款是一致的，如果就合同的履行发生了争端，就可能涉及三方当事人仲裁的问题。但如果不涉及第三方的利益，第三方也无须参与此项仲裁。

如何处理多方当事人仲裁的情况呢？主要有以下解决方法：

①在由多方当事人签署的合同中，可在仲裁条款中做出专门规定，如果合同在履行中发生争端，所有与争端有利害关系的当事人均可自愿参加。

②在涉及连环合同争端的情况下，可在发生争端的各方当事人的同意下，由一个仲裁庭合并审理此案。

③由法院发布关于合并审理的裁定。如荷兰 1986 年《民事诉讼法典》第一千零四十六

条就对仲裁程序的合并做了专门规定："除当事人之间另有约定者外，如果荷兰境内已开始的一个仲裁庭的仲裁程序的标的与在荷兰境内已开始的另一个仲裁庭的仲裁程序的标的有联系，任何当事人可以请求阿姆斯特丹地方法院院长发布合并程序的命令。"

3. 按仲裁机构是否有固定名称、章程和办公地分类

根据审理国际商事争端的仲裁机构是否具有固定的名称、章程和办公地，可分为临时仲裁机构仲裁和常设仲裁机构仲裁。

(1)临时仲裁机构仲裁。临时仲裁机构是根据当事人之间的仲裁协议而临时设立的审理特定案件的机构，即事实上的仲裁庭。当案件审理终结并做出仲裁裁决后，该仲裁机构即行解散。临时仲裁机构的主要优点是程序上比较灵活，可提高工作效率和节省仲裁费用。因为，一般情况下常设仲裁机构均收取管理费，此外还要办理其他一些复杂的手续。临时仲裁机构的缺点是当事人须就仲裁所涉及的各种问题都做出约定，因此，其优势的发挥，有赖于当事各方的密切合作。我国仲裁法没有就临时仲裁做出规定，目前我国设立的诸多的仲裁委员会，均为常设仲裁机构。

(2)常设仲裁机构仲裁。常设仲裁机构是依据国际公约或一国国内法设立的审理国际商事仲裁案件的机构。前者如解决投资争端国际中心，后者如中国国际经济贸易仲裁委员会、美国仲裁协会等。这些机构均有其特定的名称、章程和固定的办公地点，多数还有其仲裁规则，以及专门供当事人选择的仲裁员名册。常设仲裁机构一般都比较规范且有专门的秘书处负责管理方面的工作，包括确认收到并转交仲裁申请书和答辩状，按规定收取仲裁费，协助组成仲裁庭，安排开庭等事项，并提供记录、翻译等方面的服务。在国际商事仲裁实践中，一些重大的仲裁案件，一般均由常设仲裁机构进行仲裁。即便在临时仲裁的情况下，当事人一般也可以请求常设仲裁机构提供某些管理方面的服务，如代为指定仲裁员等。与临时仲裁机构相比，常设仲裁机构对于保障仲裁程序的顺利进行和仲裁裁决的质量具有重要的作用。

此外，根据常设仲裁机构的性质的不同，还可以分为国际性、区域性和行业性仲裁机构。

本章习题

一、选择题

1. 下列选项中，属于国际商事仲裁的特点的是(　　)。

A. 双方当事人无权选择仲裁员

B. 仲裁无强制性

C. 具有很大的灵活性

D. 双方当事人无权选择仲裁程序

2. 下列选项中，(　　)的海事仲裁在国际社会享有很高声望。

A. 国际商会仲裁院

B. 中国海事仲裁委员会

C. 美国仲裁协会

D. 伦敦仲裁院

3. 关于诉讼管辖权的分类，下列选项中，属于按诉讼目的不同分类的是(　　)。

A. 对人诉讼的管辖权和对物诉讼的管辖权

B. 属地管辖权和属人管辖权

C. 专属管辖权和任意管辖权

D. 境内管辖权和境外管辖权

二、填空题

1. 国际商事调解作为解决商事争议的一种重要方式，有法庭调解与________之分。

2. 国际商事和解以各方当事人自觉自愿、平等互利、________为原则。

3. 国际商事仲裁所要解决的争议是发生在私人之间以及________之间的商事争议，是国际商法所涉及的一种制度。

三、简答题

1. 简述国际商事调解与和解的概念。

2. 国际商事调解与和解的相同点和不同点分别是什么?

3. 国际商事仲裁的性质是什么?

4. 国际商事诉讼的特点是什么?

四、案例题

A 国甲公司与 B 国乙公司在 C 国签订一份合同，该合同履行地在 D 国，合同中的仲裁条款约定，如本合同发生争议，提交 C 国仲裁委员会仲裁。现甲、乙两公司发生合同纠纷，甲公司欲申请仲裁，得知 C 国未设立仲裁委员会，而 A、B、D 三国均设立了仲裁委员会。

请问：甲公司应当怎么办?

测试题
选择题

测试题
判断题

参考文献

[1]田东文.国际商法[M].2版.北京:机械工业出版社,2014.

[2]沈四宝,王军.国际商法[M].2版.北京:对外经济贸易大学出版社,2010.

[3]姜作利.国际商法[M].3版.北京:法律出版社,2013.

[4]左海聪.国际商法[M].2版.北京:法律出版社,2013.

[5]周新军.国际商法[M].北京:清华大学出版社,2014.